职业技术教育与培训系列教材

仓储管理

主　编　张志栋

图书在版编目（CIP）数据

仓储管理／张志栋主编. —天津：天津大学出版社，2021.5

职业技术教育与培训系列教材

ISBN 978-7-5618-6914-7

Ⅰ.①仓… Ⅱ.①张… Ⅲ.①仓库管理—中等专业学校—教材 Ⅳ.①F253.4

中国版本图书馆CIP数据核字（2021）第076112号

出版发行 天津大学出版社
地　　址 天津市卫津路92号天津大学内（邮编：300072）
电　　话 发行部：022-27403647
网　　址 www.tjupress.com.cn
印　　刷 北京盛通商印快线网络科技有限公司
经　　销 全国各地新华书店
开　　本 184mm×260mm
印　　张 12.5
字　　数 318千
版　　次 2021年5月第1版
印　　次 2021年5月第1次
定　　价 37.00元

亚洲开发银行贷款甘肃白银城市综合发展项目
职业教育与培训子项目长期培训课程课本教材

丛书委员会

本书编审人员

主　　编　张志栋

副 主 编　贾康炜　张红梅　寇明霞

前 言 PREFACE

党的十八大以来，中央将精准扶贫、精准脱贫作为扶贫开发的基本方略，扶贫工作的总体目标是到2020年，确保我国现行标准下农村贫困人口实现脱贫，贫困县全部摘帽，解决区域性整体贫困。新阶段的扶贫工作更加注重精准度，即将扶贫资源与贫困户的需求准确对接，将贫困家庭和贫困人口作为主要扶持对象，而不是仅仅停留在扶持贫困县和贫困村的层面上。为了更深入地贯彻“精准扶贫”的理念和要求，需要大力推动就业创业教育，转变农村劳动力的思想意识，激发农村劳动力脱贫的内生动力，这是扶贫治贫的根本。开展就业创业培训，提升农村劳动力知识技能和综合素养，满足持续发展的经济形势和不断升级的产业岗位的需求，是扶贫脱贫的主要途径。

近年来，国家大力提倡在职业教育领域落实《现代职业教育体系建设规划（2014—2020年）》（以下简称《规划》），《规划》要求“大力发展现代农业职业教育。以培养新型职业农民为重点，建立公益性农民培养培训制度。推进农民继续教育工程，创新农学结合模式”。2011年，甘肃省启动兰州—白银经济圈，试图通过整合城市和工业基地推动当地经济转型。2018年，靖远县刘川工业园区正式被国家批准为省级重点工业园区，为推进工业强县战略奠定了基础。为了确保资源枯竭型城市白银市转型成功，白银市政府实施了亚洲开发银行（以下简称“亚行”）贷款城市综合发展二期项目。在项目实施中，亚行和白银市政府高度重视职业技术教育与培训工作，并将其作为亚行二期项目的特色，以期依靠职业技能培训为刘川工业园区入驻企业及周边新兴行业培养留得住、用得上的技能型人才，为促进地方经济顺利转型提供技术和人才保证。本次系列教材的组织规划正是响应了国家关于职业教育发展方向的号召，以出版行业为载体，构建完整的就业培训课程体系。

本教材是按照中华人民共和国人力资源和社会保障部制定的《（粮油）仓储管理员国家职业技能标准（2019年版）》（职业编码：4-02-06-01）中的职业技能等级五级/初级工的标准编写的。相应的课程是针对初级仓储管理员的培训设置的，它是其他专业课的总结提升，同时又与其他专业课相辅相成。编写本教材的目的主要是培养学员的职业岗位基本技能，并为进一步培养学员的职业岗位综合能力奠定坚实基础，使学员掌握物流编码管理、入库作业管理、储位管理、拣选作业管理、在库作业管理等操作技能，能运用基本技能独立完成本岗位的物流货物的编码、商品出入库管理等简单的操作。培训完毕，培训对象能够独立上岗，完成简单的常规技术操作工作。在教学过程中，应以专业理论教学为基础，注意职业技能训练，使培训对象掌握必要的专业知识与操作技能，教学时注意够用适度原则。

本教材中学习任务一、学习任务二、学习任务三、学习任务四由张志栋编写，学习任务五由贾康炜编写，学习任务六由张红梅编写，学习任务七由寇明霞编写，全书由张志栋统稿和定稿。

本教材在编写过程中，得到靖远县职业中等专业学校和陕西琢石教育科技有限责任公司等单位的领导、专家的大力支持和帮助，在此表示衷心的感谢。

限于编者水平，教材中若有不足之处，欢迎培训单位和培训学员在使用过程中提出宝贵意见，以臻完善。

编　者

2021 年 1 月

目　录　CONTENTS

学习任务一 物流编码管理

01

任务引入

随着社会、经济、科技的发展，市场的竞争越来越激烈，企业必须提高竞争力，降低成本，方能实现利润最大化。在现代社会，单单靠节约生产成本来提高利润是不行的，过度节约成本会导致产品质量下降，而物流环节成本的降低就成了企业节约成本的重要途径之一，想要降低企业的物流成本，就要利用先进的科学技术和系统。

随着企业客户不断增多，企业每天的交易量也不断增大，进出库的商品数量越来越大，品种越来越多，传统的人工式仓储管理的弊端也逐渐显露出来。如今，仓储管理在企业的整个供应链中起着至关重要的作用，但由于人工式仓储管理不能保证进货、发货及库存控制的准确性，导致管理费用增加，服务质量得不到保证，因此研究仓储管理具有重要的意义。在仓储管理中引入条形码技术，使仓储管理条码化，对仓库商品的入库、出库、库存盘点等各个环节的数据进行自动化的数据采集，可以保证仓储管理各个作业环节数据输出的高效性和准确性，确保企业高层及时准确地掌握库存的真实数据，并对库存进行合理的管理和控制。

此外，用条形码技术替代过去的人工键盘输入，还能实现一些过去不能实现的功能，改变原有的供应链模式。对物流管理来说，实施条形码技术可以说是一个业务重组的过程。

在仓储环节中，将库存品贴上条形码以便日后进行数据采集；对库位进行科学的编码，并加贴条形码，入库时能及时采集库存品的库位数据，以便日后进行快速的库位定位，提高仓库的作业效率；利用 RF 手持终端（即 RFID 手持终端，RFID——radio frequency identification，射频识别技术）扫描采集数据，并与仓储系统相结合，能实时更新数据，进行科学的仓储管理，实时监控库存，使“零库存”变为现实。在仓储的各个环节中应用条形码技术，可以使作业效率得到大大提高。

传统的仓储管理主要以在纸张上手动记数据为主，不但效率低下，而且浪费人力资源。使用条形码技术不但采集数据快，而且可以减少人力投入，从而达到降低物流成本的效果，更能减少人工方式带来的错误。随着企业的发展，企业内部仓储管理的负荷越来越重，此时传统的管理方式已不再适用，运用条形码技术可以降低存储工作的负荷，做到快速、实时、准确地进行仓储管理。

任务要求

（1）了解货物编码在物流管理中的作用。

（2）了解一般连锁超市商品分类的规则。

（3）学会运用编码规则对货物进行合理的编码。

（4）掌握应用 Excel 进行最基本的数据处理、统计和分析的技能。

（5）掌握应用条形码打印机进行条形码标签制作的基本技能。

（6）掌握应用 RFID 读写器进行 RFID 标签卡制作的基本技能。

任务内容

（1）运用编码规则编制货物物流编码。

（2）在 BarTender 软件中创建、编辑、打印条形码标签。

（3）能够正确写入 RFID 标签卡。

（4）能够正确读取 RFID 标签卡。

任务实施

本任务为了使学生的物流编码实验活动有一个编码作业的参考标准，借用了“连锁超市商品分类明细表”作为编码的基本依据。

本任务具体由三个项目来实现。

项目一　编制货物物流编码

项目二　创建、编辑并打印条形码标签

项目三　读写 RFID 标签卡

项目一　编制货物物流编码

任务描述

某连锁超市配送中心现有部分库存商品货物，货物清单如表 1－1 所示。为了提高物流管理水平和逐步实现仓储管理的数字化、信息化，超市配送中心准备对其经营的商品按“连锁超市商品分类明细表”的分类规则，实施统一的物流编码并将编码结果填入表 1-1 中的“物流编码”栏内。现规定编码一律采用 9~10 位数，具体规定如下：

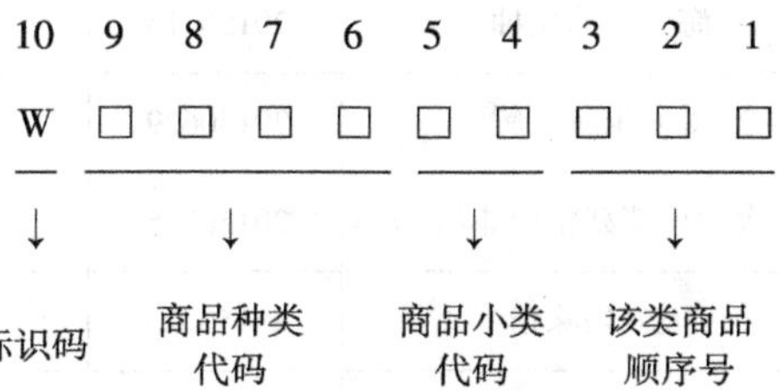

请按照“连锁超市商品分类明细表”的分类规则，结合上述规定，为表1-1中每一种商品货物编制一个物流编码，并用 Excel 制成一份“货物信息编码表”。

表 1-1　某连锁超市配送中心部分库存商品货物清单

序号	商品编码	商品名称	批号	物流编码	规格型号	单位
1	6948195800194	金龙鱼大豆油	20140617		5 L	瓶
2	6948195800194	金龙鱼大豆油	20141108		5 L	瓶
3	6948195800194	金龙鱼大豆油	20141203		5 L	瓶
4	6948195808220	金龙鱼调和油	20140723		5 L	瓶
5	6948195810155	金龙鱼菜籽油	20150415		5 L	瓶
6	6948195810155	金龙鱼菜籽油	20150723		5 L	瓶
7	6948195800460	金龙鱼调和油	20150723		1.8 L	瓶
8	6903252061017	康师傅红烧牛肉面	20150223		100 g	袋
9	6903252061017	康师傅红烧牛肉面	20150512		100 g	袋
10	6903252061053	康师傅香辣牛肉面	20150403		100 g	袋
11	6903252125339	康师傅老坛酸菜牛肉面	20150403		105 g	袋
12	6903252116939	康师傅小鸡炖蘑菇面	20150403		100 g	袋
13	6903252610790	康师傅鲜虾鱼板面	20150403		100 g	袋
14	6902265310259	海天金标蚝油	20150212		265 g	瓶
15	6902265310259	海天金标蚝油	20150403		265 g	瓶
16	6902265360018	海天上等蚝油	20150609		700 g	瓶
17	6902265128717	海天草菇老抽	20150412		1.28 L	瓶
18	6902265115496	海天香醋	20150512		445 mL	瓶

（续）

序号	商品编码	商品名称	批号	物流编码	规格型号	单位
19	6902265170198	海天鲜味生抽	20150413		1.9 L	瓶
20	6922130119107	太太乐蔬之鲜	20150629		400 g	袋
21	6922130114065	太太乐蘑菇精调味料	20150716		400 g	袋
22	6922130105247	太太乐味精	20150323		1 000 g	袋
23	6922130105247	太太乐味精	20150812		1 000 g	袋
24	6922130103014	太太乐增鲜味精	20150812		500 g	袋
25	6901668054821	卡夫奥利奥饼干	20150415		316 g	盒
26	6901668054135	卡夫奥利奥夹心饼干	20150312		319 g×3	袋
27	6901668054135	卡夫奥利奥夹心饼干	20150708		319 g×3	袋
28	6901668053633	卡夫奥利奥双心脆威化	20150708		14. 5 g×25	盒
29	6901668054395	卡夫巧克棒	20150708		256 g	盒
30	6941727126341	超级维体	20150111		500 mL	瓶
31	6941727156341	港式奶茶	20150223		270 mL	瓶
32	6941727156341	港式奶茶	20150703		270 mL	瓶
33	6941727131756	黑乌龙茶	20150703		1. 25 L	瓶
34	6941727145842	利趣咖啡	20150403		310 mL	听
35	6941727154865	沁柠水	20150221		550 mL	瓶
36	6941727154865	沁柠水	20150613		550 mL	瓶
37	6902022136627	蓝月亮宝宝专用洗衣液	20140321		1 kg	瓶
38	6902022137273	蓝月亮亮白增艳洗衣液	20140321		3 kg	瓶
39	6902022131745	蓝月亮绿色柔顺剂	20140517		3 kg	瓶
40	6902022134357	蓝月亮深层洁净护理洗衣液	20140517		3 kg	瓶
41	6902022134357	蓝月亮深层洁净护理洗衣液	20150324		3 kg	瓶
42	6902022137518	蓝月亮手洗专用洗衣液	20140821		1 kg	瓶
43	6901404321200	上海药皂	20140714		125 g	块

背景知识储备

一、商品编码

商品编码是指用来标识商品的一组阿拉伯数字，这组数字又被称为代码。商品编码与商品条形码是两个不同的概念。商品编码是代表商品的数字信息，而商品条形码是表示这一信息的符号。在制作商品条形码的工作中，要生成商品条形码，首先必须给商品编一个数字代码。商品条形码的代码是按照国际物品编码协会（EAN International，简称“EAN”）统一规定的规则编制的，分为标准版和缩短版两种。标准版商品条形码的代码由13位阿拉伯数字组成，简称EAN-13码。缩短版商品条形码的代码由8位阿拉伯数字组成，简称EAN-8码。EAN-13码和EAN-8码的前3位数字叫前缀码，是用于标识EAN成员的代码，由EAN统一管理和分配，不同的国家或地区有不同的前缀码。中国的前缀码目前有10个，即690～699，其中696～699编码目前尚未采用。

编制商品编码须遵循以下几个原则。

（1）唯一性。唯一性是指商品项目与其标识代码一一对应，即一个商品项目只有一个代码，一个代码只标识同一商品项目。商品项目代码一旦确定，永不改变，即使该商品已停止生产、停止供应，在一段时间内（有些国家规定为3年）也不得将该代码分配给其他商品项目。

（2）无含义。无含义是指代码数字本身及其位置不表示商品的任何特定信息。在EAN（European article number，欧洲统一物品编码）及UPC（UPC，universal product code，统一商品编码）系统中，商品编码仅仅是一种识别商品的信息，而不是商品分类的依据。无含义使商品编码具有简单、灵活、可靠、代码容量利用充分、生命力强等优点，这种编码方法尤其适用于较大的商品系统。

（3）全数字型。在EAN及UPC系统中，商品编码全部是阿拉伯数字。

（4）稳定性。商品编码一旦分配，若商品的基本特征没有发生变化，就应保持不变。

商品编码的管理是指商品条形码系统成员在已获得厂商识别代码的基础上正确地给具体商品项目进行编码，以及对已编码的商品做好原始记录和档案，防止出现编码错误的工作过程。其基本要求是保证商品编码的唯一性。要遵循唯一性原则，关键是要严格区分商品的不同项目，主要从商品的种类、规格、包装、颜色等几个方面来考虑。系统成员应当指定专人负责商品编码的统一管理。加强对条形码管理人员的业务知识培训，积极组织其参加条形码管理机构组织的培训班；要建立有关条形码工作的规章制度，完善商品编码的原始记录和工作档案，以便于对编码唯一性进行检查；还要做好条形码管理人员变动时有关资料的移交工作，以保持工作的连续性。在编码管理的具体操作上，一般适宜采用“大流水”的编码方式，这样能够最大限度地体现编码的“唯一性”原则和“无含义”原则，减少编码出错的机会。

二、货物编码

编制货物编码与制作商品条形码不同，它既无行业标准，又无国际标准，只是为保证物流配送中心的物流作业能准确、有序、高效地开展而进行的一项企业自身的标准化工作，当然它为仓储物流企业实现全数字化管理打下了扎实的基础。

货物编码的主要作用是对仓储货物按企业内部的分类内容进行有序编排，并用符号和数字来代替货物的“名称”“类别”“批号”等信息。

货物编码的一个最重要原则是单一性，即在企业内部，只要是编码相同的货物，就认为是同一种货物；反之，编码不同的货物，就认为是不同种类的货物。有时，对某些生产日期很受关注的商品来说，即使是同一种商品，它们的商品名称、商品条形码都是相同的，仅生产批号不同，为了能在仓储管理中实行“先进先出”的管理制度，也必须将它们看成两种不同的商品。

货物编码对货物出入库的准确性和速度有重要意义，同时也是物流系统实现信息化的基础。一般而言，编制货物编码要求遵循以下原则。

(1) 唯一性。编码的唯一性要求保证通过编码可唯一地确定编码对象，这是编码在数据管理中最基本的作用。

(2) 规范性。编码的规范性是指进行编码（包括编码的位数、编码的分段、每段的类型和含义等）要遵循一定的规则。

(3) 可识别性。编码的可识别性要求通过编码能够比较容易地识别被编码对象。

(4) 可拓展性。编码的可拓展性要求编码系统对企业管理业务的变化具有适应性，即要求编码规则对已有编码对象留有足够的可拓展空间。

常见的货物编码方法有以下四种。

(1) 数字顺序码。这是简单的编码方法，一般适用于被编码对象数目比较少的情况。

(2) 数字分组顺序编码。当编码对象具有两层（或以上）的分类时，可采用数字分组（段）顺序码。

(3) 字符编码。数字编码虽然结构简单，但存在不容易识别和记忆的缺点。为了容易识别和记忆，可采用字符编码。

(4) 数字字符混编码。当编码对象具有两层（或以上）的分类时，可采用数字和字符组合的编码方式，从而使对某层分类的被编码对象的记忆和识别变得简单和直接。

三、物料编码

物料编码是以简短的文字、符号或数字、号码来代表物料品名、规格或类别及其他有关事项的一种管理方法。在物料极为单纯、种类极少的工厂或许有没有物料编码都无关紧要，但在物料多达数百种或数千、数万种的工厂，物料编码就显得格外重要了。此时，物料的领发、验收、请购、跟催、盘点、储存等工作极为频繁，而有了物料编码，可使各部门提高效率，各种物料资料传递迅速，意见沟通更加容易。物料编码的功能如下。

1. 保证物料资料的准确性

物料的领发、验收、请购、跟催、盘点、储存、记录等一切与物料有关的活动均有物料编码可以查核，因此物料编码可使物料数据更加准确，也可避免一物多名、一名多物或物名错乱等现象的发生。

2. 提高物料管理的工作效率

物料既有系统的排列，又以物料编码代替文字的记述，这使物料管理简便省事，效率因此提高。

3. 有利于利用计算机进行管理

物料管理在物料编码推行彻底之后，方能进一步利用计算机对物料进行更有效的处理，以达到更好的管理效果。

4. 降低物料库存量，降低成本

物料编码有利于控制物料库存量，同时可防止产生呆料，并提高物料管理工作的效率，因此可减少资金的积压，降低成本。

5. 防止物料舞弊事件发生

物料一经编码，就会被准确而迅速地记录下来，有利于井然有序地储存物料，可以减少舞弊事件发生。

6. 便于物料领用

库存物料均按正确、统一的名称及规格予以编码，对用料部门的领料以及物料仓库的发料都十分方便。

注：在仓储管理实际操作中，有时也将商品编码、货物编码、物料编码等称为商品编号、货物编号、物料编号等。

实施过程

（1）本项目分小组进行，每两人为一个实验小组。

（2）两人合作，根据表1-1所列货物清单，查阅“连锁超市商品分类明细表”，使用Excel制成一份“货物信息编码表”。

（3）将编码结果填入表1-1“物流编码”栏内。

过程考核评价

项目一　编制货物物流编码

学员姓名		学号		班级		日期	

项目	考核项目	考核要求	配分	评分标准	得分
知识目标	货物物流编码的编制原则	能理解项目中物流编码的编制原则	10 分	物流编码编制原则叙述不清楚扣 5 分	
	货物物流编码的方法	掌握物流编码的方法	20 分	物流编码的方法叙述不清楚扣 5 分	
能力目标	为不同类型商品货物编制物流编码	（1）能熟练使用 Excel 制作“货物信息编码表”； （2）商品物流编码符合分类规则； （3）商品物流编码符合编制原则	50 分	（1）用 Excel 制作表格的方法不正确扣 5 分； （2）物流编码不符合分类规则，每错一处扣 5 分； （3）物流编码不符合编制原则，每错一项扣 2 分	
过程方法及社会能力	过程方法	（1）学会自主发现、自主探索的学习方法； （2）学会在学习中反思、总结，调整自己的学习目标，在更高水平上获得发展	10 分	能在工作中反思，有创新见解，有自主发现、自主探索的学习方法，酌情得 5～10 分	
	社会能力	小组成员间团结协作共同完成工作任务	10 分	（1）小组分工不明确扣 3 分； （2）表格不规范扣 3 分	
实训总结		完成本项学习任务的体会（学到哪些知识，掌握哪些技能，有哪些收获）：			
得分					

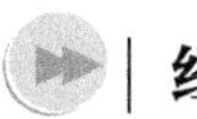

经验总结

擅长的方面

需要改进和加强的方面

项目二 创建、编辑并打印条形码标签

任务描述

某连锁超市配送中心现有部分库存商品货物，我们已经按照统一的编码规则在表1－1中为其编制了物流编码。接下来，用条形码打印软件对编制的物流编码标签进行编辑和制作，并通过连接计算机和条形码打印机将其打印出来，要求在同一张标签上能同时打印中英文商品名称。

背景知识储备

一、条形码

条形码是由宽度不同、反射率不同的条和空，按照一定的编码规则（码制）编制成的，用以表达一组数字或字母信息的图形标识符，即条形码是一组粗细不同，按照一定的规则排列的平行线条图形。

条形码是由美国的伍德兰德（N. T. Woodland）在1949年首先提出的。常见的条形码是由反射率相差很大的黑条（简称“条”）和白条（简称“空”）排成的平行线图案。条形码可以标识商品的生产国、制造厂家、名称、生产日期，图书分类号，邮件起止地点、类别、日期等信息，因而在商品流通、图书管理、邮电系统、银行系统等领域得到广泛的应用。

条形码自动识别系统由条形码标签、条形码生成设备、条形码识读器和计算机组成。在辨识时，使用条形码识读器扫描条形码，得到一组反射光信号，此信号经光电转换后变为一组与条、空相对应的电子信号，经解码后被还原为相应的数字，再传入电脑。条形码辨识技术已相当成熟，其读取的错误率约为百万分之一，首读率大于98%，是一种可靠性高、输入快速、准确性高、成本低、应用面广的信息自动收集技术。到目前为止，世界上共有四十多种条形码码制。一般在物流管理中可采用交叉25码（ITF，interleaved two of five，又称交叉二五码），它的特点是符号占用空间小，信息密度较大。

条形码技术（bar code technology，BCT）是在计算机的应用实践中产生和发展起来的一种自动识别技术。它是为实现对信息的自动扫描而设计的，是快速、准确、可靠地采集数据的有效手段。条形码技术的应用解决了数据录入和数据采集的瓶颈问题，为物流管理提供了有力的技术支持。条形码技术的核心是通过利用光电扫描设备识读条形码符号来实现机器的自动识别，并快速、准确地把数据录入计算机进行数据处理，从而达到自动管理的目的。条形码技术的研究对象主要包括标准符号技术、自动识别技术、编码规则、印刷技术和应用系统设计五个部分。

条形码技术的应用是实现现代化管理的必要手段，其优越性是众所周知的，无论工业领域如何发展，条形码技术都是实现工业自动化的必由之路。随着国内工业技术的发展，已有不少工厂利用条形码技术实现了销售管理、库存管理和生产过程管理。

二、条形码分类

1. 一维条形码

一维条形码可标识商品的生产国、制造厂家、商品名称、生产日期、类别等信息，在商品流通、图书管理、邮电系统、银行系统等领域有广泛的应用。目前使用频率最高的几种码制有 EAN 码、UPC 码、39 码、ITF25 码和 EAN128 码。UPC 码主要用于北美地区。EAN 码是国际通用符号体系，它是一种定长、无含义的条形码，主要用于商品标识。EAN128 码是由国际物品编码协会和美国统一代码委员会（Uniform Code Council，UCC）联合开发、共同采用的一种特定的条形码符号。它是一种连续型、非定长、有含义的高密度代码，用于表示生产日期、批号、数量、规格、保质期、收货地等商品信息。另有一些码制主要应用于有特殊需要的方面，如库德巴码用于血库、图书馆、包裹等的跟踪管理，ITF25 码用于国际航空系统，为机票进行顺序编号等，还有类似 39 码的 93 码，它的密度更高，可代替 39 码。

2. 二维条形码

一维条形码携带的信息数量有限，如 EAN-13 码仅能容纳 13 位阿拉伯数字，更多的信息只能依赖商品数据库的支持，离开了预先建立的数据库，这种条形码就没有意义了，这在一定程度上限制了条形码的应用范围。基于这个原因，20 世纪 90 年代出现了二维条形码。目前，二维条形码主要有 PDF417 码、Code49 码、Code16K 码、Data Matrix 码、Maxiocle 码等，主要分为堆积或层排式、棋盘或矩阵式两大类。

二维条形码作为一种新的信息存储和传递技术，从诞生之时就受到了国际社会的广泛关注，经过几年的发展，现已被应用在国防、公共安全、交通运输、医疗保健、工业、商业、金融、海关及政府管理等多个领域。

二维条形码依靠其庞大的信息携带量，能够把过去使用一维条形码时存储于后台数据库中的信息包含其中，使用者可以直接通过阅读条形码得到相应的信息，并且二维条形码还有错误修正技术及防伪功能，提高了数据的安全性。

二维条形码可把照片、指纹信息编制其中，可有效地解决证件的机读和防伪问题，因此广泛应用于护照、身份证、行驶证、军人证、健康证、保险卡等上。

美国亚利桑那州等十多个州的驾驶证、军人证、军人医疗证等在几年前就已采用了PDF417码技术。将证件上的个人信息及照片信息编在二维条形码中，不但可以实现身份证的自动识读，而且可以有效防止伪冒证件事件发生。菲律宾、埃及、巴林等许多国家也已在身份证或驾驶证上使用了二维条形码，我国香港特区的护照上也采用了二维条形码技术。另外，在海关报关单、长途货运单、税务报表、保险登记表上也都有使用二维条形码技术来解决数据输入问题及防止伪造、删改表格的例子。在我国部分地区，注册会计师证和汽车销售及售后服务等方面，二维条形码也得到了初步的应用。

二维条形码是一种在水平方向和垂直方向均带有信息的条形码。二维条形码除了具有一维条形码的优点外，还有储存信息量大，耐损性强，可靠性高，保密、防伪性强等优点。

使用二维条形码可以解决如下问题。

（1）可代替包括汉字在内的小型数据文件。

（2）可在有限的面积上（如电子芯片上）存储大量信息。

（3）可对“物品”进行精确描述。

（4）可防止对各种数据、证件、卡片及单证进行仿造。

（5）可在远离数据库和不便联网的地方实现数据采集。

二维条形码具有如下特点。

（1）编码密度高：信息容量大，可容纳多达1 850个大写字母、2 710个数字、1 108个字节或500多个汉字，比普通条形码信息容量提高了几十倍。

（2）编码范围广：该条形码可以对图片、声音、文字、指纹等能数字化的信息进行编码并将其表示出来；可以表示多种语言文字；可表示图像数据。

（3）容错能力强：具有纠错功能，这使得二维条形码在因穿孔、污损等引起局部损坏时，照样可以被正确识读，损毁面积达50%仍可恢复信息。

（4）译码可靠性高：它比普通条形码百万分之一的译码错误率要低得多，误码率不超过千万分之一。

（5）可引入加密措施，保密性、防伪性强。

（6）成本低，易制作，持久耐用。

（7）条形码符号形状、尺寸比例可变。

三、条形码技术的特点

条形码技术是电子与信息科学领域的高新技术，所涉及的技术领域较广，是多项技术相结合的产物，经过多年的研究和应用，现已发展成为较成熟的实用技术。

在信息输入技术中采用的自动识别技术种类很多。条形码技术作为一种图形识别技术与其他识别技术相比有如下特点。

(1) 简单。条形码符号制作容易，扫描操作简单易行。

(2) 信息采集速度快。普通计算机的键盘录入速度是200 字符/分钟，而利用条形码扫描录入信息的速度是键盘录入的20 倍。

(3) 采集信息量大。利用条形码扫描，一次可以采集几十位字符的信息，而且可以通过选择不同码制的条形码增加字符密度，使录入的信息量成倍增加。另外，利用传统的一维条形码一次可采集几十位字符的信息，而二维条形码则可以携带数千个字符的信息，并有一定的自动纠错能力。

(4) 可靠性高。键盘录入数据的误码率为三百分之一，光学字符识别技术的误码率约为万分之一，而采用条形码扫描录入方式的误码率仅为百万分之一，首读率可达98%以上。

(5) 灵活、实用。条形码作为一种可识别符号可以单独使用，也可以和有关设备组成识别系统实现自动化识别，还可和其他控制设备联系起来实现整个系统的自动化管理。同时，在没有自动识别设备时，也可用键盘输入。

(6) 自由度大。识别装置与条形码标签相对位置的自由度要比 OCR（optical character recognition，光学字符识别）大得多。条形码通常只在一维方向上表示信息，而同一条形码符号上所表示的信息是连续的，这样即使标签上的条形码符号有部分残缺，仍可以从正常部分识读正确的信息。

(7) 设备结构简单、成本低。条形码符号识别设备的结构简单，操作容易，不需要专门训练。与其他自动化识别技术相比，推广应用条形码技术所需费用较低。

四、条形码技术的用途

条形码技术被应用于物品追踪、控制库存、记录时间与出勤、监视生产过程、质量控制、检进检出、分类、订单输入、文件追踪、进出控制、个人识别、送货与收货、仓库管理、路线管理、售货点作业以及包括追踪药物使用与病人收款等在内的医疗保健等方面。

条形码技术已在许多领域得到了广泛的应用，比较典型的应用领域有以下五个。

(1) 零售业。零售业是条形码应用最为成熟的领域。EAN 码为零售业应用条形码进行销售奠定了基础。目前，在超市中出售的大多数商品都使用了 EAN 码。在销售时，收银员用扫描器扫描 EAN 码，POS（point of sale，销售终端）系统从数据库中查找到相应商品的名称、价格等信息，并对客户所购买的商品进行统计，这大大加快了收银速度并提高了操作的准确性，同时各种销售数据还可为商场和供应商进货、供货提供参考。由于销售信息能够及时准确地被统计出来，所以商家在经营过程中可以准确地掌握各种商品的流通信息，大大减少库存量，最大限度地利用资金，从而提高商家的效益和竞争能力。

（2）图书馆。条形码也被广泛用于图书馆的图书流通环节。图书和借书证上都贴上了条形码，借书时只要扫描一下借书证上的条形码，再扫一下借出的图书上的条形码，相关的信息就被自动录入数据库中；还书时只要扫一下图书上的条形码，系统就会根据原先记录的信息进行核对，将该书还入库中。与传统的方式相比，这大大提高了工作效率。

（3）仓储管理与物流跟踪。对于有大量物品流动的场合，用传统的手工记录方式记录物品的流动状况既费时费力，准确度又低，而且在一些特殊场合，手工记录是不现实的。此外，手工记录的数据在统计、查询过程中的应用效率也非常低。应用条形码技术，可以快速、准确地记录每一件物品，采集到的各种数据可实时地由计算机系统进行处理，能够准确、及时地反映物品的状态。

（4）质量跟踪管理。ISO 9000 质量保证体系强调质量管理的可追溯性，也就是说，对于出现质量问题的产品，应当可以追溯它的生产时间、操作者等信息。在过去，这些信息很难被记录下来，即使有一些工厂（如一些家用电器生产厂）采用加工单的形式对其进行记录，但随着时间的积累，加工单越来越多，有的工厂甚至要用几间房子来存放这些单据。从这么多的单据中查找一张单据的难度可想而知。而采用条形码技术，可在生产的主要环节，对生产者及产品的数据进行记录，并利用计算机系统进行处理和存储。如产品质量出现问题，可利用计算机系统很快查到该产品生产时的数据，为工厂查找事故原因、改进工作方法提供依据。

（5）数据自动录入。大量格式化的单据的录入是一件很烦琐的事，浪费大量的人力不说，正确率也难以保证。用二维条形码技术，可以把上千个字母或汉字，通过专用的扫描器在几秒钟内正确地输入名片大小的一个二维条形码中。这样一来，在需要录入这些单据上的内容的时候扫描二维条形码，报表的内容就自动录入完成了。同时，还可以对数据进行加密，确保报表数据的真实性。

条形码技术在我国的邮电系统、图书管理、生产过程控制、医疗卫生、交通运输等领域都得到了较为广泛的应用，特别是随着商业信息化程度的不断提高，条形码技术逐步普及，反过来推动了商业 POS 系统的发展。

实施过程

（1）打开条形码打印软件。双击“BarTender UltraLite”图标，或从“开始”菜单选择“BarTender UltraLite”，启动应用程序。

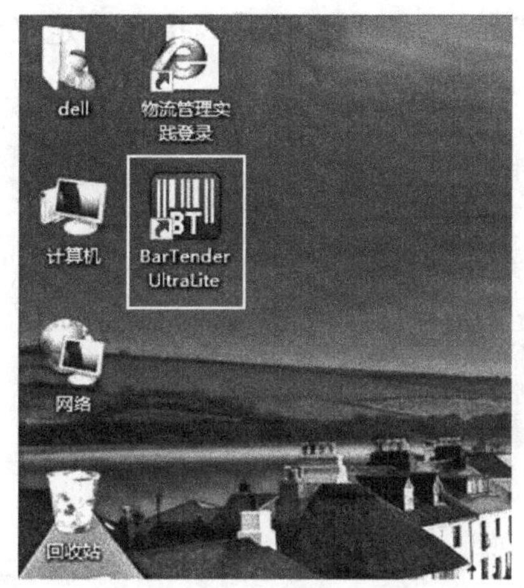

（2）打开软件后弹出一个选择对话框，点击“启动新的 BarTender 文档”按钮。

（3）点击后弹出一个“新建文档向导”对话框，点击“空白模板”单选钮，选择新文档的起点。点击“下一步”按钮。

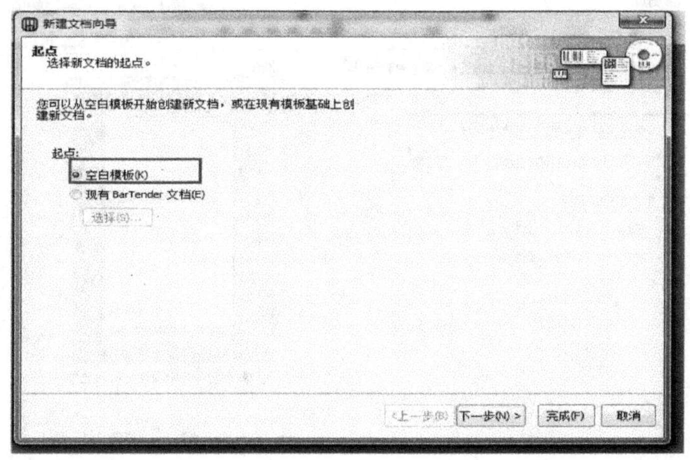

(4) 在弹出的“选择卷”对话框中，选中“指定自定义设置”单选钮。点击“下一步”按钮。

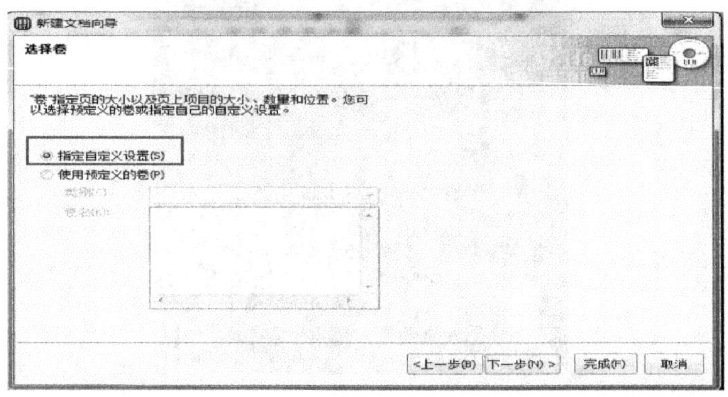

(5) 在弹出的“每页项目数”对话框中，选中“每页一个项目”单选钮。点击“下一步”按钮，在弹出的对话框中，选中“是，边缘有一些未使用的材料”单选钮。点击“下一步”按钮。

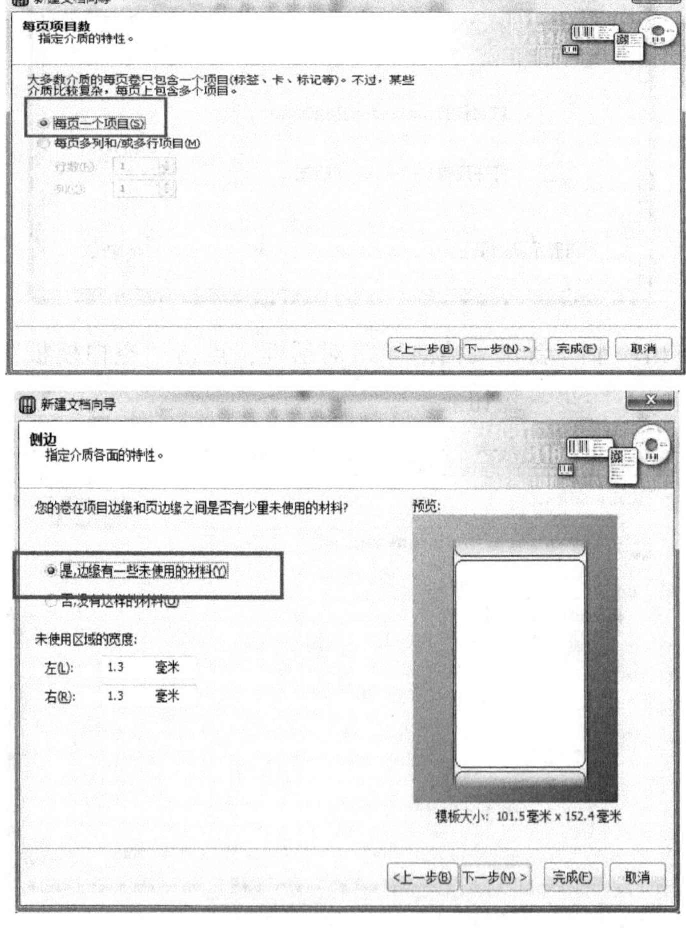

（6）在弹出的“打印的项目形状”对话框中，选中“圆角矩形”单选钮，指定要打印标签的形状。点击“下一步”按钮。

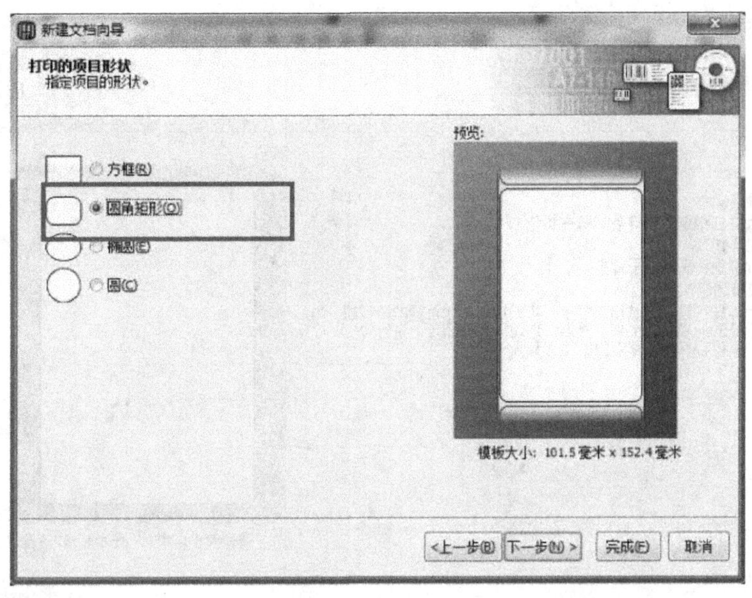

（7）在弹出的“模板大小”对话框中，对标签的大小进行设置，用尺子量出标签的长度和宽度（选项中的宽度是指标签的长度，高度是指标签的宽度），把对应的数据输入进去。点击“下一步”按钮。

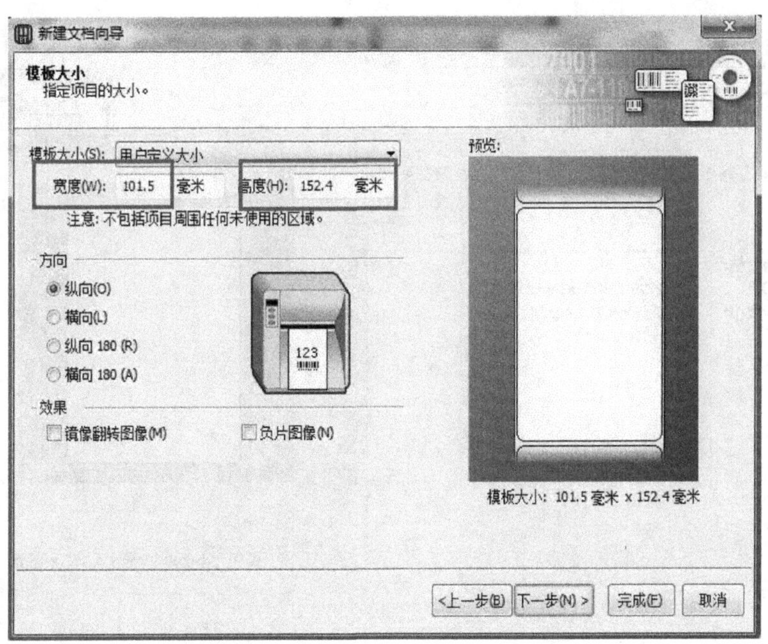

（8）在弹出的“模板背景”对话框中，根据需要勾选“背景特性”区域的复选框，这里三个都不选。点击“下一步”按钮。

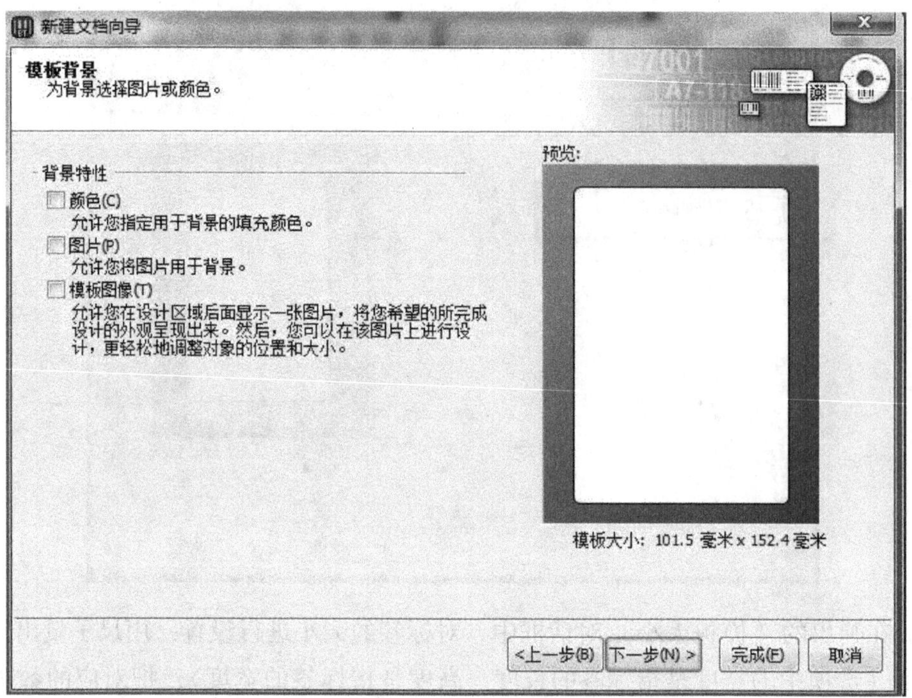

（9）在弹出的文档建立完成对话框中，点击“完成”按钮。

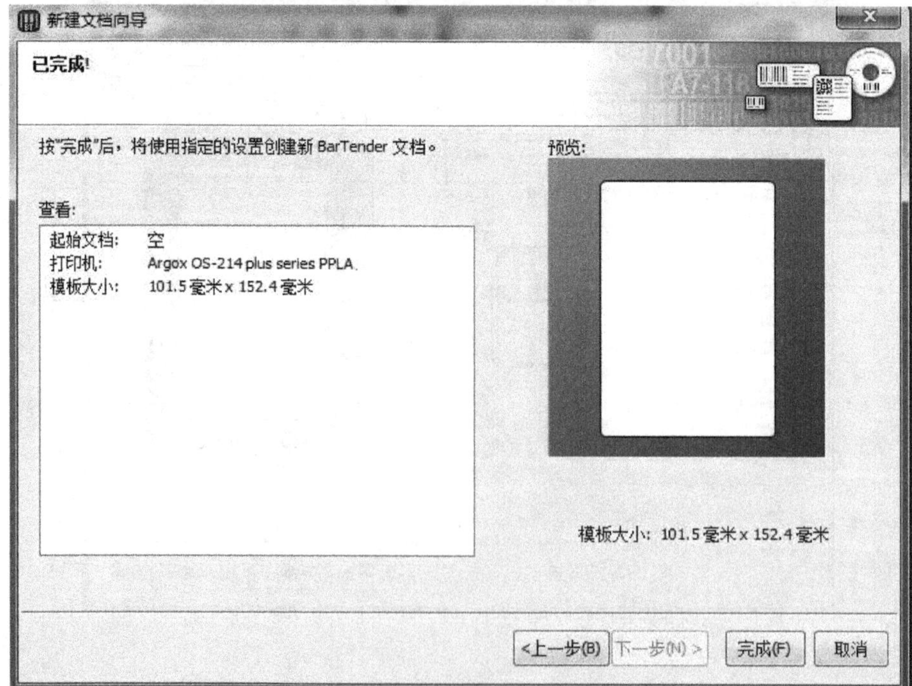

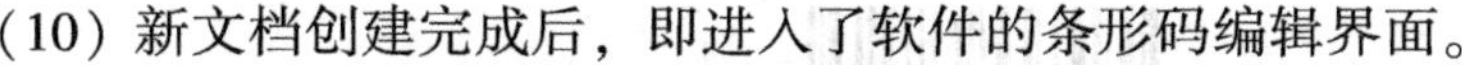

（10）新文档创建完成后，即进入了软件的条形码编辑界面。

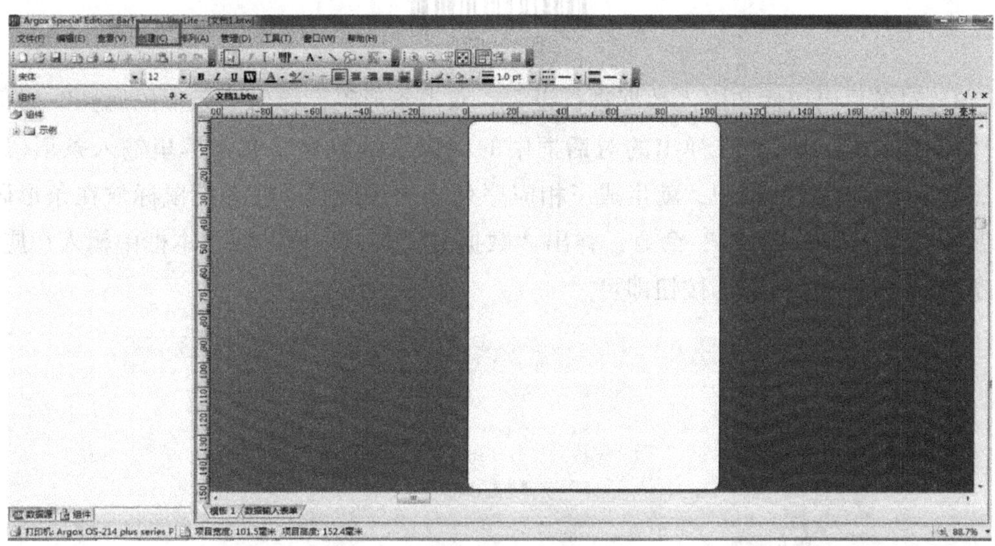

（11）添加条形码。选择“创建”→“条形码”或单击工具栏中的 ，在弹出的下拉列表框里有多种条形码供选择。

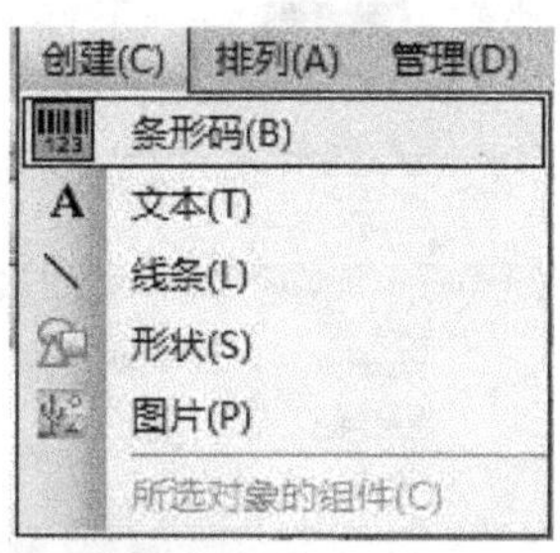

（12）根据需要选择条形码，选中以后在编辑区域的空白处指针会变成小“十”字样。然后选择合适的位置，单击鼠标左键，条形码就添加进去了。

（13）对条形码属性和嵌入数据进行设置。双击条形码，弹出“条形码属性”对话框，单击“12345678”选项，在弹出的对话框中的“嵌入的数据”文本框里输入条形码序列号，然后单击“关闭”按钮，就生成了相应序列号的条形码。或者把鼠标放在条形码上，单击鼠标右键，选择“编辑”命令，弹出“数据编辑”对话框，在文本框中输入相应的条形码序列号，点击“确定”按钮即可。

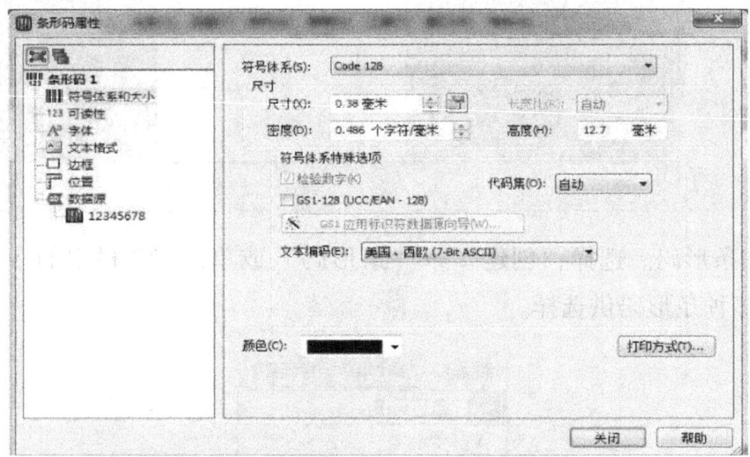

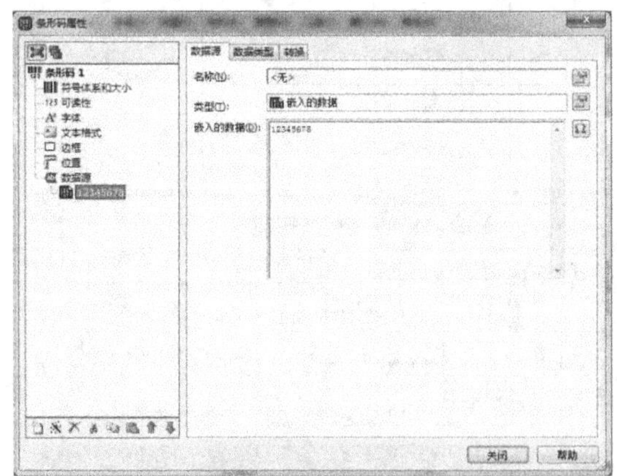

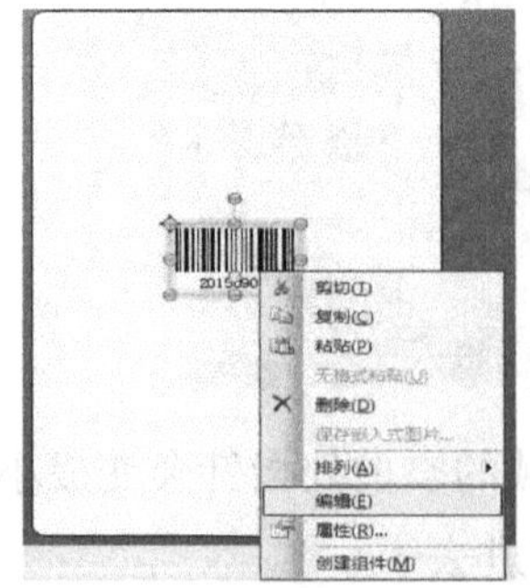

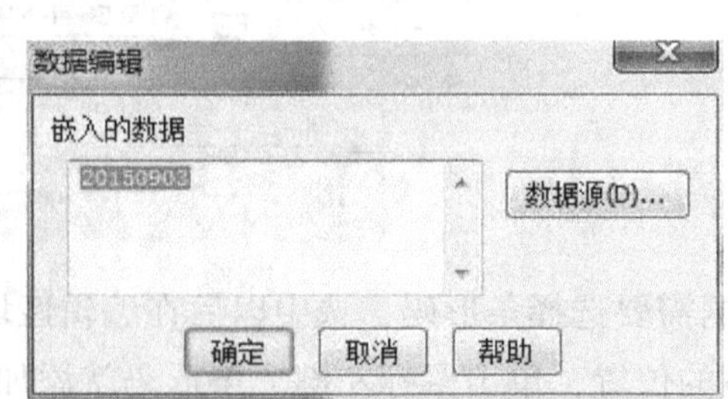

（14）添加文字。单击工具栏中的“A▾”，在下拉列表框中选择“单行”命令，进行文本编辑。选择合适的位置，单击鼠标左键，确定文本的位置。然后单击文本内容处，当文本底色变成蓝色时，可以进行文本内容的输入。输入相应的文本，然后在文本框外任何位置单击一下鼠标左键即可。

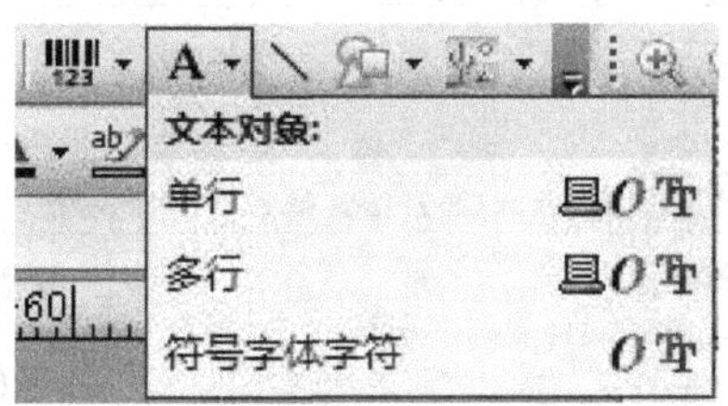

（15）打印条形码。首先确定打印机和计算机已经连接好，然后开始打印。点击工具栏中的 按钮，弹出打印文档对话框，把副本数量改为“1”。改好后，点击下方“打印”按钮。

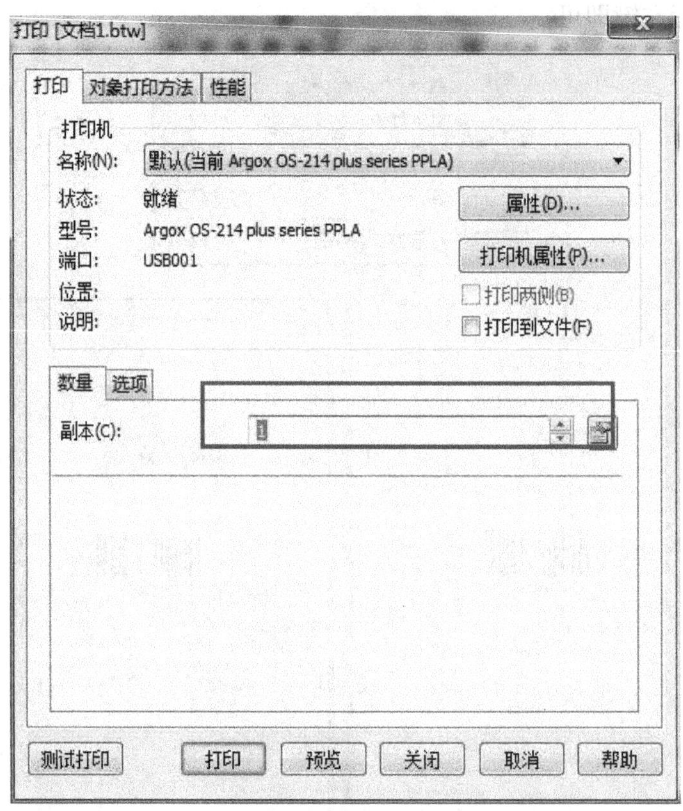

（16）在弹出的对话框中，选中“允许打印机字体替换并继续打印”单选钮，然后点击“打印”按钮，打印机就开始打印条形码了。

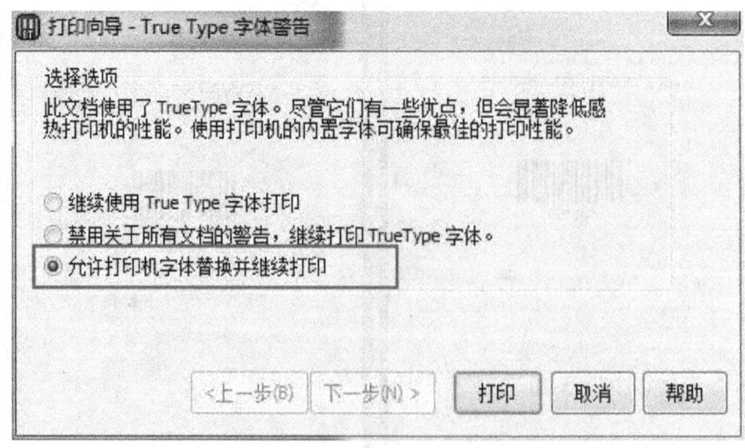

过程考核评价

项目二　创建、编辑并打印条形码标签					
学员姓名		学号		班级	日期
项目	考核项目	考核要求	配分	评分标准	得分
知识目标	条形码技术的原理及应用	（1）能理解条形码技术的原理； （2）熟悉条形码技术的应用	20 分	条形码技术的原理及应用叙述不清楚扣 2 分	
知识目标	条形码标签的制作方法	掌握制作条形码标签的方法	10 分	条形码标签制作不符合要求，每错一项扣 0.5 分	
能力目标	条形码标签的制作	（1）能熟练使用 BarTender 软件； （2）能正确创建条形码标签； （3）能正确设置条形码标签的属性和内容信息	30 分	（1）条形码标签创建不正确，每错一项扣 2 分； （2）条形码标签属性设置不正确，每错一处扣 2 分； （3）条形码标签内容编辑不正确，每错一项扣 2 分； （4）不会使用 BarTender 软件按要求创建标签，扣 5 分	
能力目标	条形码标签的打印	（1）能正确设置连接打印机； （2）能完整打印出条形码标签	20 分	（1）不能按项目要求使用打印机进行标签打印扣 5 分； （2）打印出来的标签不完整扣 5 分； （3）不能正确进行故障排查扣 10 分	
过程方法及社会能力	过程方法	（1）学会自主发现、自主探索的学习方法； （2）学会在学习中反思、总结，调整自己的学习目标，在更高水平上获得发展	10 分	能在工作中反思，有创新见解，有自主发现、自主探索的学习方法，酌情得 5 ~ 10 分	
过程方法及社会能力	社会能力	小组成员间团结协作共同完成工作任务，培养良好的职业素养（如保持工位卫生等）	10 分	（1）小组分工不明确扣 3 分； （2）工位卫生情况差扣 3 分	
实训总结		完成本项学习任务的体会（学到哪些知识，掌握哪些技能，有哪些收获）：			
得分					

经验总结

擅长的方面

需要改进和加强的方面

项目三　读写 RFID 标签卡

任务描述

某连锁超市配送中心现有部分库存商品货物，首先按照统一的编码规则在表 1－1 中为其编制了物流编码；其次通过阅读器的 RS-232 接口将计算机与 RFID 写卡器连接，同时取 14 张电子 RFID 标签卡，分别在其 EPC（electronic product code，产品电子代码）区域内写入与表 1－1 相同的物流编码，并能够读取 RFID 标签卡的信息。

背景知识储备

一、射频识别技术（RFID）

RFID 是射频识别技术的英文“radio frequency identification”的缩写。射频识别技术是 20 世纪 90 年代开始兴起的一种自动识别技术，是一项利用射频信号通过空间耦合（交变磁场或电磁场）实现无接触信息传递并通过所传递的信息达到识别目的的技术。射频卡常被称为感应式电子晶片或近接卡、感应卡、非接触卡、电子标签、电子条形码等。RFID 的原理为扫描器向接收器发射特定频率的无线电波能量，用以驱动接收器电路将内部的代码送出，此时扫描器便接收此代码。接收器的特殊之处在于免用电池、免接触、免刷卡，故不怕脏污，且晶片密码无法复制、安全性高、寿命长。RFID 的应用非常广泛，目前典型应用有动物晶片、汽车晶片防盗器、门禁管制、停车场管制、生产线自动化、物料管理。RFID 标签有两种：有源标签和无源标签。

RFID 是一种非接触式的自动识别技术，它通过射频信号自动识别目标对象并获取相关数据，识别工作无须人工干预，可适用于各种恶劣环境。RFID 可识别高速运动物体并可同时识别多个标签，操作快捷方便。

短距离射频产品不怕油渍，可适应有灰尘污染等的恶劣环境，可在这类环境中替代条形码，例如用于在工厂的流水线上跟踪物体。长距离射频产品多用于交通领域，如自动收费或识别车辆等，识别距离可达几十米。

二、射频识别技术的发展历史

从信息传递的基本原理来说，射频识别技术在低频段基于变压器耦合模型（初级与次级之间的能量传递及信号传递），在高频段基于雷达探测目标的空间耦合模型（雷达发射的电磁波信号碰到目标后携带目标信息返回雷达接收机）。

射频识别技术的发展按十年期划分如下。

1941—1950 年：雷达的改进和应用催生了射频识别技术，1948 年哈里·斯托克曼发表的《利用反射功率的通信》奠定了射频识别技术的理论基础。

1951—1960 年：早期射频识别技术的探索，主要处于实验室的实验研究阶段。

1961—1970 年：射频识别技术的理论得到发展，开始一些应用方面的尝试。

1971—1980 年：射频识别技术与产品研发处于一个大发展时期，各种射频识别技术测试得到加速，出现一些最早的射频识别应用。

1981—1990 年：射频识别技术及产品进入商业应用阶段，各种规模的应用开始出现。

1991—2000 年：射频识别技术标准化问题日趋得到重视，射频识别产品被广泛采用并逐渐成为人们生活中的一部分。

2001—2010 年：标准化问题日趋被人们重视，射频识别产品种类更加丰富，有源电子标签、无源电子标签及半无源电子标签得到发展，电子标签成本不断降低，规模应用的行业范围扩大。

2011—2020 年，射频识别技术的理论得到丰富和完善。单晶片电子标签、多电子标签识读、无线可读可写、无源电子标签的远距离识别、适应高速移动物体的射频识别技术与产品正在成为现实并走向应用。

三、RFID 系统的组成

最基本的 RFID 系统由三部分组成。

（1）标签（tag，即射频卡）：由耦合元件及晶片组成，标签含有内置天线，用于和射频天线进行通信。

（2）阅读器：读取（在读写卡中还可以写入）标签信息的设备。

（3）天线：在标签和读取器间传递射频信号。

有些系统还通过阅读器的 RS-232 或 RS-485 接口与外部计算机（上位机主系统）连接，进行数据交换。

四、RFID 系统的工作原理

RFID 系统的基本工作流程是阅读器通过发射天线发送一定频率的射频信号，当射频卡进入发射天线工作区域时产生感应电流，射频卡获得能量被激活；射频卡将自身编码等信息通过其内置发送天线发送出去；系统接收天线接收到从射频卡发送来的载波信号，经天线调节器传送到阅读器，阅读器对接收的信号进行解调和解码并送到后台主系统进行相关处理；主系统根据逻辑运算判断该卡的合法性，针对不同的设定做出相应的处理和控制，发出指令信号，控制执行机构动作。

在耦合方式（电感、电磁）、通信流程（FDX、HDX、SEQ）、从射频卡到阅读器的数据传输方法（负载调制、反向散射、高次谐波）以及频率范围等方面，不同的非接触传输方法有根本的区别，但所有的阅读器在功能原理及由此决定的设计构造上都很相似，所有阅读器均可简化为高频接口和控制单元两个基本模块。高频接口包含发送器和接收器，其功能包括：产生高频发射功率以启动射频卡并提供能量；对发射信号进行调制，用于将数据传送给射频卡；接收并解调来自射频卡的高频信号。阅读器的控制单元的功能包括：与应用系统软件进行通信，并执行应用系统软件发来的命令；控制与射频卡的通信过程（主—从原则）；信号的编解码。对一些特殊的系统，其还有执行反碰撞算法，对射频卡与阅读器间要传送的数据进行加密和解密，以及对射频卡和阅读器的身份进行验证等附加功能。

射频识别系统的读写距离是一个很关键的参数。影响射频卡读写距离的因素包括天线工作频率、阅读器的 RF 输出功率、阅读器的接收灵敏度、射频卡的功耗、天线及谐振电路的 Q 值、天线方向、阅读器与射频卡的耦合度，以及射频卡本身获得的能量与发送信息的能量等。大多数系统的读取距离和写入距离是不同的，写入距离是读取距离的 40%～80%。

五、射频识别技术的特点

RFID 是一项易于操控、简单实用且特别适用于自动化控制的具有灵活性的应用技术，其识别工作无须人工干预，既可支持只读工作模式，也可支持读写工作模式，且无须接触或瞄准，可自由工作在各种恶劣环境下。其所具备的独特优越性是其他识别技术无法比拟的，主要优势表现在以下几个方面。

（1）读取方便快捷：数据的读取无须光源，甚至可以透过外包装进行；有效识别距离更长，采用自带电池的主动标签时，有效识别距离可达 30 米以上。

（2）识别速度快：标签一进入磁场，阅读器就可以即时读取其中的信息，而且能够同时处理多个标签，实现批量识别。

（3）数据容量大：数据容量最大的二维条形码，最多也只能存储 2 725 个数字，若包含字母，存储量则会更少；RFID 标签的存储量则可以根据用户的需要扩充到数十千字节。

（4）使用寿命长，应用范围广：其无线电通信方式，使其可以应用于存在粉尘、油污等污染的高污染环境和放射性环境，而且其封闭式包装使得使用寿命大大超过印刷的条形码。

（5）标签数据可动态更改：利用编程器可以向电子标签写入数据，从而赋予 RFID 标签交互式便携数据文件的功能，而且写入时间比打印条形码更短。

（6）更高的安全性：RFID 电子标签不仅可以嵌入或附着在不同形状、类型的产品上，而且可以为标签数据的读写设置密码保护，从而使其具有更高的安全性。

（7）动态实时通信：标签以每秒 50～100 次的频率与阅读器进行通信，所以只要

RFID 标签所附着的物体在解读器的有效识别范围内，就可以对其位置进行动态的追踪和监控。

六、射频识别技术的用途

射频识别技术的用途见表 1-2。

表 1-2　射频识别技术的用途

序号	用途	应用场景
1	物流	物流流程中的货物追踪、信息自动采集、仓储应用、港口应用
2	零售	商品的销售数据实时统计、补货、防盗
3	制造业	生产数据的实时监控、质量追踪、自动化生产
4	服装业	自动化生产、仓储管理、品牌管理、单品管理、渠道管理
5	医疗	医疗器械管理、病人身份识别、婴儿防丢
6	身份识别	电子护照、身份证、学生证等各种电子证件
7	防伪	贵重物品（烟、酒、药品）、票证的防伪等
8	资产管理	各类资产（贵重的或数量大、相似性高的物品或危险品等）的管理
9	交通	高速公路自动收费、出租车管理、公交车枢纽管理、铁路机车识别等
10	食品	水果、蔬菜、生鲜食品等的保鲜管理
11	图书管理	书店、图书馆、出版社等
12	汽车	制造、防盗、定位、智能车钥匙
13	航空	制造、旅客机票、行李包裹追踪
14	军事	弹药、枪支、物资、人员、卡车等的识别与追踪

实施过程

1. 写卡

（1）在电脑桌面打开“RFID 写卡”文件夹，双击“UHFReader18demomain”应用程序文件。

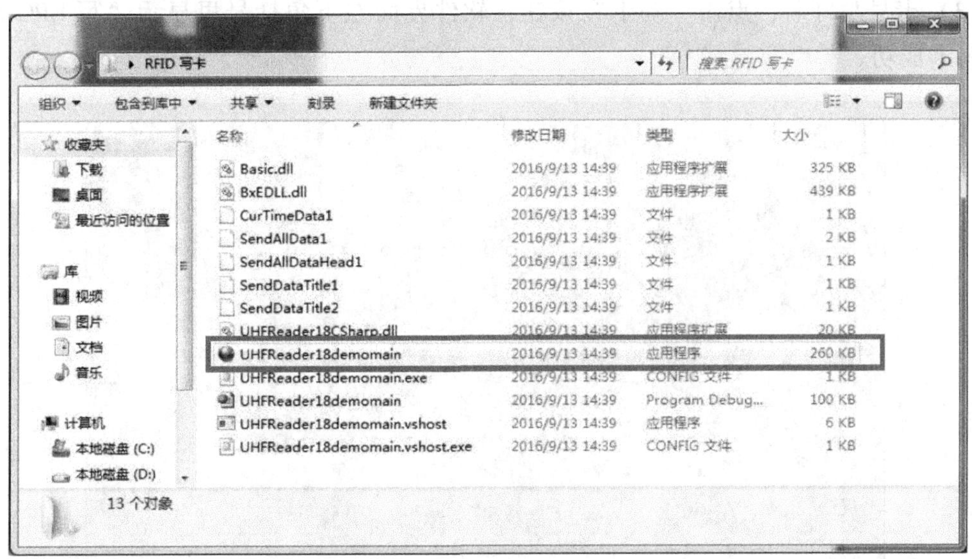

（2）进入写卡软件界面。将 RFID 卡放在写卡器上面，点击“请输入卡片内容”文本框，填写卡号。

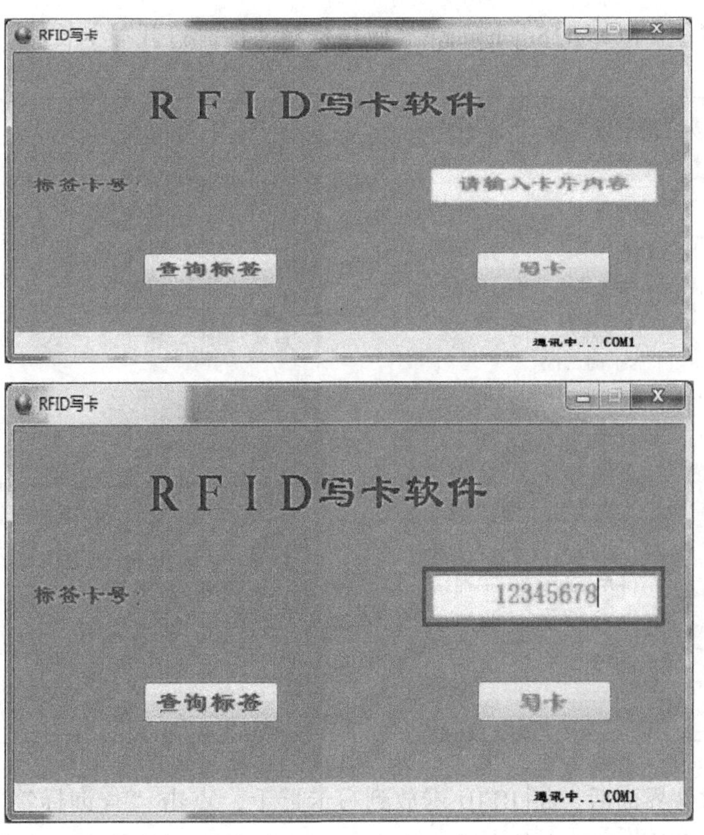

（3）卡号写好后，点击“写卡”按钮，软件界面左下角括号里显示“写 EPC 成功”表示写卡成功。

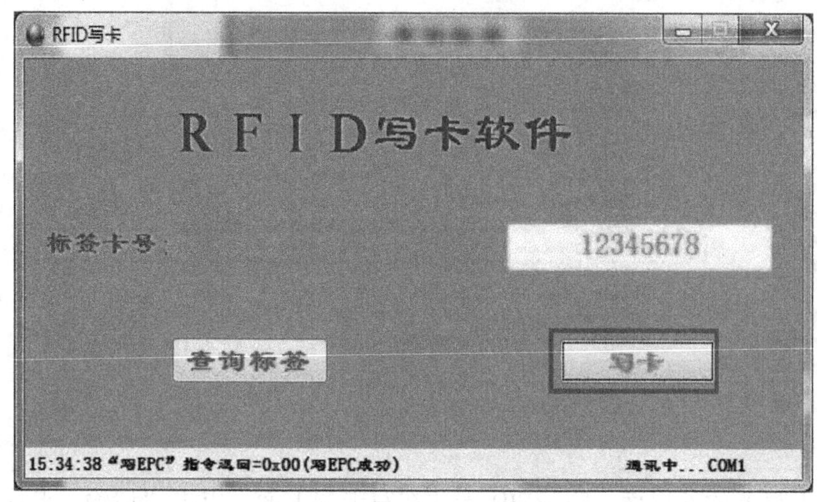

2. 读卡

（1）双击“UHFReader18demomain”应用程序文件，打开写卡软件。

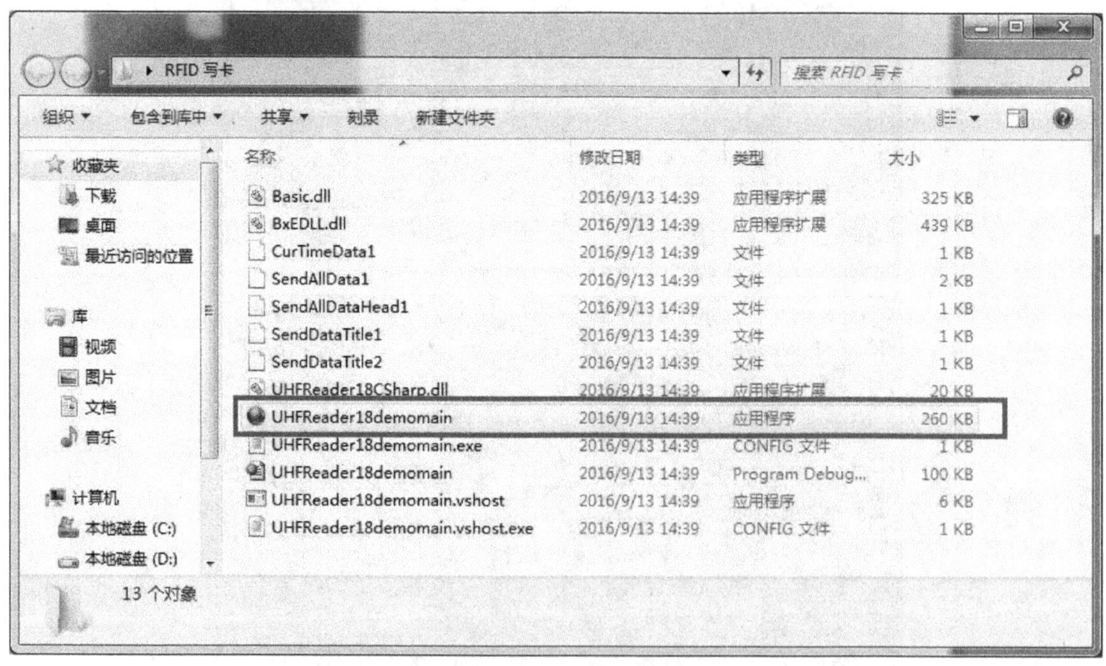

（2）进入软件界面后，将 RFID 卡放到写卡器上，点击“查询标签”按钮，“标签卡号”后面会显示当前 RFID 卡的卡号。点击“停止”按钮，软件会停止查询，软件界面左

下角会有“退出查询：操作成功”等字样。

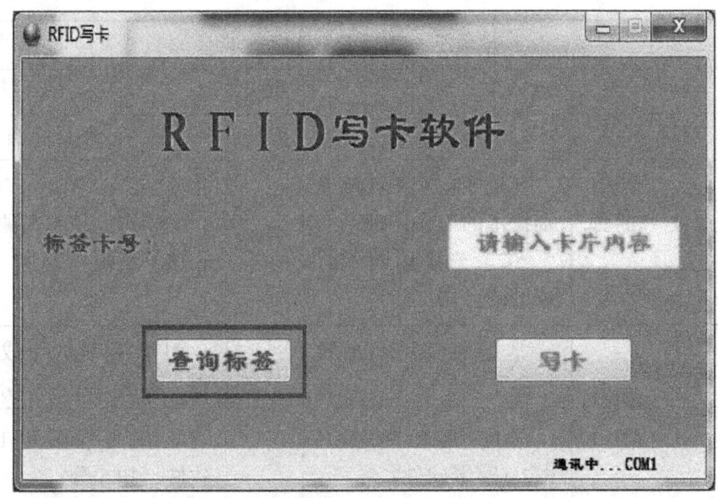

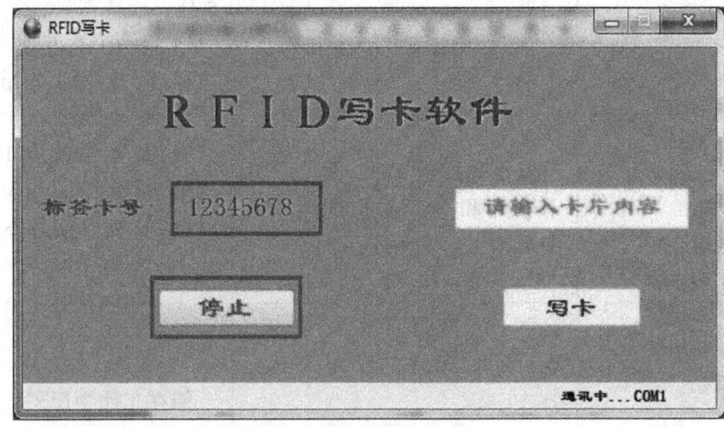

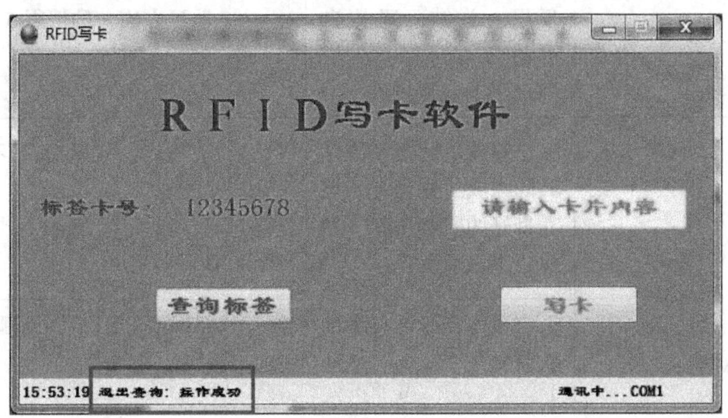

过程考核评价

<table>
<tr><th colspan="6">项目三　读写 RFID 标签卡</th></tr>
<tr><td colspan="2">学员姓名</td><td>学号</td><td>班级</td><td>日期</td><td></td></tr>
<tr><td>项目</td><td>考核项目</td><td>考核要求</td><td>配分</td><td>评分标准</td><td>得分</td></tr>
<tr><td rowspan="2">知识目标</td><td>射频识别技术的原理及应用</td><td>（1）能理解射频识别技术的工作原理；
（2）熟悉射频识别技术的应用</td><td>20 分</td><td>射频识别技术的原理及应用叙述不清楚扣 5 分</td><td></td></tr>
<tr><td>RFID 系统的组成</td><td>掌握 RFID 系统的组成</td><td>10 分</td><td>RFID 系统的组成叙述不清楚，每缺一项扣 3 分</td><td></td></tr>
<tr><td rowspan="2">能力目标</td><td>RFID 写卡</td><td>（1）能熟练使用 RFID 写卡软件；
（2）能正确使用写卡器；
（3）能正确写入标签卡号</td><td>30 分</td><td>（1）不会使用 RFID 写卡软件，扣 5 分；
（2）不会使用写卡器，扣 5 分；
（3）RFID 标签信息写入不正确，每错一处扣 2 分</td><td></td></tr>
<tr><td>RFID 读卡</td><td>能正确使用 RFID 读卡软件和写卡器查询 RFID 卡的卡号信息</td><td>20 分</td><td>（1）不会读取 RFID 标签卡的卡号信息，扣 5 分；
（2）读取信息不正确，扣 5 分</td><td></td></tr>
<tr><td rowspan="2">过程方法及社会能力</td><td>过程方法</td><td>（1）学会自主发现、自主探索的学习方法；
（2）学会在学习中反思、总结，调整自己的学习目标，在更高水平上获得发展</td><td>10 分</td><td>能在工作中反思，有创新见解，有自主发现、自主探索的学习方法，酌情得 5～10 分</td><td></td></tr>
<tr><td>社会能力</td><td>小组成员间团结协作共同完成工作任务，培养良好的职业素养（如保持工位卫生等）</td><td>10 分</td><td>（1）小组分工不明确扣 3 分；
（2）工位卫生情况差扣 3 分</td><td></td></tr>
<tr><td colspan="2">实训总结</td><td colspan="4">完成本项学习任务的体会（学到哪些知识，掌握哪些技能，有哪些收获）：</td></tr>
<tr><td colspan="2">得分</td><td colspan="4"></td></tr>
</table>

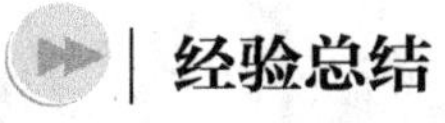

经验总结

擅长的方面

需要改进和加强的方面

学习任务二
入库作业管理

02

任务引入

商品入库是指接到商品入库申请后，由入库准备、接运提货、装卸搬运、检查验收、办理入库手续等一系列作业环节构成的工作过程。合理安排和组织入库作业活动，需要掌握入库作业的基本业务流程。入库作业的基本业务流程包括入库申请、编制入库作业计划、入库准备、接运卸货、核对入库凭证、物品检验、办理交接手续、入库信息处理、生成提货凭证（仓单）等。其中，核对入库凭证、物品检验工作是商品入库验收的主要工作。商品入库验收是物资供应体系中的一个重要组成部分，也是仓储管理的一个重要环节。做好入库验收工作，对于企业运行成本降低、服务质量提高和企业物流与仓储管理有着重大而深远的意义。

托盘是整个物流供应链中最基础、最核心的货物单元，已经被广泛应用于生产、仓配、物流、零售等各个环节。随着生产智能化、建设信息化、产品多样化，仓储管理的物资种类不再单一，随之而来的是仓储管理的各种工作量变大，仓储管理作业复杂化和多样化。传统的人工仓储作业模式和数据采集方式已难以满足现在快速、准确的仓储管理要求，为了提高企业的工作效率，物流仓储模式须不断革新。而采用托盘标识的方式能让仓储管理更加方便，能对仓库货品进行全面、实时监管，充分解决运行成本等方面存在的诸多管理难题，实现仓储管理的自动化、信息化、数字化。RFID 技术使得仓储物流托盘管理更加智能化。

任务要求

（1）了解、熟悉仓储入库环节实物检验的作业任务。

（2）掌握仓储入库环节“数量检验”的作业内容。

（3）理解现代入库作业流程实时管理的含义，掌握 RF 手持终端等信息化设备在入库实时管理中的应用。

（4）掌握托盘堆垛的基本规则和方法。

（5）掌握在物流仓储管理中盘货信息的关联方法。

任务内容

（1）利用条形码打印机制作包含商品名称和内装商品信息的条形码标签并粘贴。

（2）通过物流管理软件将“入库通知单”生成验收信息。

（3）通过 RF 智能终端扫描“送货单”单号查验验收信息。

（4）通过物流管理软件实现在物流仓储管理中盘货信息的关联。

任务实施

本任务以某连锁超市配送中心货物入库验收业务为例，引导学生完成包含商品名称等信息的条形码的打印、粘贴，并填制“入库通知单”“送货单”等，结合 RF 智能终端在入库验收中的应用，通过物流管理软件，生成查验验收信息，并实现盘货信息的绑定关联。

本任务具体由三个项目来实现。

项目一　进货商品的品质检验

项目二　货物入库验收

项目三　码盘作业信息化管理

项目一　进货商品的品质检验

任务描述

某连锁超市配送中心向快乐儿童玩具制造有限公司订购了一款益智型儿童玩具产品（实验中用乒乓球来模拟），共 600 台。由于该商品是塑封包装的，进货验收时不宜对其实施全检，否则开封后就不能正常出售了，所以签约时，供销双方经协商决定采取计数标准型抽样检验的方法。

但只要采取抽样检验的方法，就存在把合格批（或不合格批）产品误判为不合格批（或合格批）产品的可能性。那么，应采取怎样的抽样检验方案，既能使由于抽样检验的原因把原本合格的整批产品判为不合格给供货商带来损失的可能性降到最低，又能避免由于抽样检验而把原本不合格的整批商品判为合格使用户蒙受损失。

因此，供销双方本着互利共赢的原则，经友好协商后决定按以下方案实行抽样检验。

（1）该批产品在正式送货前先按《不合格品百分数的计数标准型一次抽样检验程序及抽样表》（GB/T　13262—2008）的规定进行样品质量抽样检验，检验合格后，再办理收货手续。

（2）在综合考虑供应商的生产能力、制造成本、检验成本以及用户对质量期望的基础上，将使用方风险质量水平 P_1 规定为 3%；生产方风险质量水平 P_0 规定为 0.24%。

本实验任务是设计一个符合上述要求和参数的抽样检验方案（n, Ac），其中 n 为样本量，Ac 为接收数。计算：当这批产品的质量实际上是合格的，但被判为不合格的拒收概率 α；当这批产品的质量实际上是不合格的，但被判为合格的接收概率 β。

实验准备如下。

（1）实验前，老师应预先将检验对象——乒乓球以 600 只为一生产批量分批装箱。

（2）在每一箱待检商品——乒乓球中，老师可根据个人意愿决定装入 1～18 只次品乒乓球（刺有针眼大小的小孔的乒乓球），并取回相同数量的正品乒乓球，同时做好记录（在哪个纸箱内放入了几个次品乒乓球），以便实验结束后能按数量取走放入的次品乒乓球，为下次实验做好准备。

背景知识储备

一、质量检验

质量检验是指对产品的一种或多种质量特性进行测量、检查、试验或度量并将结果与规定的质量要求进行比较，以确定每个质量特性的符合性的活动。

质量检验的四个基本要素如下。

（1）度量：测定产品的质量特性。

（2）比较：与质量标准进行比较。

（3）判断：做出合格性的判断。

（4）处理：接收还是拒收，拒收的是否重新检验。

质量检验的依据主要包括以下几个方面。

（1）技术标准。

① 产品标准：产品性能、结构方面的要求等。

② 基础标准：通用技术语言标准，如公差配合。

③ 安全、卫生、环境标准。

（2）检验标准：检验指导书和验收抽样标准等。

（3）管理标准：质量手册和检验人员工作守则等。

需要注意的是，验收标准和企业内控标准是不一样的，内控标准是企业机密。

质量检验的职能主要包括五个方面。

（1）鉴别的职能。

（2）把关的职能：剔除不合格品，不合格半成品不准转工序等。

（3）预防的职能：通过工序能力的测定和控制图的使用起到预防作用；通过工序生产

中的首检和巡检起到预防作用。

（4）报告的职能：原材料进厂的验收检验情况与合格率指标、成品出库的合格率、产品报废的原因分析、不合格品的处理意见、重大质量问题的调查报告。

（5）监督的职能。

二、质量检验的基本方式

1. 按检验数量划分

质量检验按检验数量可分为全数检验和抽样检验。

全数检验是对一批产品中的每一件产品逐一进行检验，挑出不合格品后，认为其余全都是合格品的检验方法。这种质量检验方法适用于生产批量很少的大型机电设备产品，大多数生产批量较大的产品，如电子元器件产品不适用。产品产量大，检验项目多或检验较复杂时，进行全数检验势必要耗费大量的人力和物力，同时仍难免出现错检和漏检现象。而当质量检验具有破坏性时（如电视机的寿命试验、材料产品的强度试验等），全数检验更是不可能的。这些情况下，就要采用抽样检验的方法。

抽样检验是从一批交验的产品（总体）中，随机抽取适量的产品样本进行质量检验，然后将检验结果与判定标准进行比较，从而确定该产品是否合格或需再进行抽样检验后裁决的一种质量检验方法。

全数检验和抽样检验的区别见表2－1。

表2－1　全数检验和抽样检验的区别

比较项目	全数检验	抽样检验
检验的对象与目的	检验对象是一件一件的单位产品；检验的目的是判定每件单位产品是否合格	检验对象是一批产品；检验的目的是判定整批产品是否合格
应用场合	对产品质量要求特别高，经检验合格的产品中不允许存在不合格品；单件、小批量产品；检验费用低的产品；检验项目少的产品；只能检验不具破坏性的项目	经检验合格的产品中允许存在少量符合抽样检验方案规定的不合格品；批量大、数量多的产品；检验费用高的产品；检验项目多的产品，不论检验项目是否具有破坏性均可检验；对连续批只能采用抽样检验
实施要求	无	合理组成检验批，采用科学适用的抽样检验方案从检验批中随机抽取样本
不合格品的处理	订货方将不合格品退给供货方返修后再交验	订货方将不合格品退给供货方，迫使供货方加强质量管理并进行筛选，返修后重新交验
综合评价	能保证产品质量，检验费用高，主要适用于单件、小批量产品或关键复杂的成品检验	可将不合格产品与误判控制在允许范围内，保证产品质量，检验费用低，特别适用于大批量或检验费用较高的产品，以及需实施破坏性检验项目的产品

2. 按质量特性值划分

质量检验按质量特性值可分为计数检验和计量检验。

计数检验是通过确定抽样样本中不合格的个体数量，对样本总体质量做出判定时所采用的检验方法。

计量检验是以抽样样本的检测数据计算总体均值、特征值或推定值，并以此判断或评估总体质量时所采用的检验方法。

两者的区别是：计数检验是计算抽样样本中不合格个体的数量，计量检验是计算抽样样本的检测数据的总体均值、特征值或推定值。计数检验是用来判定样本总体质量的，而计量检验是用来判断或评估总体质量的。

3. 按检验性质划分

质量检验按检验性质可分为理化检验和官能检验。

理化检验是借助物理、化学的方法，使用某种测量工具或仪器设备进行的检验。

官能检验是根据人的感觉器官对产品的质量进行评价和判断的检验。

4. 按检验后检验对象的完整性划分

质量检验按检验后检验对象的完整性可分为破坏性检验和非破坏性检验。

破坏性检验是指在产品检验过程中受检产品的形态会发生变化，产品的使用功能或性能会遭到一定程度破坏的检验形式或者方法。如炮弹等，只能采用抽样检验的方式。

非破坏性检验是经过检验以后，受检产品的形态没有发生变化，产品的性能和使用功能没有受到影响的检验形式或者方法。

三、抽样检验的分类

抽样检验的检验对象是产品批中的一小部分产品，而得出的检验结论是关于整个产品批质量是否合格的结论。全数检验也并不一定能检出所有的不合格产品。事实证明，全数检验甚至是数次全数检验，由于检验工作量大、单调重复、时间长，产生的检验误差可能比抽样检验还要大。

在许多情况下，验收全数检验是不现实或者完全没有必要的。例如，破坏性检验，批量大、检验时间长、生产效率或检验费用高的产品，都不适宜全数检验。计数验收抽样检验方案是以数理统计原理为基础，适当兼顾了生产者和消费者双方风险损失的抽样检验方案，具有科学依据，并提供一定的保证。

验收抽样检验的具体做法通常是：从交验的每批产品中随机地抽取预定样本容量的产品数目，对照标准逐个检验样品的性能。如果样本中所含不合格品数不大于抽样检验方案预先规定的允许出现的不合格品的最大数，则判定该批产品合格，即为合格批，予以接收；反之，则判定该批产品不合格，予以拒收。

目前，已经形成了很多具有不同特性的抽样检验方案和体系，大致可按下列几个方面进行分类。

1. 按产品质量指标特性分类

衡量产品质量的特征量称为产品的质量指标。质量指标可以按测量特性分为计量指标和计数指标两类。计量指标是指如材料的纯度、加工件的尺寸、钢的化学成分、产品的寿命等定量数据指标。计数指标又可分为计件指标和计点指标两种，前者以不合格品的件数来衡量，后者则指产品中的缺陷数，如一平方米布料上的外观疵点个数，一个铸件上的气泡和砂眼个数，等等。

按质量指标分类，产品质量检验的抽样检验方法可分成计数抽样检验和计量抽样检验两类。

1）计数抽样检验方法

计数抽样检验是从批量产品中抽取一定数量的样品（样本），检验该样本中每个样品的质量，确定其合格或不合格，然后统计合格品数，并与规定的“合格判定数”进行比较，由此决定该批产品是否合格的方法。

2）计量抽样检验方法

计量抽样检验是从批量产品中抽取一定数量的样品（样本），检验该样本中每个样品的质量，然后与规定的标准值或技术要求进行比较，以决定该批产品是否合格的方法。

有时，也可混合运用计数抽样检验方法和计量抽样检验方法。如选择产品某一个质量参数或较少的质量参数进行计量抽样检验，其余质量参数则实施计数抽样检验方法，这样既能减少计算的工作量，又能获取所需质量信息。

2. 按抽样检验的次数分类

按抽样检验的次数分类，产品质量检验的抽样检验方法可分为一次、二次、多次和序贯抽样检验方法。

1）一次抽样检验方法

该方法最简单，它只需要抽样检验一个样本就可以做出一批产品是否合格的判断。

2）二次抽样检验方法

先抽取第一个样本进行检验，若能据此做出该批产品合格与否的判断，检验则终止。如不能做出判断，就再抽取第二个样本，再次检验后做出是否合格的判断。

3）多次抽样检验方法

多次抽样检验方法的原理与二次抽样检验方法一样，每次抽取的样本大小相同，即 $n_1=n_2=n_3\cdots=n_x$（x 为抽样检验的次数），但抽样检验次数越多，合格判定数和不合格判定数也越多。国际标准 ISO 2859 提供了 7 次抽样检验方案。而我国《计数抽样检验程序 第1部分：按接收质量限（AQL）检索的逐批检验抽样计划》（GB/T 2828.1—

2012)、《周期检验计数抽样程序及表(适用于对过程稳定性的检验)》(GB/T 2829—2002)标准都实施5次抽样检验方案。

4)序贯抽样检验方法

序贯抽样检验方法相当于多次抽样检验方法的极限，每次仅随机抽取一个单位产品进行检验，检验后即按判定规则做出合格、不合格或再抽下个单位产品的判断，一旦能做出该批产品合格或不合格的判定，就终止检验。

3. 按抽样检验方法类型分类

按抽样检验方法类型分类，抽样检验方法可以分为调整型与非调整型两大类。

调整型是将几个不同的抽样检验方案与转移规则联系在一起，组成一个完整的抽样检验体系，然后根据各批产品质量变化情况，按转移规则更换抽样检验方案，即正常、加严或放宽抽样检验方案的转换，国际标准ISO 2859、ISO 3951和《计数抽样检验程序 第1部分：按接收质量限(AQL)检索的逐批检验抽样计划》(GB/T 2828. 1—2012)标准都采用的是这种类型的抽样检验方法，调整型抽样检验方法适用于各批质量有联系的连续批产品的质量检验。

非调整型的单个抽样检验方案不考虑产品批的质量历史，使用中也没有转移规则，因此它比较容易被质检人员掌握，较适用于孤立批的质量检验。

无论哪种抽样检验方法，它们都具有以下三个共同的特点。

(1)产品必须以“检查批”(简称“批”)形式出现，检查批分连续批和孤立批。

利用最近已检批提供质量信息的连续提交的检查批，称为连续批。如：

① 产品设计、结构、工艺、材料无变化；

② 制造场所无变化；

③ 中间停产时间不超过一个月。

无之前的可供参考的质量信息的单个提交的检查批或待检批，称为孤立批。

(2)批合格不等于批中每个产品都合格，批不合格也不等于批中每个产品都不合格。抽样检验只是保证产品整体的质量，而不是保证每个产品的质量。也就是说在抽样检验中，可能出现两种“错误”或“风险”。一种是弃真错误，即把合格批误判为不合格批的错误，又称为“生产方风险”，不利于生产方，常记作α，一般α值控制在1%、5%或10%。另一种是纳伪错误，即把不合格批误判为合格批的错误，又称为“使用方风险”，不利于使用方，常记作β，一般β值控制在5%、10%。

(3)样本的不合格品率不等于提交批的不合格率。

样本是从提交的检查批中随机抽取的。所谓随机抽取是指每次抽取时，批中所有单位产品被抽取的可能性相等，不受任何人的意志支配。样本抽取时间可以在批的形成过程中，也可以在批形成之后，随机抽样数可以按随机数表查取，也可以按《随机数的产生及其在产品质量抽样检验中的应用程序》(GB/T 10111—2008)等标准的规定确定。

四、抽样检验中的基本术语

1. 单位产品

为抽样检验的需要而划分的基本单位称为单位产品。例如一个齿轮、一台电视机、一双鞋、一个发电机组等。它与采购、销售、生产和装运所规定的单位产品可以一致，也可以不一致。

2. 样本和样本单位

从检查批中抽取的用于检验的单位产品称为样本单位。样本单位的全体则称为样本。样本大小则是指样本中包含的样本单位的数量。

3. 合格质量水平（acceptable quality level，AQL）和不合格质量水平（rejected quality level，RQL）

在抽样检验中，认为可以接受的连续提交检验批的过程平均上限值，称为合格质量水平。而过程平均是指一系列初次提交检验批的平均质量，它用每百单位产品不合格品数或每百单位产品不合格数表示。具体数值由产需双方协商确定，一般用 AQL 表示。

在抽样检验中，认为不可接受的批质量下限值，称为不合格质量水平，用 RQL 表示。

4. 检验和检验水平（inspection level，IL）

用测量、试验或其他方法，将单位产品与技术要求进行对比的过程称为检验。检验有正常检验、加严检验和放宽检验等。

当过程平均接近合格质量水平时所进行的检验，称为正常检验。

当过程平均显著低于合格质量水平时所进行的检验，称为加严检验。

当过程平均显著高于合格质量水平时所进行的检验，称为放宽检查。

由放宽检验判为不合格的批，重新进行判断时所进行的检验称为特宽检验。

5. 抽样检验方案

样本大小（或样本大小系列）和判定数组结合在一起，称为抽样检验方案。而判定数组是指合格判定数和不合格判定数或合格判定数系列和不合格判定数系列结合在一起。

抽样检验方案有一次、二次和五次抽样检验方案。一次抽样检验方案是指由样本大小 n 和判定数组（Ac、Re）组成的抽样检验方案。

Ac 为合格判定数。判定批合格时，样本中所含不合格品（d）的最大数称为合格判定数，又称接收数（$d \leqslant Ac$）。

Re 为不合格判定数。判定批不合格时，样本中所含不合格品的最小数称为不合格判定数，又称拒收数（$d \geqslant Re$）。

二次抽样检验方案是指由第一样本大小 n_1，第二样本大小 n_2，以及判定数组（Ac_1；

Ac_2，Re_1；Re_2）组成的抽样检验方案。

五次抽样检验方案则是指由第一样本大小 n_1，第二样本大小 n_2，第三样本大小 n_3，第四样本大小 n_4，第五样本大小 n_5和判定数组（A_1；A_2；A_3；A_4；A_5，R_1；R_2；R_3；R_4；R_5）组成的抽样检验方案。

五、抽样检验应注意的问题

当存在随机误差时，样本质量指标不一定等于总体质量指标。

（1）样本不合格品率不一定等于总体不合格品率。

（2）样本平均每百单位产品不合格数不一定等于总体（批）平均每百单位产品不合格数。

（3）某质量特性的样本平均值不一定等于该质量特性的总体（批）平均值（设总体（批）中某质量特性值服从正态分布）。

（4）抽样检验不能保证被接收的总体（批）中的每件产品都是合格品。

实施过程

（1）本实验由两人组成一个实验小组，每小组独立完成实验。

（2）根据实验内容中描述的检验对象的特征以及规定的拒收不合格品率与接收不合格品率，查找国家有关标准《不合格品百分数的计数标准型一次抽样检验程序及抽样表》（GB/T　13262—2008），确定应采取的抽样检验方案。

（3）利用 Excel 中相应的函数功能计算接收概率 β 和拒收概率 α。

（4）每小组领取一箱待检商品——600 只乒乓球，并领取 3 个物流盒，分别编号为 1、2、3 号。

（5）每小组两人中的一人先在这 600 只乒乓球中，随机取 n 个乒乓球作为样本放入 1 号物流盒内。

（6）对 1 号物流盒内的 n 个乒乓球进行仔细检验，主要看其表面是否有针眼，如有则将次品乒乓球放入 3 号物流盒内，否则，将其放入 2 号物流盒内，直至 n 个乒乓球全部被检验完成（1 号物流盒为空盒）。

（7）另一人对 2 号物流盒内乒乓球进行复核，主要复核 2 号物流盒内乒乓球的表面是否有针眼，如有，则经两人共同辨识后将其放入 3 号物流盒，否则就放入 1 号物流盒，直至 2 号物流盒为空盒。

（8）再次对 3 号物流盒内的次品乒乓球进行辨识，如发现有疑问，则经两人对问题乒乓球共同辨识确认后，正品放入 1 号物流盒内，次品放入 2 号物流盒内。

（9）清点 2 号物流盒内次品乒乓球的个数 d 。

（10）根据 $d \leq Ac$ 或 $d > Ac$ 的实际情况做出该批待检商品是否合格的结论。

（11）将计算结果和实际抽样检验结果制成检验报告，见表 2－2。

表2-2　检验报告

供应商名称				商品名称			商品编码	
订购数量 N		样本数量 n		合格判定数量 Ac			单位	
不合格率 p_1		接收概率 β		不合格率 p_0			拒收概率 α	
实际不合格品数		检验结论		检验员		检验主管		日期	

过程考核评价

项目一　进货商品的品质检验					
学员姓名		学号		班级	日期
项目	考核项目	考核要求	配分	评分标准	得分
知识目标	质量检验的基本方法	理解并掌握质量检验的基本方法	10分	按照不同类型叙述质量检验的方法，叙述不清楚扣5分	
	抽样检验的原理	（1）掌握抽样检验方法的分类及原理； （2）能理解抽样检验的基本术语； （3）了解抽样检验的注意事项	20分	（1）对抽样检验方法的原理叙述不清楚，扣7分； （2）对抽样检验方法的分类叙述不清楚，扣6分； （3）对抽样检验方法的注意事项叙述不清楚，扣5分	
能力目标	抽样检验	能正确按照实施步骤通过抽样检验方法对待检商品进行检验	25分	（1）不能按照项目要求对待检商品进行抽样检验，根据完成情况扣5~10分； （2）未将抽样检验基本信息正确填入对应表格，每错一处扣2分	
	编制检验报告	（1）能熟练使用Excel的函数功能计算接收概率 β 和拒收概率 α 等数据； （2）能正确编制检验报告	25分	（1）不会使用Excel函数功能进行相应数据计算，每错一处扣5分； （2）检验报告信息填写不正确，每错一处扣5分	
过程方法及社会能力	过程方法	（1）学会自主发现、自主探索的学习方法； （2）学会在学习中反思、总结，调整自己的学习目标，在更高水平上获得发展	10分	能在工作中反思，有创新见解，有自主发现、自主探索的学习方法，酌情得5~10分	
	社会能力	小组成员间团结协作共同完成工作任务，培养良好的职业素养（如保持工位卫生等）	10分	（1）小组分工不明确扣3分； （2）工位卫生情况差扣3分	

（续）

项目一　进货商品的品质检验	
实训总结	完成本项学习任务的体会（学到哪些知识，掌握哪些技能，有哪些收获）：
得分	

经验总结

项目二　货物入库验收

任务描述

某连锁超市配送中心经营多种商品的采购、储存与配送业务，每天配送中心在接到来自不同供货商的送货车辆送来的各种订购商品后，都要进行卸货搬运、检查验货以及办理入库手续等一系列作业。

某日上午，配送中心接到来自5家供应商的入库通知单，见表2－3至表2－7。

表2－3　入库通知单（单号No：R201503020021）

供应商名称		红鑫粮油批发公司	要求送货日期			2015.3.2		采购日期	2015.2.27		采购人	汪洋
制单人		李红	审核人		张胜		采购单编号		C201502270058			
序号	商品编码	商品名称	规格	单位	数量	单价（元）	金额（元）	外包装	包装规格	重量（kg）	入库数量	批号
1	6948195800194	金龙鱼大豆油	5 L	瓶	120	65.00	7 800.00	箱	6	30	20	20141205
2	6948195808220	金龙鱼调和油	5 L	瓶	180	52.00	9 360.00	箱	6	30	30	20141222
3	6948195810155	金龙鱼菜籽油	5 L	瓶	90	55.00	4 950.00	箱	6	30	15	20131129
4	6944910326345	福临门大米	10 kg	袋	50	54.00	2 700.00	箱	5	50	10	20141205

表2－4　入库通知单（单号No：R201503020022）

供应商名称		华强食品经销中心	要求送货日期			2015.3.2		采购日期	2015.2.27		采购人	汪洋
制单人		张强	审核人		钱懿		采购单编号		C201502270039			
序号	商品编码	商品名称	规格	单位	数量	单价（元）	金额（元）	外包装	包装规格	重量（kg）	入库数量	批号
1	6903252061017	康师傅红烧牛肉面	100 g	袋	240	2.50	600.00	箱	24	2.4	10	20141228
2	6903252061053	康师傅香辣牛肉面	100 g	袋	240	2.60	624.00	箱	24	2.4	10	20150221
3	6903252125339	康师傅老坛酸菜牛肉面	105 g	袋	120	2.80	336.00	箱	24	2.52	5	20150222
4	6903252116939	康师傅小鸡炖蘑菇面	100 g	袋	240	2.30	552.00	箱	24	2.4	10	20150218
5	6903252610790	康师傅鲜虾鱼板面	100 g	袋	240	2.40	576.00	箱	24	2.4	10	20140301

表2-5　入库通知单（单号No：R201503020023）

<table>
<tr><td colspan="2">供应商名称</td><td>伟业调味食品批发中心</td><td colspan="2">要求送货日期</td><td colspan="2">2015. 3. 2</td><td>采购日期</td><td colspan="2">2015. 2. 27</td><td colspan="2">采购人</td><td>汪洋</td></tr>
<tr><td colspan="2">制单人</td><td>王海波</td><td colspan="2">审核人</td><td colspan="2">李天一</td><td colspan="2">采购单编号</td><td colspan="4">C201502270145</td></tr>
<tr><td>序号</td><td>商品编码</td><td>商品名称</td><td>规格</td><td>单位</td><td>数量</td><td>单价（元）</td><td>金额（元）</td><td>外包装</td><td>包装规格</td><td>重量（kg）</td><td>入库数量</td><td>批号</td></tr>
<tr><td>1</td><td>6902265310259</td><td>海天金标蚝油</td><td>265 g</td><td>瓶</td><td>400</td><td>15. 00</td><td>6 000. 00</td><td>箱</td><td>20</td><td>5. 3</td><td>20</td><td>20150212</td></tr>
<tr><td>2</td><td>6902265128717</td><td>海天草菇老抽</td><td>1. 28 L</td><td>瓶</td><td>120</td><td>28. 00</td><td>3 360. 00</td><td>箱</td><td>6</td><td>7. 68</td><td>20</td><td>20150412</td></tr>
<tr><td>3</td><td>6902265170198</td><td>海天鲜味生抽</td><td>1. 9 L</td><td>瓶</td><td>120</td><td>32. 00</td><td>3 840. 00</td><td>箱</td><td>6</td><td>11. 4</td><td>20</td><td>20150413</td></tr>
</table>

表2-6　入库通知单（单号No：R201503020024）

<table>
<tr><td colspan="2">供应商名称</td><td>益海嘉里食品有限公司</td><td colspan="2">要求送货日期</td><td colspan="2">2015. 3. 2</td><td>采购日期</td><td colspan="2">2015. 2. 27</td><td colspan="2">采购人</td><td>汪洋</td></tr>
<tr><td colspan="2">制单人</td><td>曲波</td><td colspan="2">审核人</td><td colspan="2">林露</td><td colspan="2">采购单编号</td><td colspan="4">C201502271124</td></tr>
<tr><td>序号</td><td>商品编码</td><td>商品名称</td><td>规格</td><td>单位</td><td>数量</td><td>单价（元）</td><td>金额（元）</td><td>外包装</td><td>包装规格</td><td>重量（kg）</td><td>入库数量</td><td>批号</td></tr>
<tr><td>1</td><td>6901668054821</td><td>卡夫奥利奥饼干</td><td>316 g</td><td>盒</td><td>1 200</td><td>15. 00</td><td>18 000. 00</td><td>箱</td><td>24</td><td>7. 6</td><td>50</td><td>20150415</td></tr>
</table>

表2-7　入库通知单（单号No：R201503020025）

<table>
<tr><td colspan="2">供应商名称</td><td>中创百货公司</td><td colspan="2">要求送货日期</td><td colspan="2">2015. 3. 2</td><td>采购日期</td><td colspan="2">2015. 2. 25</td><td colspan="2">采购人</td><td>林胜</td></tr>
<tr><td colspan="2">制单人</td><td>王力宏</td><td colspan="2">审核人</td><td colspan="2">张伟</td><td colspan="2">采购单编号</td><td colspan="4">C201502251003</td></tr>
<tr><td>序号</td><td>商品编码</td><td>商品名称</td><td>规格</td><td>单位</td><td>数量</td><td>单价（元）</td><td>金额（元）</td><td>外包装</td><td>包装规格</td><td>重量（kg）</td><td>入库数量</td><td>批号</td></tr>
<tr><td>1</td><td>6901404321200</td><td>上海药皂</td><td>125 g</td><td>块</td><td>2 000</td><td>3. 20</td><td>6 400. 00</td><td>箱</td><td>100</td><td>12. 5</td><td>20</td><td>20141205</td></tr>
<tr><td>2</td><td>6902088304237</td><td>夏士莲自然护肤香皂</td><td>125 g</td><td>块</td><td>2 000</td><td>5. 80</td><td>11 600. 00</td><td>箱</td><td>100</td><td>12. 5</td><td>20</td><td>20141122</td></tr>
<tr><td>3</td><td>6910019002930</td><td>雕牌超能皂</td><td>125 g</td><td>块</td><td>1 000</td><td>1. 70</td><td>1 700. 00</td><td>箱</td><td>100</td><td>12. 5</td><td>10</td><td>20150107</td></tr>
<tr><td>4</td><td>6901404231356</td><td>百丽美容润肤皂</td><td>125 g</td><td>块</td><td>1 000</td><td>3. 80</td><td>3 800. 00</td><td>箱</td><td>100</td><td>12. 5</td><td>10</td><td>20141223</td></tr>
<tr><td>5</td><td>6903495813695</td><td>三棵针亮白牙膏</td><td>90 g</td><td>支</td><td>1 000</td><td>6. 50</td><td>6 500. 00</td><td>箱</td><td>100</td><td>9</td><td>10</td><td>20141230</td></tr>
<tr><td>6</td><td>6902088601640</td><td>中华健齿白牙膏</td><td>156 g</td><td>支</td><td>1 000</td><td>7. 80</td><td>7 800. 00</td><td>箱</td><td>100</td><td>15. 6</td><td>10</td><td>20150225</td></tr>
<tr><td>7</td><td>6901177235551</td><td>上海防酸牙膏</td><td>178 g
+36 g</td><td>支</td><td>1 000</td><td>5. 80</td><td>5 800. 00</td><td>箱</td><td>100</td><td>21. 4</td><td>10</td><td>20150305</td></tr>
</table>

任务具体如下。

（1）本实验分组进行，7 人一组，其中 5 人为供应商，其余为配送中心接货验收人员。

（2）代表供应商的 5 人分别代表 5 家供应商，他们既作为供应商的信息管理人员，专门负责对计算机软件进行操作，为各自代表的供应商填制“入库通知单”“送货单”，并将“入库通知单”经网络发送给配送中心，同时打印“送货单”；又兼任供应商的送货员，代表各自的供应商向连锁超市配送中心运送商品。

(3) 送货前，代表供应商的每个人必须按各自“入库通知单”中的商品信息明细，利用条形码打印机制作包含商品名称和内装商品信息的条形码标签，并将标签粘贴在各物流箱上。

(4) 入库通知单、入库货物亏损理赔单和送货单见表2－8至表2－10。

表2－8　入库通知单（单号 No:　　　　　）

供应商名称			要求送货日期				采购日期			采购人		
制单人			审核人				采购单编号					
序号	商品编码	商品名称	规格	单位	数量	单价（元）	金额（元）	外包装	包装规格	重量（kg）	入库数量	批号

表2-9　入库货物亏损理赔单（单号 No：　　　　　）

采购单号			供应商						供应商码						
收货确认单号			车牌号		送货日期				到货日期			验收日期			
送货员姓名				收货员姓名						备注					
序号	商品名称	商品编码	规格型号	单位	应收数	实收数	理赔数	单价（元）	金额（元）	外包装	包装规格	重量（kg）	实际送货数	物流编号	批号

表2-10　送货单（单号 No：　　　　　）

收货单位								收货单位联系人				
收货单位地址								收货单位联系电话				
发货单位								发货单位联系人				
发货单位地址								发货单位联系电话				
供应商名称						送货日期			送货人			
开单人				审核人				采购单号			送货车牌号	
序号	商品编码	商品名称	规格	单位	数量	单价（元）	金额（元）	外包装	包装规格	重量（kg）	送货数量	批号

（5）代表配送中心接货验收人员的两人分别是货物验收员和信息处理员，其中货物验收员的基本任务是负责卸货和验收，即专门负责：

①收取“送货单”；

②用 RF 手持终端扫描“送货单”条形码，实时向后台管理软件反馈货物信息，经后台管理软件校核无误后，组织卸货；

③货物验收——外包装检验，数量点检；

④在“验收单”上签字确认，如在验收中发现有数量、重量、包装问题而影响办理入库手续的，则可通过有关手续处理。

（6）信息处理员专门负责对计算机软件进行操作，比如，将“入库通知单”信息生成“验收信息”，并将其“悬挂”在网上，以便现场的验收人员通过 RF 手持终端扫描“送货单”单号后能自动“摘取”对应的“验收信息”，进行有的放矢的验收作业。然后，将验收结果实时反馈给后台管理软件，以便生成“验收单”等。

背景知识储备

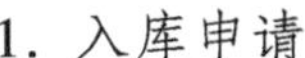

一、入库作业

入库作业是指物资进入仓库储存时所进行的检验和接收等一系列技术作业过程，包括物资的接收、装卸、验收、搬运、堆码和办理入仓手续等技术作业，是仓储业务管理的开始。

入库工作将直接影响物资的保管和销售。入库作业是仓储业务的头道工序，抓好这一环节能划分货损责任，做好储存计划，为在库存储打下良好的基础。入库作业流程如下图所示。

1. 入库申请

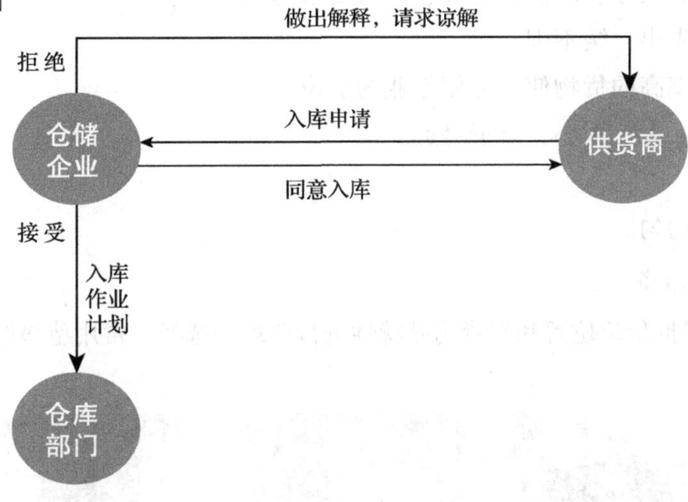

2. 入库作业计划及分析

入库作业计划是存货人发货和仓库部门进行入库前准备的依据。入库作业计划主要包括到货时间，接运方式，包装单元与状态，存储时间，物品的名称、品种、规格、数量、单件体积与重量和物理、化学、生物特性等详细信息。

仓库部门对入库作业计划的内容要进行分析，并根据物品的在库时间，物理、化学、生物特性，单品体积与重量，包装物等，合理安排货位，对入库作业计划做出测评与分析后，即可进行物品入库前的准备工作。

3. 入库准备

1）货位准备

货位的使用方式包括以下几种。

（1）固定货物的货位。

这类货位只用于存放固定的货物，严格区分使用，绝不混用。长期货源的计划库存大都采用固定货位的方式。

（2）不固定货物的货位。

这类货位是指货物任意存放在有空的货位，不加分类。不固定货物货位有利于提高仓容利用率。

（3）分类固定货物的货位。

对货位进行分区、分片，同一区内只存放一类货物，但在同一区内的货物则采用不固定货物货位的方式。这种方式有利于货物保管，也方便查找货物，仓容利用率可以提高。大多数储存仓库都采用这种方式。

选择货位时要遵循以下原则。

① 根据货物的尺寸、数量、特性、保管要求选择货位。

② 保证先进先出，缓不围急。

③ 出入库频率高的货物使用方便作业的货位。

④ 小票集中，大不围小，重近轻远。

⑤ 方便操作。

⑥ 作业分布均匀。

2）毡垫材料准备

毡垫材料应根据货位位置和到货物品特性进行合理的选择。常用毡垫材料如下图所示。

枕木　方木　石条

水泥墩　防潮纸　防潮布

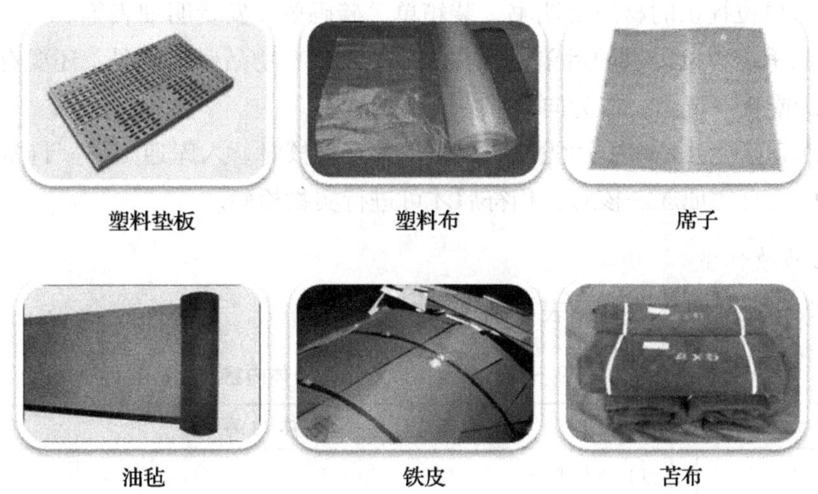

塑料垫板　　塑料布　　席子

油毡　　铁皮　　苫布

3）验收及装卸搬运器械准备

准备验收所需要的计件、检斤、测试、开箱、装箱、丈量、移动照明等器具。

4）人员及单证准备

按照到货物品的入库时间和到货数量、计划安排接运、卸货、检验、搬运物品的作业人员；根据仓管员对物品入库的需要准备各种报表、单证和账簿。

4. 接运卸货

根据接货地点的不同，接运卸货作业的注意事项也有所不同，见表2－11。

表2－11　接运卸货作业的注意事项

种类	含义	注意事项
车站、码头接货适于零担托运和小批量货物	仓储企业受存货人委托或合同约束到车站、码头接运货物到储存地	提货员应对所提取的物品做到全面了解
		提货时应根据运单以及有关资料详细核对货物
		在短途运输中，要做到不混不乱，避免碰坏损坏货物
		物品到库后，提货员应与保管员密切配合
仓库自行接货	仓储企业直接到存货委托人指定的企业接货	将接货与出验工作结合起来同时进行
		仓库应根据提货通知，做好准备，接货与验收一次性完成
库内接货	仓储企业在仓库内接到存货委托人送来的物品	保管员或验收人员直接与送货人员办理交接手续，当面验收并做好记录。若有差错，应填写记录，由送货人员签字证明，据此向有关部门提出索赔

5. 核查入库凭证

需要核查的入库凭证主要包括以下几种。

（1）入库通知单和订货合同副本，这是仓库接收物品的凭证。

(2) 供货单位提供的材质证明书、装箱单、磅码单、发货明细表等。

(3) 物品承运单位提供的运单，若在入库前发现有物品残损情况，还要有承运部门提供的货运记录或普通记录，作为向责任方交涉的依据。

核对入库凭证也就是将上述凭证加以整理并全面核对。入库通知单、订货合同要与供货单位提供的所有凭证逐一核对，相符后才可进行实物检验。

6. 物品验收作业

物品验收作业的具体内容见表2-12。

表2-12 物品验收作业的具体内容

验收作业	具体内容
验收准备	(1) 人员准备
	(2) 资料准备
	(3) 器具准备
	(4) 货位准备
	(5) 设备、防护用品的准备
实物检验	(1) 数量检验包括计件法、检斤法、检尺求积法。 ① 计件是对按件数供货或以件数为计量单位的商品,做数量检验时的清点件数。 ② 检斤是对按重量供货或以重量为计量单位的商品，做数量检验时的称重。 ③ 检尺求积是对以体积为计量单位的商品，例如木材、竹材、沙石等，先检尺、后求体积所做的数量检验
	(2) 质量检验包括外观检验、尺寸检验、机械物理性能检验和化学成分检验四种形式。仓库一般只作外观检验和尺寸检验，后两种检验如果有必要，则由仓库技术管理职能机构取样，委托专门检验机构检验
	(3) 包装检验，凡是产品合同对包装有具体规定的要严格按规定检验，对于包装的干潮程度，一般通过眼看和手摸进行检查验收，检验包装是否存在被撬开、被挖洞、开缝、污染、破损、沾湿等不良情况
	(4) 物品验收（全数检验、抽样检验）
入库中的问题处理	(1) 物品验收中，可能会发现诸如单证不齐、数量短缺、质量不符合要求等问题，应区别不同情况，及时处理
	(2) 在货物验收过程中，如果发现货物数量或质量有问题，应该严格按照有关规定进行处理

7. 办理交接手续

交接手续是指仓库在收到货物后向送货人进行确认的手续。办理完交接手续，意味着划清了运输、送货部门和仓库的责任。

完整的交接手续包括接收物品、接收文件、签署送货单和交接单等单证。

8. 入库信息处理

1）登账

登账指查验货物后，仓库根据查验情况制作入库单，详细记录入库货物的实际情况。登账的主要内容有物品名称、规格、数量、件数、累计数或结存数、存货人或提货人、批次、入库时间、保质期、金额、货位号、接（发）货经办人。

2）立卡

立卡指物品入库或上架后，将物品名称、规格、数量或出入库状态等内容填在料卡上，并将其插放在货物下方的货架支架上或摆放在货垛正面的明显位置。

3）建档

建档指仓库为其接收的物品或者委托人建立存货档案或者客户档案，以便对物品进行管理和与客户保持联系，也为将来发生争议时保留凭据。

9. 提货凭证（仓单）

仓单指仓库或仓库经理人在收存货主交来的货物时给货主的收据，是一种货物所有权凭证，既是收到货物的证明，又是提货的根据。根据《中华人民共和国民法典》的规定，存货人交付仓储物的，保管人应当出具仓单、入库单等凭证。

仓库在接收物品后，根据合同的约定或者存货人的要求，及时向存货人签发仓单，并将其作为提货的有效凭证。存储期满，仓库根据仓单的记载向仓单持有人交付物品，并承担仓单所明确的责任。

二、入库验收应注意的问题

入库验收是按照验收业务作业流程、核对凭证等规定的程序和手续，对入库商品进行数量和质量检验的经济技术活动的总称。在商品进入仓库储存之前，接收人员必须对其质量、数量、包装、规格等进行检查验收。凡是不合格的商品均要剔除，只有验收合格的商品，方可入库保管。

入库验收是一项技术要求高、组织严密的工作，它关系到整个仓储业务能否顺利进行，因此它具有准确性、及时性、严格性、经济性等特点。入库验收时应注意以下几方面的问题。

1. 数量方面的问题

（1）数量短缺在误差规定的范围内的，可按原数入账。

（2）数量短缺超过误差规定的范围的，应做好验收记录，填写磅码单，由主管部门会同货主同供货单位交涉。

（3）实际数多于原发料量的，可由主管部门向供货单位退回多发数或补发货款。

2. 质量方面的问题

（1）凡物品质量不符合规定要求的，应及时向供货单位办理退货、换货。

（2）物品规格不符或错发时，应将情况做成验收记录交给主管部门办理退货。

3. 资料方面的问题

入库物资必须具备入库通知单，订货合同副本，供货单位提供的材质证明书、装箱单、磅码单、发货明细表，以及承运单位的运单等资料。凡资料未到或资料不齐的，应及时向供货单位索取。该物品则作为待验物品堆放在待验区，待与物品相关的资料到齐后再验收。

实施过程

（1）登录“物流管理信息化执行系统”。双击电脑桌面的“物流管理实践登录”软件的图标，依次将登录人员身份信息（如“类型”“年级/系别”“班级”“用户编号”“密码”等）输入进去，然后点击“登录”按钮。

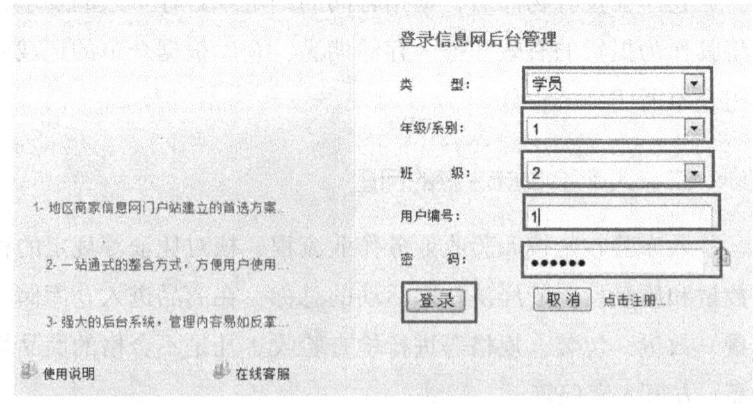

（2）配送中心信息处理员进入“物流管理信息化执行系统”制作采购单 。进入系统后在页面左侧选择“实验 2. 2-进货物品的入库验收管理” → “采购单管理”。按照入库通知单上的提示信息依次填写“商品编号”“商品名称”“数量”“入库数量”“供应商名称”“规格”“单价”“金额”“单位”“外包装”“包装规格”“重量”以及“批号”，最后点击“添加”按钮。

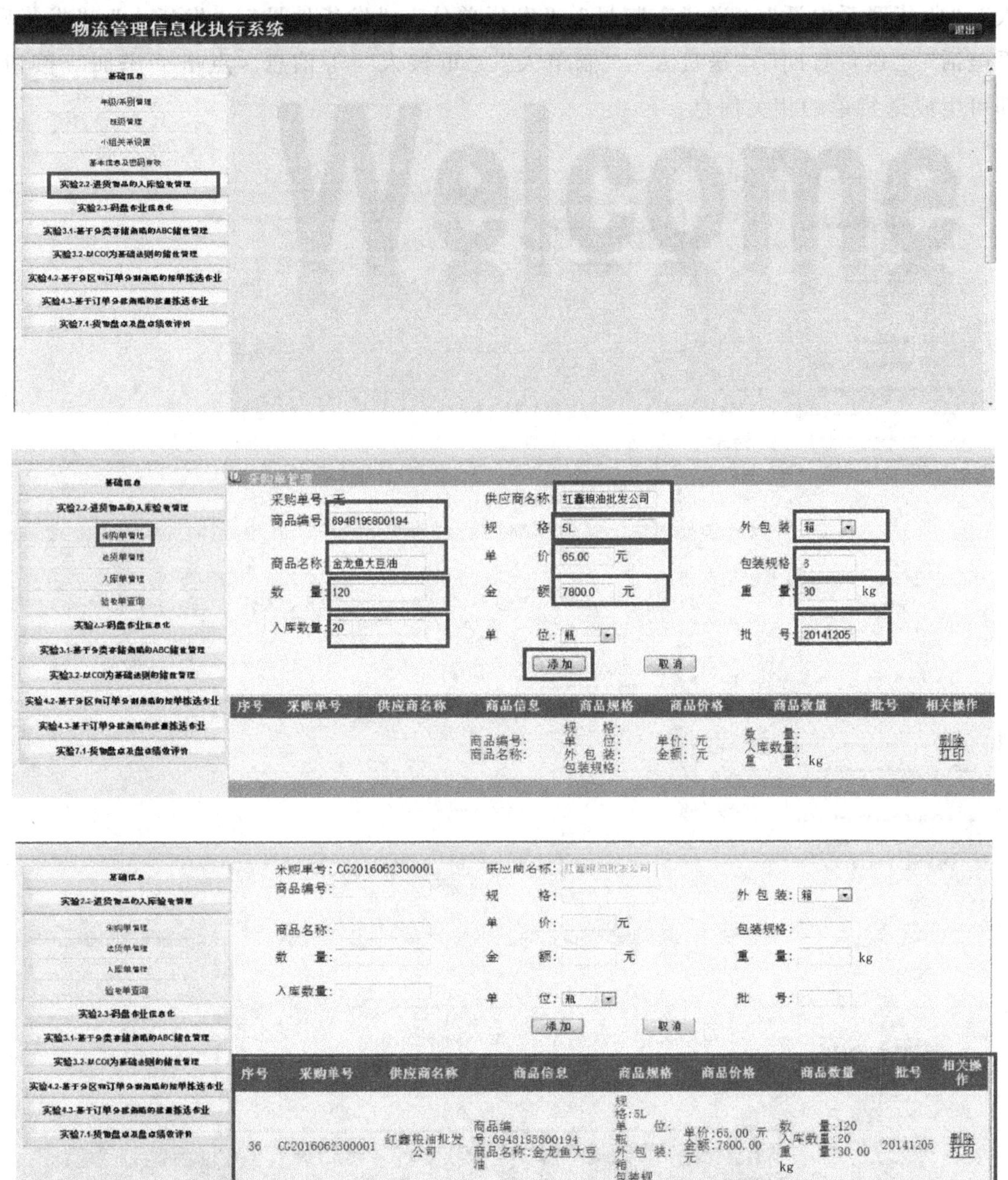

（3）供应商搜索到来自采购方的采购单信息后，供应商信息处理员进入“物流管理信息化执行系统”制作送货单。在系统页面左侧选择“实验2.2-进货物品的入库验收管理”→“送货单管理”，点击“采购单号”后的下拉列表框，选择“采购单

号”后将会自动生成“送货单号”，点击“商品名称”后的下拉列表框选择商品名称，系统会自动弹出对应商品信息。然后依次填写“收货单位”“收货地址”“收货人”“收货联系电话”“送货车牌号”“发货单位”“发货地址”“发货人”“发货联系电话”“送货日期”“送货人”“制单人”“审核人”等信息。点击“添加”按钮，即可生成送货单的相关信息。

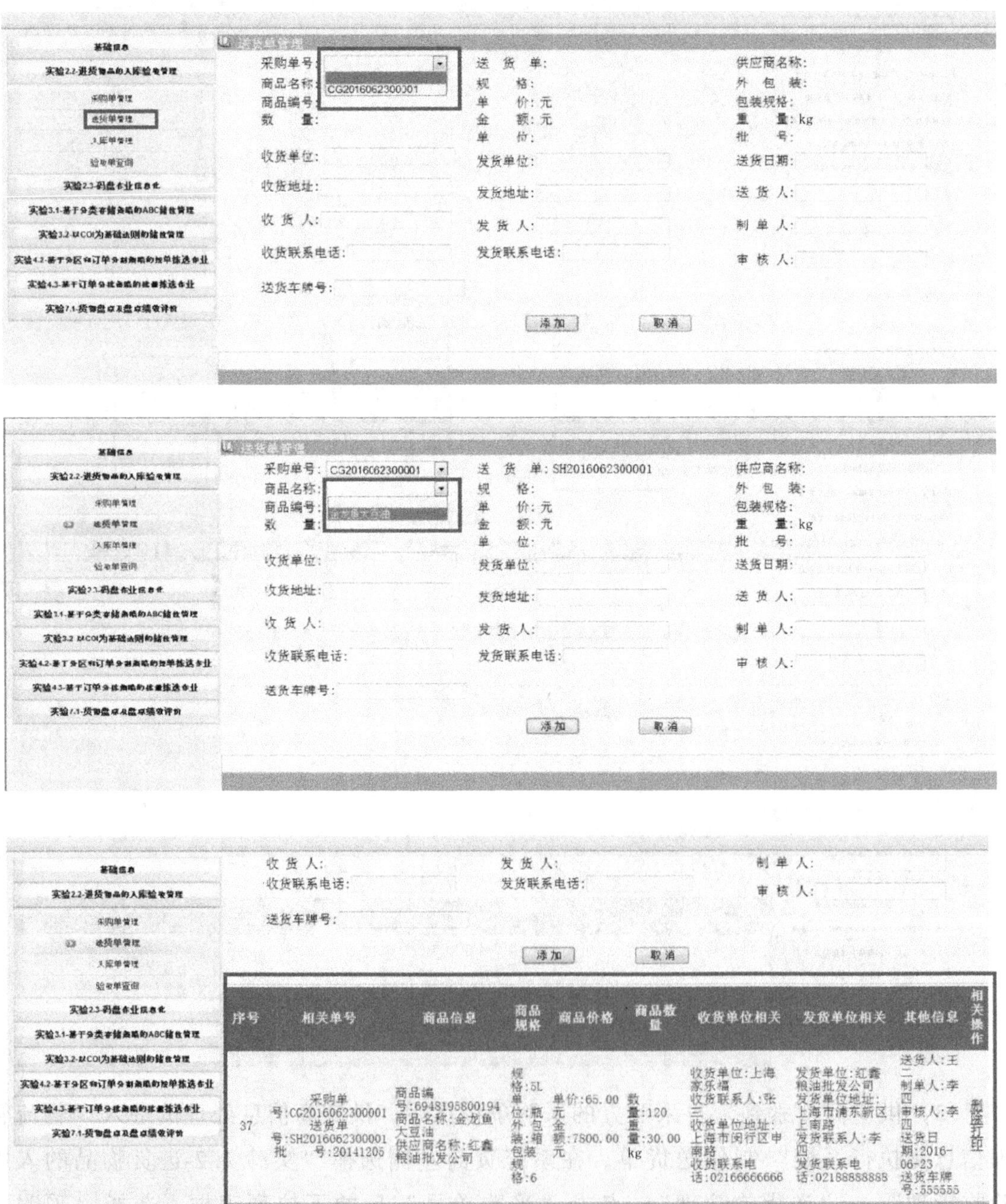

(4) 当配送中心信息处理员搜索到入库通知单信息后，与对应的采购单信息进行核对，如果核对无误将其转化为“验收信息”。选择“实验 2.2-进货物品的入库验收管理”→“入库单管理”，选择对应的“采购单号”，会自动生成对应的“入库单号”。选择相应的商品名称，会弹出对应的商品信息，方便与采购单信息进行核对。录入“采购人”“制单人”“审核人”“到货日期”等信息。最后点击“添加”按钮，将其转化为“验收信息”。

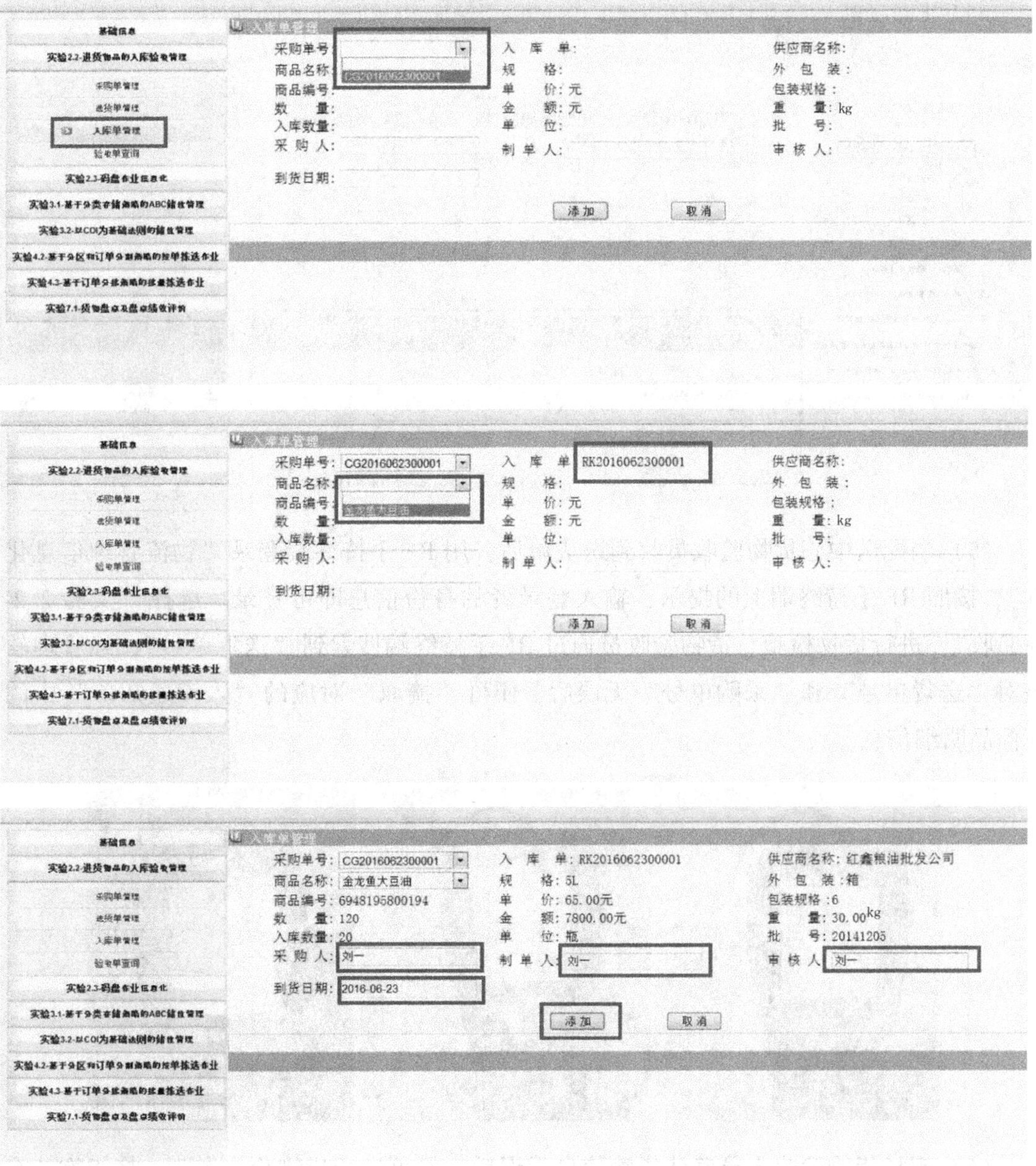

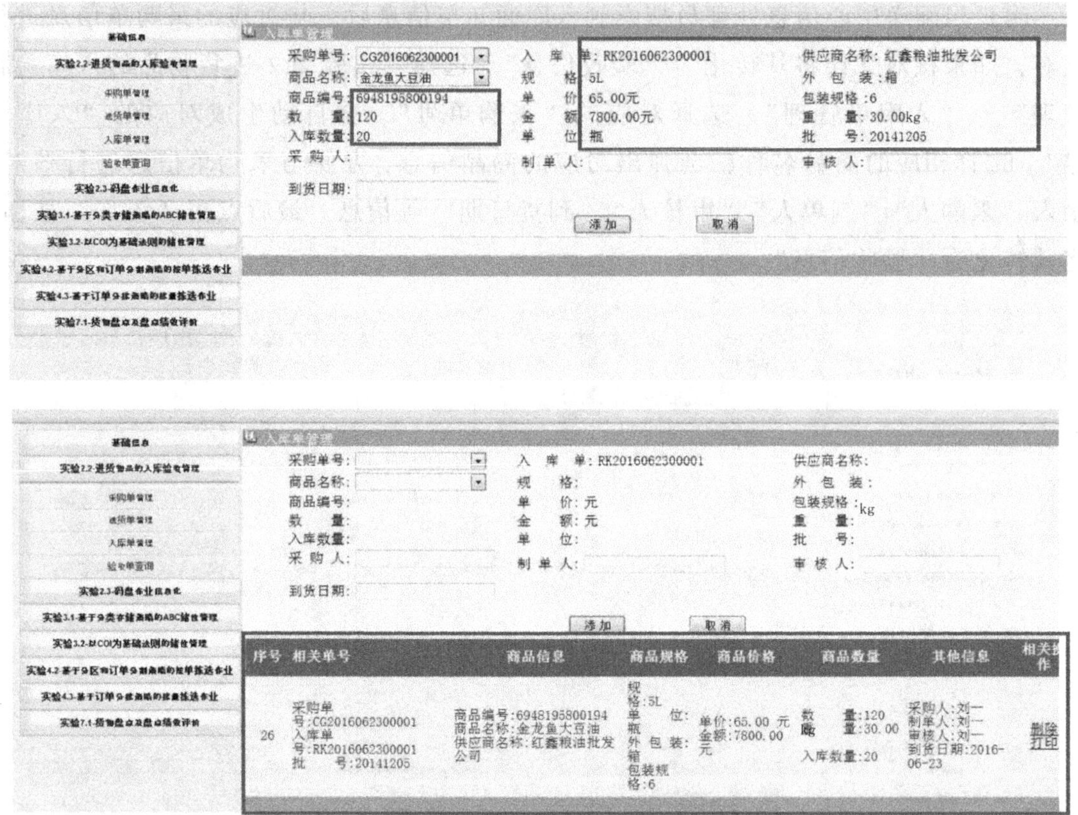

（5）当配送中心货物验收员收到送货单后，用 RF 手持终端登录“物流管理信息化软件”，按照 RF 手持终端上的提示，输入登录者的身份信息即可登录。选择“实验 2. 2-入库验收”，进行货物检验。货物验收员通过 RF 手持终端搜索到“送货单号”，经管理软件核对“送货单号”和“采购单号”无误后，便可“摘取”对应的“入库通知单”中的入库商品明细信息。

（6）现场货物验收人员确认货物信息无误后，便可进行货物验收作业。将货物从车上卸到“月台”上，再将这些货物搬运至入库理货区，依次对每种商品的每一箱货物进行商

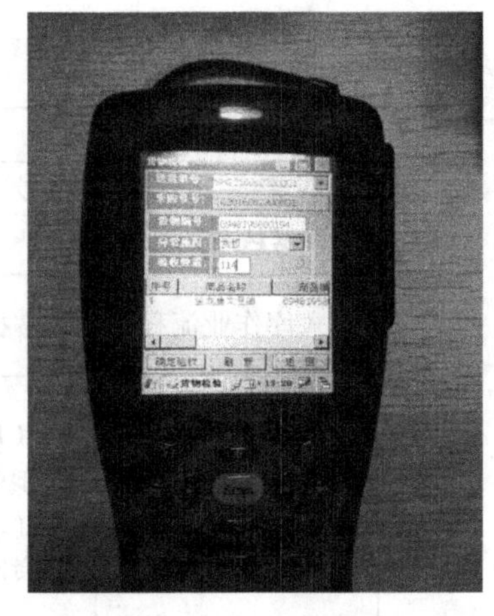

品编号、名称、规格型号、包装规格等信息的核对；检查商品包装有无破损、变形、油污、水湿等情况。如有不符合要求的商品，经双方确认后，通过 RF 手持终端向后台管理软件实时反馈实收合格商品数量以及缺货原因（货缺、货损、货差）。

（7）后台管理软件接收到来自 RF 手持终端实时反馈的验收信息后，将按实际验收信息制作一张两联（供货方联和收货方联）“验收单”，信息处理员将“验收单”打印成书面资料递交给现场货物验收人员，然后验收人员将“验收单”提交给供应商送货人员复核，双方确认无误后，在“验收单”相应签字栏内填入相关信息并签字确认。然后将“供货方联”交送货人员带回，“收货方联”交信息处理员存档。选择“实验 2. 2-进货物品的入库验收管理”→“验收单查询”，选择与刚刚验收作业对应的“验收单号”，点击“查询”按钮可查看“验收单”信息。

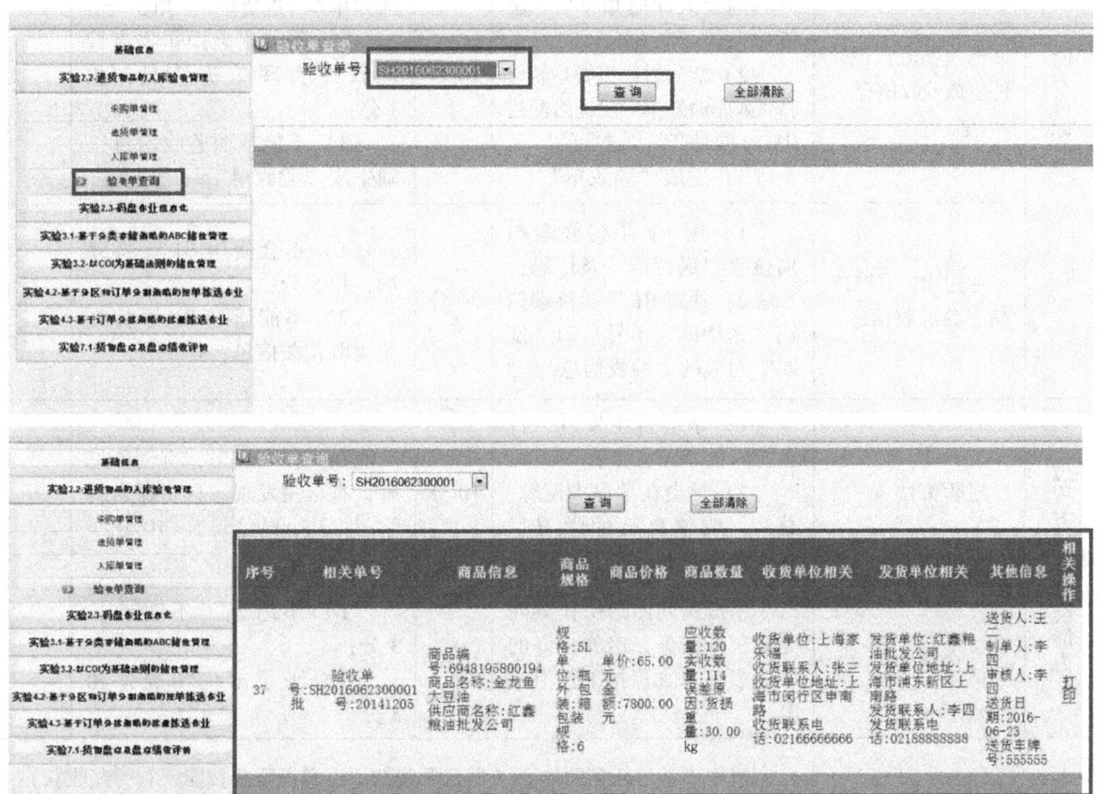

（8）按照此验收方法，依次对每一个供应商送来的每一种每一箱商品进行货物验收。

过程考核评价

项目二　货物入库验收					
学员姓名		学号		班级	日期
项目	考核项目	考核要求	配分	评分标准	得分
知识目标	入库作业流程	掌握入库作业流程	10分	入库作业流程叙述不清楚扣5分	
	入库验收作业程序	（1）理解并掌握入库验收作业程序； （2）理解入库验收过程中会发生的三类问题	20分	（1）入库验收作业程序叙述不清楚，每少一项扣5分； （2）入库验收过程中会发生的问题叙述不清楚，每少一点扣3分	
能力目标	制作商品的条形码标签并粘贴	能按照“入库通知单”中商品信息明细，正确连接条形码打印机制作商品标签并进行打印粘贴	10分	（1）不能正确连接条形码打印机，扣5分； （2）不能正确制作商品条形码标签信息，扣5分	
	通过物流管理软件生成验收信息	（1）能通过物流管理软件编制“入库通知单”“送货单”； （2）能通过物流管理软件将“入库通知单”发送给配送中心，同时打印“送货单”； （3）生成“验收单”	20分	（1）不能正确编制“入库通知单”“送货单”，扣5分； （2）不能正确操作物流管理软件实现单据流转，扣3分； （3）不能按照验收信息正确生成“验收单”，扣5分	
	通过RF手持终端查验验收信息	（1）用RF手持终端扫描核验“送货单”条形码； （2）通过RF手持终端扫描“送货单”单号自动“摘取”对应的“验收信息”	20分	（1）不会使用RF手持终端，扣5分； （2）不能通过RF手持终端读取相关信息，扣5分	
过程方法及社会能力	过程方法	（1）学会自主发现、自主探索的学习方法； （2）学会在学习中反思、总结，调整自己的学习目标，在更高水平上获得发展	10分	能在工作中反思，有创新见解，有自主发现、自主探索的学习方法，酌情得5～10分	
	社会能力	小组成员间团结协作共同完成工作任务，培养良好的职业素养（如保持工位卫生等）	10分	（1）小组分工不明确扣3分； （2）工位卫生情况差扣3分	
实训总结		完成本项学习任务的体会（学到哪些知识，掌握哪些技能，有哪些收获）：			
得分					

经验总结

项目三　码盘作业信息化管理

任务描述

以标准托盘为集装单元进行存储、运输、配送，已经成为现代物流系统中最基本的作业形式，这也是物流系统实现装备机械化、自动化，作业标准化，管理最优化的基础，因为它可极大提高物流运作效率，降低物流作业成本。也正因为如此，托盘才被称为20世纪物流领域两大关键性创新之一。但是托盘的引入，也为物流仓储活动增加了一项作业管理任务，即与托盘有关的作业规范及标准的制定。比如：①为避免货物混杂，规定码盘必须一盘一货；②为实现管理透明化，盘与货的信息必须实时关联，且正确率达到100%；③为提高仓容利用率和搬运等作业的效率，要求盘载货物越多越好，载货托盘数越少越好，但盘载货物不能超宽（码放货物时，必须在托盘四周留出一定空间余地）、超重，以确保安全；④为保证整盘货物在移动过程中的稳定性，要求货物码放时需要按照包装尺寸合理摆放，堆高要互相错缝压碴等。然而，在实际的物流仓储活动中，码盘作业多数是由一线的搬运工人在现场实施的，如果管理人员在对码盘作业进行管理的过程中，仅对上述码盘作业的规则做书面文字叙述，而不另加图示说明，则实际的执行效果往往并不理想，因为现场负责具体作业实施的搬运工人不一定会理会或理解这些规则，更何况码放在托盘上的货物的包装尺寸通常大小不一，在这样的情况下，要让现场的搬运工人实现“盘载货物越多越好，载货托盘数越少越好”的优化目标，更是无从谈起。对此，不得不需要物流管理技术人员完成下列两项管理任务。

（1）对一块托盘上所要码放货物的最多数量以及摆放的样式做最优化的定量设计，即用数学模型来表达，并对最优设计方案以图文并茂的形式加以说明，即通过限定托盘发放数的办法来保证优化目标的实现。

（2）要求现场码盘作业人员利用RF手持终端与后台管理系统进行实时信息互动，以确保盘、货信息在码盘作业过程中实现高正确率的实时捆绑，同时又可以此来实现对码盘作业过程的监控。

现假定有下列四种货物已经验收（其数量、包装尺寸、单位包装重量见表2－13），现需要：①为其设置并粘贴物流编码；②用RF手持终端实现盘货信息实时关联，并监督作业过程。

表2-13　四种已验收货物的相关信息

商品编号	商品名称	规格	单位	数量	物流编码	外包装	包装规格	重量(kg)	包装尺寸(mm)	入库数量
6902265310259	海天金标蚝油	265 g	瓶	400	W030202001	箱	20	5.3	50×30×30	20
6902265128717	海天草菇老抽	1.28 L	瓶	120	W030202004	箱	6	7.68	60×40×25	20
6902265170198	海天鲜味生抽	1.9 L	瓶	120	W030202006	箱	6	11.4	100×88×36	20
6901668054821	卡夫奥利奥饼干	316 g	盒	1 200	W010201001	箱	24	7.6	70×50×30	50

背景知识储备

一、托盘

托盘，是指一种便于装卸、运输、保管、使用的，由可以盛载单位数量物品的负荷面和铲车插口构成的装卸用垫板。因为它好似盘子可以托起食品，所以被形象地称为“托盘”。

《物流术语》(GB/T　18354—2006) 对托盘的定义是：用于集装、堆放、搬运和运输的放置作为单元负荷货物和制物的水平平台装置。

托盘是随着集装箱和集合包装出现的一种新的物流工具。托盘最早产生于美国、日本等发达国家。初期它作为叉车的附属装卸工具与叉车配套使用，以便实现机械化作业。第二次世界大战后，托盘逐渐成为一种储存工具。20 世纪 60 年代，托盘已成为一种必不可少的运输工具和销售工具。目前，托盘已渗透到整个物流过程，成为一种物流工具，是实现物流合理化的一个重要条件。

作为与集装箱类似的一种集装设备，托盘现已广泛应用于生产、运输、仓储和流通等领域，被认为是20 世纪物流产业中两大关键性创新之一。托盘作为物流作业过程中重要的装卸、储存和运输设备，与叉车配套使用，在现代物流中发挥着巨大的作用。托盘给现代物流业带来的效益主要体现在：可以实现物品包装的单元化、规范化和标准化，保护物品，方便物流和商流。托盘按作用分：一种为日常口语中的托盘，即端饭菜时放置碗盏的盘子；另外一种是物流用的托盘，其按材质、用途、台面、叉车的叉入方式和结构区分，有多种类型。尤其在一些要求快速作业的场合，由于托盘作业效率高、安全稳定，使用率越来越高。市场上有各种类型的托盘，有木托盘、胶合板免熏蒸托盘、四向托盘、双面托盘、方墩托盘、单面胶合板托盘、双面胶合板托盘、双面免熏蒸托盘、蓝色塑料托盘。另外，还有各种专用托盘，如平板玻璃集装托盘、轮胎专用托盘、长尺寸物托盘和油桶专用托盘等。

1. 托盘分类

由于托盘作业效率高、安全稳定，所以各国纷纷研制了多种多样的专用托盘。常见托盘分为以下几种类型。

1）平托盘

平托盘几乎是托盘的代名词，只要一提托盘，一般都是指平托盘，因为平托盘使用的范围广、数量大，通用性强。平托盘主要以木制为主，也有由钢、塑料、复合材料等制作的平托盘。平托盘又可细分为三种类型。

（1）根据台面分类，有单面型、单面使用型、双面使用型和翼型四种。

（2）根据叉车叉入方式分类，有单向叉入型、双向叉入型和四向叉入型三种。

（3）根据材料分类，有木制平托盘、钢制平托盘、塑料制平托盘、复合材料平托盘以及纸制托盘五种。据中国物流与采购联合会托盘专业委员会2011年对国内多家托盘生产企业、托盘使用及销售企业进行初步调查的结果显示，中国拥有的各种类型托盘总数约为16 000～20 000万片，每年产量递增2 000万片左右。其中木制平托盘约占85%，塑料制平托盘占12%，钢制平托盘、复合材料平托盘以及纸制托盘合计占3%。复合材料平托盘和塑料托盘上升比例较大。

2）柱式托盘

柱式托盘分为固定式和可卸式两种，其基本结构是托盘的4个角有钢制立柱，柱子上端可用横梁连接，形成框架型。安装立柱的目的是在无货架的情况下多层堆码货物时保护最下层货物不受损害。立柱一般可卸下，高度为1.2米，常采用钢制材料，可负荷3吨货物。柱式托盘的主要作用：一是利用立柱支撑较重货物，以便往高叠放；二是可防止托盘上放置的货物在运输和装卸过程中发生塌垛现象。

3）箱式托盘

它是在平托盘上部安装构造物（平板状、网状构造物等）制成的箱式设备。箱式托盘是四面有侧板的托盘，有的箱体上有顶板，有的没有顶板。箱板有固定式、折叠式和可卸下式三种。四周栏板有板式、栅式和网式，因此四周栏板为栅栏式的箱式托盘也称笼式托盘或仓库笼。箱式托盘防护能力强，可防止塌垛和货损；可装载异型不能稳定堆码的货物，应用范围广，主要适合于装载蔬菜、瓜果和薯类等农产品。

4）轮式托盘

轮式托盘与柱式托盘、箱式托盘相比，多了下部的小型轮子。因而，轮式托盘显示出能短距离移动、滚上滚下式装卸等优势，应用广泛，适用性强。

5）特种专用托盘

（1）平板玻璃集装托盘，也称平板玻璃集装架，有多种类型，包括L型单面装放平板玻璃单面进叉式、A型双面装放平板玻璃双向进叉式、吊叉结合式和框架式等。运输过程中，托盘起支撑和固定作用，平板玻璃一般立放在托盘上，并且玻璃要顺着车辆的前进方向放置，以保持托盘和玻璃的稳固。

（2）轮胎专用托盘。轮胎的特点是耐水、耐蚀，但怕挤压，轮胎专用托盘较好地解决了这个问题。利用轮胎专用托盘，可多层码放轮胎并保证其不受挤压，大大提高了装卸和储存效率。

（3）长尺寸物托盘。这是一种专门用来码放长尺寸物品的托盘，有的呈多层结构。物品堆码后，就形成了长尺寸货架。

（4）油桶专用托盘。这是专门存放、装运标准油桶的翼型平托盘。双面均有波形沟槽或侧板，以稳定油桶，防止滚落。其优点是可多层堆码，提高仓储和运输能力。

6）滑板托盘

滑板托盘在一个或多个边上设有翼板，用于搬运、存储或运输单元载荷形式的货物或产品。

单翼滑板：一边设翼板的滑板。

对边双翼滑板：两条对边设翼板的滑板。

临边双翼滑板：两条相邻边设翼板的滑板。

三翼滑板：在三个相邻边设翼板的滑板。

四翼滑板 ：在四个边设翼板的滑板。

7）植绒内托

它是一种采用特殊材料的吸塑托盘，将普通的塑料硬片表面粘上一层绒质材料，使托盘表面有种绒质材料的手感，提高包装品档次。

2. 托盘尺寸标准

正是由于托盘的种类繁多，具有广泛的应用性和举足轻重的连带性，在装卸搬运、保管、运输和包装等各个物流环节的效率化中都处于中心地位，具有很重要的衔接功能。所以，虽然托盘只是一个小小的器具，但其规格尺寸是包装尺寸、车厢尺寸、集装单元尺寸的核心。只有以托盘尺寸为标准，制定包装、卡车车厢、火车车厢、集装箱箱体等配套设施的规格尺寸和系列化规格标准，才能使装卸搬运、保管、运输和包装作业更具合理性和效率性。除此之外，托盘的规格尺寸还涉及集装单元货物尺寸。集装单元货物尺寸又涉及包装单元尺寸，卡车车厢、铁路货车车厢、仓库通道及货架尺寸，甚至关系到物流基础设施（如火车站、港口、码头等货物装卸搬运场所）的构造结构、装卸搬运机具的标准尺寸。因此，从某种意义上讲，托盘的标准化，不单单是托盘租赁、托盘流通和循环使用的前提，也是实现装卸搬运、包装、运输和保管作业机械化、自动化的决定因素。没有托盘规格尺寸的统一，没有以托盘为基础的相关设施、设备、装置、工具等的系列化标准，就只能做到局部物流的合理化，难以达到整体物流的合理化。正因为如此，统一托盘的规格标准以最大限度地节约物流成本，就很自然地成为物流界的共同愿望。

托盘与储物的货架、搬运的产品、集装箱、运输车辆、卸货平台以及搬运设施等有直接的关系，因此托盘的规格尺寸是确定其他物流设备规格尺寸的基础。例如，托盘横梁货架的横梁宽度最常见的有 2 300 mm 和 2 700 mm，前者能放两个 1 200 mm × 1 000 mm 的托盘，后者能放三个 1 200 mm × 800 mm 的托盘。特别值得一提的是要建立有效的托盘公用系统，必须使用统一规格的托盘，托盘标准化是托盘作业一贯化的前提。在选择托盘尺寸时应该考虑以下因素。

1）要考虑运输工具和运输装备的规格尺寸

合适的托盘尺寸应该符合运输工具的尺寸，尤其要考虑海运集装箱和运输商用车的箱体内尺寸，只有这样才可以充分利用运输工具的空间，提高装载率，降低运输费用。

2）要考虑托盘装载货物的包装规格

根据托盘装载货物的包装规格选择合适的托盘，能最大限度地利用托盘的表面积，控制所载货物的重心高度。托盘承载货物的合理的指标为达到托盘 80% 的表面积利用率，所载货物的重心高度不应超过托盘宽度的三分之二。

3）要考虑托盘尺寸的通用性

应该尽可能选用国际标准的托盘规格，便于托盘的交换和使用。

4）要考虑托盘尺寸的使用区域

装载货物的托盘流向直接影响托盘尺寸的选择。通常去往欧洲的货物要选择 1210 标准（1 200 mm × 1 000 mm）或 1208 标准（1 200 mm × 800 mm）的托盘；去往日本、韩国的货物要选择 1111 标准（1 100 mm × 1 100 mm）的托盘；去往大洋洲的货物要选择 1 140 mm × 1 140 mm 或 1 067 mm × 1 067 mm 的托盘；去往美国的货物要选择 1 219 mm × 1 016 mm的托盘，国内常用 1210 标准的托盘发往美国。1 200 mm × 1 000 mm 托盘在全球应用最广，在我国也得到了广泛的应用。

3. 托盘的主要优点

（1）可以有效地保护物品，防止其破损。

（2）可以适应港口、货物机械化作业的要求，加快装卸、运输速度，减小工人的劳动强度。

（3）可以节省包装材料，降低包装成本，节约运输费用。

（4）可以促进国际和国内港口作业的机械化，加快包装向规格化、标准化和系列化迈进的步伐。

二、托盘作业

托盘是将静态货物转变为动态货物的媒介物，是一种载货平台，而且是活动的平台，或者说是可移动的地面。即使放在地面上不方便移动的货物，一经装上托盘便立即具有了活动性，成为灵活的流动货物。因为装在托盘上的货物，在任何时候都处于可以转入运动的准备状态中。这种以托盘为基本工具的动态装卸方法，就叫托盘作业。

托盘作业显著提高了装卸效率，使仓库建筑的形式、船舶的构造、铁路和其他运输方式的装卸设施以及管理组织都发生了变化。在货物包装方面，其促进了包装的规格化和模块化，甚至对装卸以外的一般生产活动方式也有显著的影响。随着生产设备越来越精密、自动化程度越来越高，生产的计划性越来越强和管理方式的逐步先进，工序间的搬运作业和向生产线供给材料和半成品的工作就显得越发重要了。而托盘作业是迅速提高搬运效率和使材料流动过程有序化的有效手段，在降低生产成本和提高生产效率方面起着巨大的作用。

搬运作业的重要原则就是作业量最少原则，即移动货物时尽量减少“二次搬运”和“临时停放”，使搬运次数尽可能减少。为了提高运输效率，操作者希望尽可能地减少转载作业。但是，运输中意外的途中换装作业是很多的。例如，铁路作业中，线路上的运输是一次性完成的，但是其前后的换装作业则最少需要 6～8 次。假如这 6～8 次的换装作业都要将托盘上的货物转移到别的托盘上，则全程的装卸作业很繁重，这就失去了托盘运输的意义。反之，如果货物在始发地被装上托盘之后，不管途中有怎样复杂的货物储运作业过程，只要托盘上的货物保持原状，直达终点，就能充分发挥托盘运输的作用。不仅在铁路运输方面，在汽车运输和船舶运输方面，实行托盘直达运输或者由各种运输方式组成的联合直达运输，对运输行业和运输的物资单位都能有很好的运输经济效果。因此，托盘的直达运输与使用是发展现代物流的必不可少的方式之一。

随着企业规模的不断壮大，仓储管理的物资种类和数量也在不断增加，出入库多，仓储管理作业呈复杂化和多样化趋势，以往的人工仓储作业模式和数据采集方式下的人力、时间成本非常高。智能化仓储管理在现有仓储管理中采用 RFID 技术，对仓储的入库、出库、移库、库存盘点等各个作业环节的数据进行自动化的采集，使仓储管理各个环节数据输入的速度更快、准确性更高，确保企业及时准确地掌握库存的真实数据，合理保持和控制企业库存。

在进行托盘、货物信息的绑定时，可利用 RF 手持终端与后台管理系统进行实时信息交互来实现托盘、货物信息绑定，确保货物上的信息与托盘标签信息相匹配，也可使用手持式 RFID 设备识别定位，进行库位盘点和货物分类。这一方法不仅节省时间，提高作业效率，而且也能使货物信息与托盘信息不符的可能性大大减小，提高整个物流系统的运作速度。

实施过程

实验分组进行，每组两人，其中一人为信息处理员，另一人为码盘作业人员。本实验的主要任务是实践托盘、货物信息绑定操作，考虑到实验资源有限，采用每种货物码放两个托盘的方法来模拟。

（1）向指导教师领取能码放 4 种货物的 8 块托盘，给托盘编制一张能代表其身份的、唯一的编号标签，并粘贴在托盘上。托盘标签以2位标识字母“TP”开头，后跟3位数码序列号，如TP005。为便于实现物流的全数字信息化管理，要求编号以条形码的形式呈现，比如用Code128条形码格式的托盘编号如下。

（2）根据每种商品在一块托盘上的最多码放数量，向指导教师按数领取两倍数量的模拟商品包装盒，并为每个模拟的商品包装箱粘贴一张物流编码标签，标签上不但要有商品的物流编码条形码，还须标明该商品的中文名称。

（3）进行托盘、货物信息绑定。

①信息处理员登录“物流管理信息化执行系统”。双击电脑桌面“物流管理实践登录”软件的图标，依次将登录人员的身份信息，如“类型”“年级/系别”“班级”“用户编号”“密码”等输入进去，然后点击“登录”按钮。

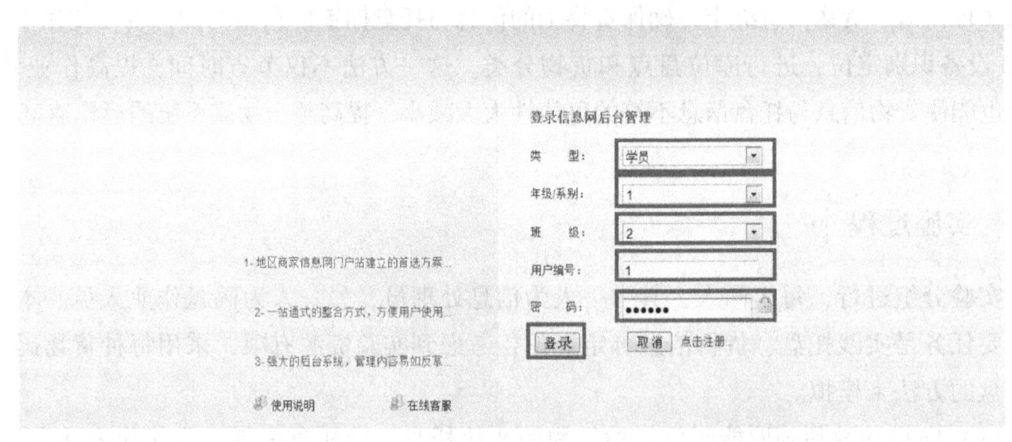

② 进入系统后，信息处理员进行托盘、货物信息绑定作业。在页面左侧选择“实验2.3-码盘作业信息化”→“托盘管理”，依次输入8个托盘的编号和种类，然后点击“添加”按钮。

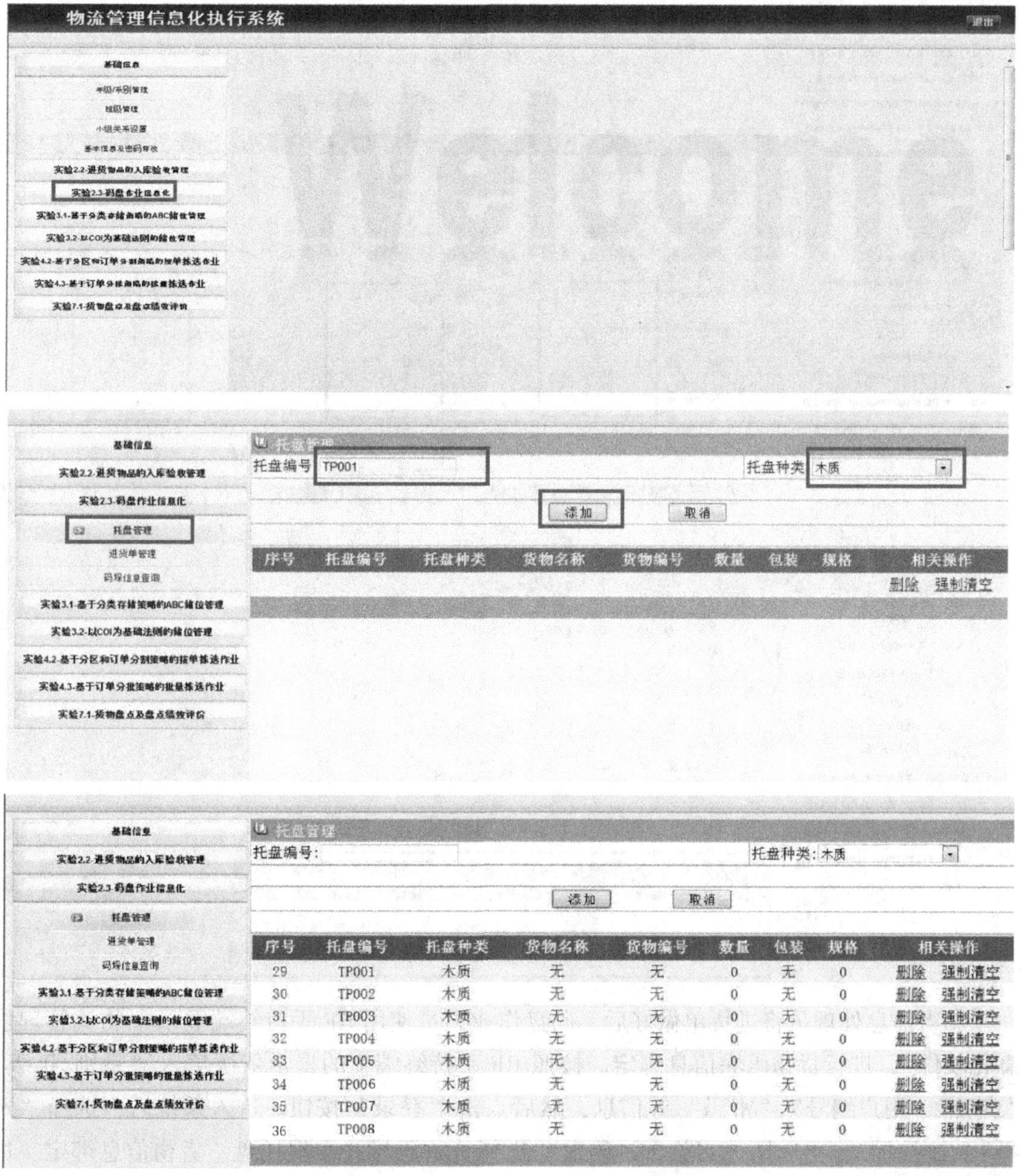

③托盘信息录入完毕后，选择“进货单管理”，制作进货单。按照进货商品信息依次填写“商品编号”“商品名称”“数量”“入库数量”“规格”“单价”“金额”“单位”“外包装”“包装规格”“重量”“批号”等信息，然后点击“添加”按钮。

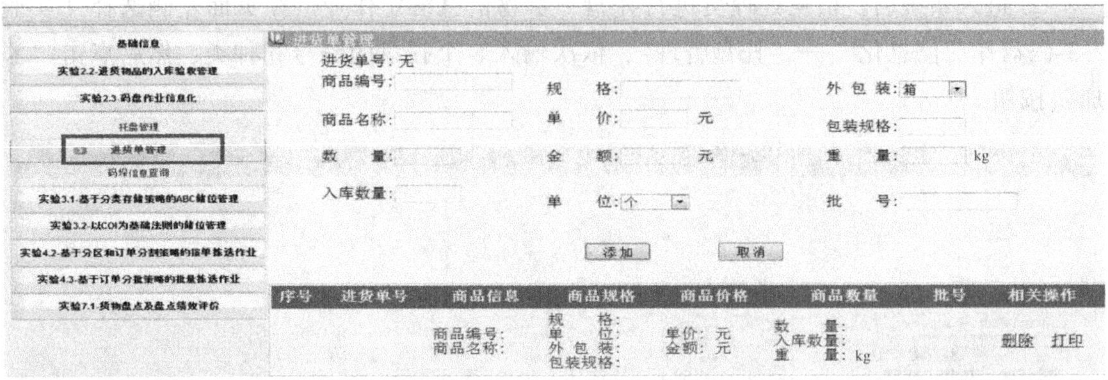

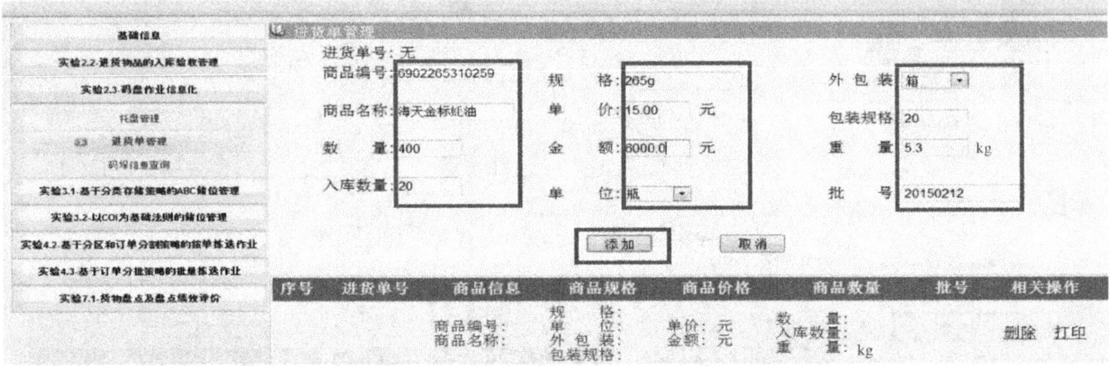

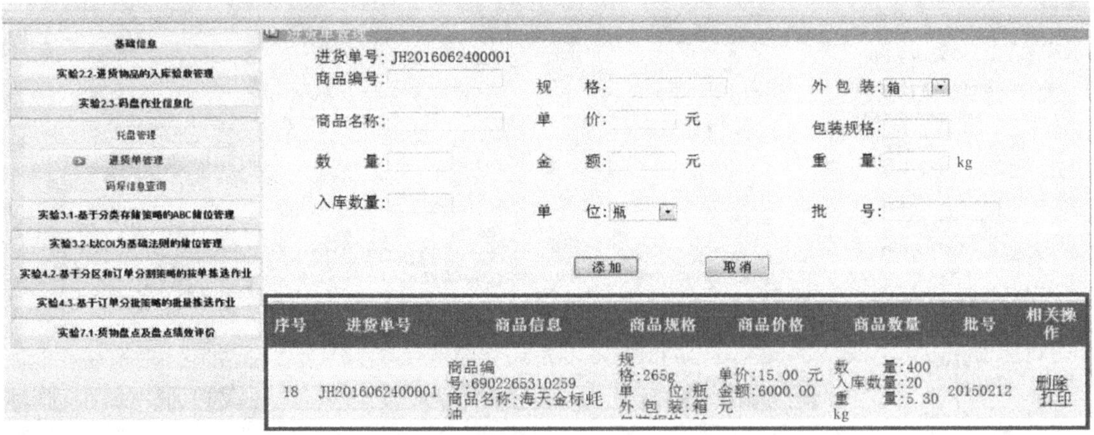

④当信息处理员将进货单做好后，码盘作业人员使用 RF 手持终端登录“物流管理信息化软件”，进行货物码垛信息绑定。按照 RF 手持终端上的提示依次填入“系别/年级”“班级”“用户编号”“密码”等信息，然后点击“登录”按钮。进入系统后，选择“选择 RFID 扫描”，再选择“实验 2. 3-码盘”进行货物码垛并实现托盘、货物信息绑定。进入实验 2. 3 的货物码垛页面后，依次点击下拉列表框选择“进货单号”和“货物名称”，然后扫描托盘号并输入“绑定数量”。货物码垛信息与进货单信息核对无误后，点击“确认绑定”按钮，会弹出一个“货物绑定成功”的小窗口，说明货物与托盘绑定成功了。

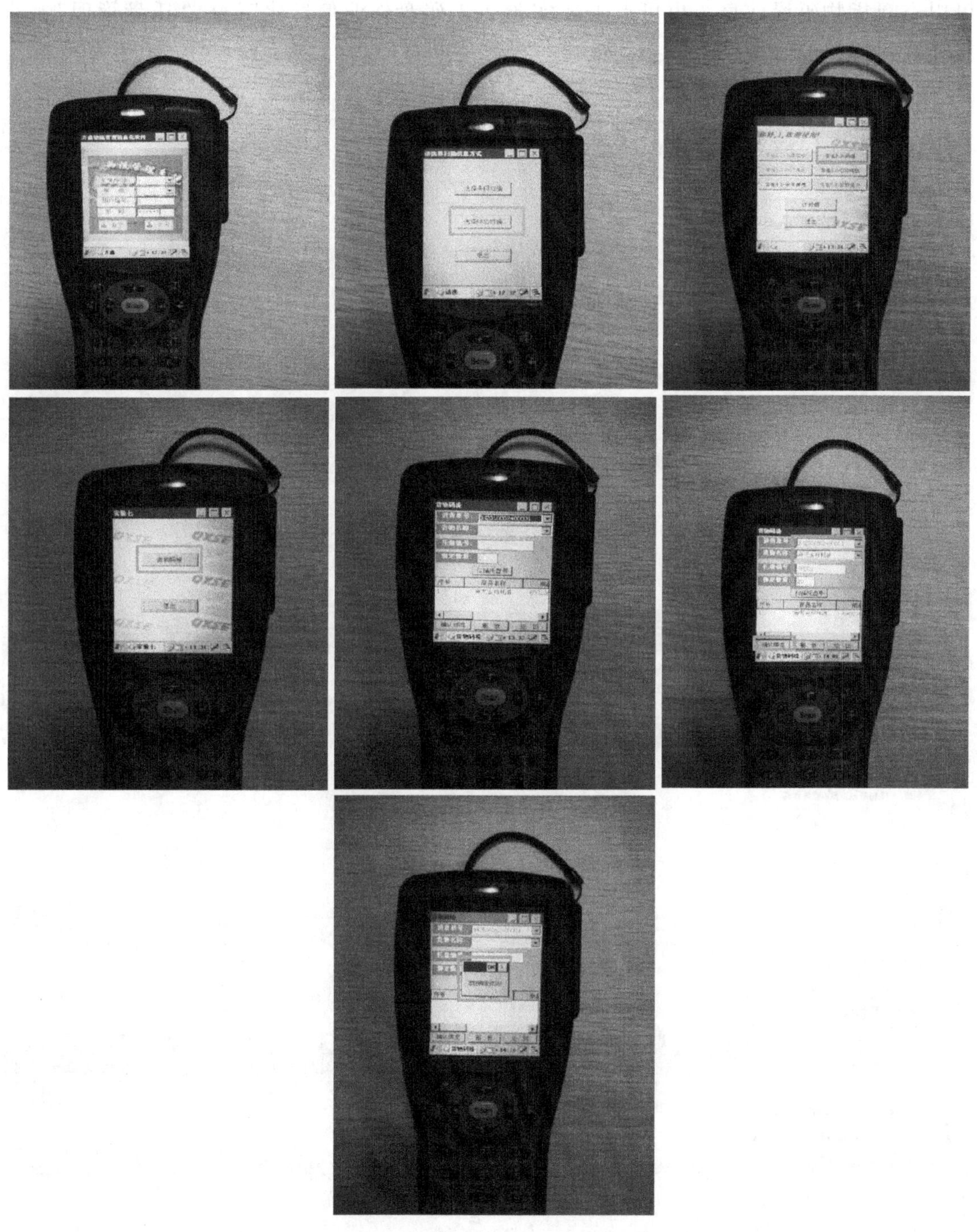

⑤货物信息与托盘信息绑定成功并实时反馈给后台管理系统后，信息处理员操作“物流管理信息执行软件”，便可查询相关载具与有关商品及其数量的关联信息，为后续入库、库存查询、拣选出库等作业的有序进行打好基础。点击“实验2.3-码盘作业信息化”→“码垛信息查询”，选择进货单号，点击“查询”按钮，在页面下方就

可以查阅货物码垛信息。也可点击“实验 2. 3-码盘作业信息化”→“托盘管理”，查看托盘与货物的绑定信息。

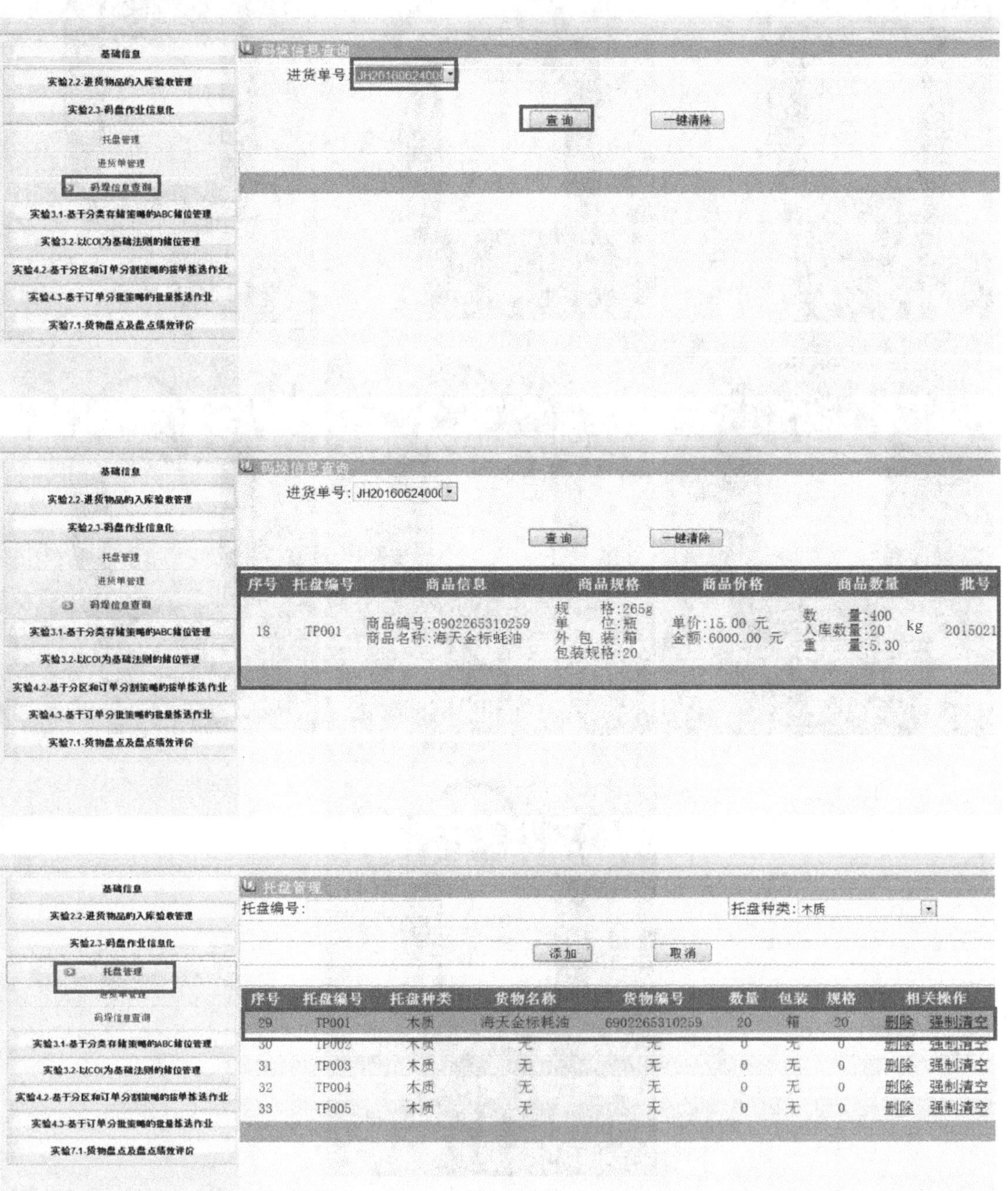

（4）剩下的尚未作业的商品包装箱可以按照以上步骤进行同样作业，直至全部码垛到集装载具（托盘）上。

过程考核评价

<table>
<tr><th colspan="8">项目三　码盘作业信息化管理</th></tr>
<tr><td>学员姓名</td><td></td><td>学号</td><td></td><td>班级</td><td></td><td>日期</td><td></td></tr>
<tr><td>项目</td><td>考核项目</td><td>考核要求</td><td>配分</td><td colspan="3">评分标准</td><td>得分</td></tr>
<tr><td rowspan="2">知识目标</td><td>托盘的分类及特点</td><td>理解并掌握托盘的分类及特点</td><td>15 分</td><td colspan="3">（1）托盘分类叙述不清楚，扣 5 分；
（2）托盘特点叙述不清楚，扣 3 分</td><td></td></tr>
<tr><td>托盘作业的原理</td><td>掌握托盘作业的原理</td><td>15 分</td><td colspan="3">托盘作业的原理叙述不清楚，扣 7 分</td><td></td></tr>
<tr><td rowspan="2">能力目标</td><td>制作托盘编号标签</td><td>能按照托盘编码要求制作托盘编号标签</td><td>20 分</td><td colspan="3">（1）制作的托盘编号标签不符合编码要求，扣 5 分；
（2）托盘编号标签信息不正确，扣 5 分</td><td></td></tr>
<tr><td>托盘、货物信息绑定</td><td>（1）能正确操作物流管理软件进行托盘和货物信息管理；
（2）能结合 RF 手持终端进行货物码垛信息绑定</td><td>30 分</td><td colspan="3">（1）不能正确在软件中完成托盘信息管理，扣 5 分；
（2）不能正确在软件中制作“进货单”，扣 5 分；
（3）不能结合 RF 手持终端进行货物与托盘信息绑定，扣 10 分</td><td></td></tr>
<tr><td rowspan="2">过程方法及社会能力</td><td>过程方法</td><td>（1）学会自主发现、自主探索的学习方法；
（2）学会在学习中反思、总结，调整自己的学习目标，在更高水平上获得发展</td><td>10 分</td><td colspan="3">能在工作中反思，有创新见解，有自主发现、自主探索的学习方法，酌情得 5 ~ 10 分</td><td></td></tr>
<tr><td>社会能力</td><td>小组成员间团结协作共同完成工作任务，培养良好的职业素养（如保持工位卫生等）</td><td>10 分</td><td colspan="3">（1）小组分工不明确扣 3 分；
（2）工位卫生情况差扣 3 分</td><td></td></tr>
<tr><td colspan="2">实训总结</td><td colspan="6">完成本项学习任务的体会（学到哪些知识，掌握哪些技能，有哪些收获）：</td></tr>
<tr><td colspan="2">得分</td><td colspan="6"></td></tr>
</table>

经验总结

擅长的方面

需要改进和加强的方面

学习任务三

储位管理

03

任务引入

在传统的物流系统中，仓储作业一直扮演着最主要的角色，但是在现今生产制造技术及运输系统都已相当发达的情况下，仓储作业也已发生了质与量的变化。虽然其调节生产量与需求量的原始功能一直没有改变，但是为了满足当今市场少量多样的商品形态需求，物流系统中的拣货、出货、配送的重要性已凌驾于仓储保管功能之上。

现代仓储管理与传统的仓储管理相比，更加注重仓储的时效性，是一种动态的管理，重视商品在拣货、出库时的数量和位置变化，从而配合其他仓储作业。储位管理就是利用储位使商品处于“被保管状态”并且能够明确显示商品的储存位置，同时当商品的位置发生变化时能够准确记录，使管理者能够随时掌握商品的数量、位置以及去向。

仓库储位标识管理在物流系统中一直扮演着很重要的角色，在当今生产制造技术和运输系统中起着重要的作用。它主要通过协调生产量和需求量的关系，来满足市场少量多样的商品形态需求。

仓库储位标识首先要做到明朗化和标准化，详细规划储存区，并标示编号，让每一个预备储放的货品均有位置，此位置必须是明确且有库位编码的。其实，储位管理的明朗化和标准化是仓储与物料管理的基础，也是其迈向系统化的第一步，必须认真对待。良好的仓储管理机制，是优秀企业高效运作的必要条件。

库存管理是物流系统和供应链管理的重要内容，良好的库存管理水平可以提高企业竞争力。对于许多大型企业来说，需要采购的原材料或者零部件非常多，库存中往往包含上千种货品，库存管理非常困难。ABC 分类法操作简单，应用于库存管理中效果显著，在库存管理中起着非常重要的作用。由此可见，ABC 分类法在库存控制中具有有效性。

任务要求

（1）了解库位编码、储位管理的意义、目的。

（2）掌握库位编码的原则及仓库分区管理的编码方法。

（3）了解储位 ABC 分类管理的原理。

（4）掌握 ABC 分类的计算方法。

（5）熟练掌握运用 Excel 进行排序、填充柄、求和等批量计算的方法。

（6）进一步熟练条形码标签制作技能。

任务内容

（1）结合编码规则对仓库货位进行编码。

（2）利用 Excel 的字符处理功能根据 ABC 分类法对货品进行分类。

（3）通过物流管理软件对入库清单中的所有货物按规定策略放入货架。

任务实施

本任务旨在引导学生在了解库位编码及储位管理的基础上，对仓库货位及仓库分区进行编码管理，并对仓库中的货品进行 ABC 分类存储处理，将入库清单中的货物按规定放入货架。

本任务具体由三个项目来实现。

项目一　储位管理数字化

项目二　仓储货物的 ABC 分类计算

项目三　仓储货物的 ABC 分类存储实操

项目一　储位管理数字化

任务描述

储位管理是提高仓储效率，特别是提高拣货效率的重要手段。确保货物“有位可寻”，是仓储管理中储位管理的基本目标，而储位管理的基础工作就是对仓库中的每个库位进行统一的编码管理。某物流配送中心为了能使后续的仓库管理井井有条，确保每一个仓储货物都“有位可寻，好进好出”，要求按地址式（行、列、层的顺序格式）库位编码的方法为仓库中的所有库位编制一个“门牌地址号码”，并在Excel工作表上以图示的形式将其表示出来；再按图示设计为每一库位制作一张一维条形码格式的库位编码标签，并将其“钉挂”在便于反映该库位的相应位置上，目的是便于入库（补货）和出库（拣选）作业信息的实时反馈。

现假设该物流配送中心共有3个库区，分别为集装单元库区KA、料箱单元库区KD和单品分拣库区KF。其中集装单元库区由6单元双货位4层集装托盘货架组成；料箱单元库区由2单元4列4层料箱货架组成；单品分拣库区是一个由电子数码标签引导的分拣作业库区，由2单元3层3列重力料箱货架构成。

背景知识储备

一、储位管理

1. 储位管理的对象

储位管理的对象分为保管商品和非保管商品两部分。

1）保管商品

保管商品是指在仓库的储存区域中的商品，由于它对作业、储放搬运、拣货等方面有特殊要求，使得其在保管时会有多种保管形式，例如以托盘、箱、散货和其他方式保管，这些商品虽然在保管形式上有很大差异，但都必须用储位管理的方式加以管理。

2）非保管商品

（1）包装材料。包装材料就是一些标签、包装纸等包装材料。由于商业企业促销、特卖及赠送等活动的增加，仓库的贴标、重新包装、组合包装等流通加工作业的比例也在增加，进而对包装材料的需求就越来越大。在这种情况下，必须对材料加以管理，如果管理不善，会导致材料欠缺情况发生，影响整个作业的进行。

（2）辅助材料。辅助材料就是托盘、箱、容器等搬运器具。目前由于流通器具的标准化，仓库对这些辅助材料的需求愈来愈大，依赖性也愈来愈高。为了不影响商品的搬运，必须对这些辅助材料进行管理，制定专门的管理办法。

（3）回收材料。回收材料就是经补货或拣货作业拆箱后剩下的空纸箱。虽然这些空纸箱都可回收利用，但是因纸箱形状不同，大小不一，若不保管起来，很容易混乱，而影响其他作业，因此须划出一些特定储位来对这些回收材料进行管理。

2．储位管理的范围

在仓库的所有作业中，所用到的保管区域均是储位管理的范围，根据作业方式的不同，这些区域可分为预备储区、保管储区、动管储区。

1）预备储区

预备储区是商品进出仓库时的暂存区，虽然商品在此区域停留的时间不长，但是也不能在管理上疏忽大意，给下一作业程序带来麻烦。

在预备储区，不但要对商品进行必要的保管，还要将商品打上标识，进行分类，再根据要求归类，摆放整齐。为了在下一作业程序中节省时间，标识与看板的颜色要一致。

对于进货暂存区，商品进入暂存区前要先分类，暂存区域也须先行标示区分，并且配合看板上的记录，商品依据分类或入库上架顺序，被分配到预先规划好的暂存区储存。

对于出货暂存区，每一车或每一区域路线的配送商品必须摆放整齐并且加以分隔，摆放在事先标示好的储位上，再配合看板上的标示，按照出货单的顺序进行装车。

2）保管储区

这是仓库中最大最主要的保管区域，商品在此区域的保管时间最长，并且以比较大的存储单位进行保管，所以它是整个仓库的管理重点。为了最大限度地增大储存容量，要考虑合理运用储存空间，提高储区使用效率。为了对商品的摆放方式、位置及存量进行有效控制，应考虑储位的分配方式、储存策略等是否合适，并选择合适的储放和搬运设备，以提高作业效率。

3）动管储区

这是在拣货作业时所使用的区域，此区域的商品大多会在短时间内被拣取出货，在储位上流动的频率很高，所以这一区域被称为动管储区，其功能为满足拣货的需求。为了让拣货时间及距离缩短、降低拣错率，方便在拣取时迅速地找到商品所在位置，储存的标识与位置指示非常重要。而要让拣货顺利进行及拣错率降低，就要依赖一些拣货设备，如电脑辅助拣货系统 CAPS、自动拣货系统等。动管储区的管理方法就是这些位置指示及拣货设备的应用。

现在大多数仓库处于少量多样、高频率的出货现状，一般仓库的基本作业方式已经不能满足现实需要，动管储区管理方式的出现，恰恰满足了这一需求，其效率的评估与提高在仓储作业中已被作为重要的一部分。

动管储区的主要作业是对储区货物进行整理、整顿和对拣货单进行处理。

对仓库中的货物进行整理、整顿，能缩短寻找商品的时间和行走距离，进而提高效率。因为一般在仓库的拣货作业中，真正花费在拣取上的时间很短，但花费在寻找商品上的时间特别多，若能有效对货物进行整理、整顿，并对货架编号、商品编号、商品名称做简明的标示，再利用灯光、颜色加以区分，不但可以提高拣货效率，同时也可以降低拣错率。但当商品有变动及储位有变更时，一定要同步做更改、记录，以保证信息的准确性。

拣货单在设计时应对各个项目（如货架编号、货号、数量、品名等）进行合理安排，以免拣货时出现一位多物、一号多物、拣错等错误。

3. 储位管理的原则

1）储位标识明确

先将储存区域详细划分，并加以编号，让每一种预备存储的商品都有位置可以存放。此位置必须是明确的，而且是经过库位编码的，不可以是走道、楼上、角落或某商品旁等边界含糊不清的位置。需要指出的是，仓库的过道不能被当成储位来使用，虽然短时间会方便一些，但会影响商品的进出，违背了储位管理的基本原则。

2）商品定位有效

依据商品保管方式的不同，应该为每种商品确定合适的储存单位、储存策略、分配规则，同时还要兼顾储存商品要考虑的其他因素，把商品有效地配置在先前所规划的储位上。例如，需冷藏的商品放在冷藏库，流通速度快的商品放置在靠近出口处，香皂不应该和食品放在一起等。

3）变动更新及时

当商品被有效地配置在规划好的储位上之后，接下来的工作就是对储位进行维护，也就是说当商品因拣货取出，或是被淘汰，或是受其他作业的影响，而使其位置或数量发生了改变时，就必须及时对变动情形加以记录，以使所做记录与实物现状能够完全吻合，如此才能进行有效的管理。由于此项变动更新工作非常烦琐，仓库管理人员在繁忙的工作中会产生惰性，使得这个原则成为储位管理中最困难的部分，也是目前各仓库储位管理作业的关键所在。

4. 储位管理的要素

储位管理的要素有储位空间、商品、人员，以及储放、搬运设备与资金等。

1）储位空间

仓库从功能上可分为仓储型仓库和流通型仓库。在储位空间的分配上，仓储型仓库，主要是为合理利用仓库保管空间而进行储位分配；而流通型仓库，则为便于拣货及补货而进行储位分配。在储位分配时，要确定储位空间，须先考虑空间大小、柱子排列、梁下高度、过道、设备作业半径等基本因素，再结合其他因素，才能合理安排商品储存。

2）商品

管理放在储位上的商品要考虑商品本身的影响因素，主要有以下几个方面。

（1）供应商。商品的供货渠道，是自己生产的还是购入的，有没有行业特点。

（2）商品特性。商品的体积大小、重量、单位、包装、周转率、季节性的分布及自然属性，温湿度的要求，气味的影响等。

（3）数量的影响。如生产量、进货量、库存量、安全库存量等。

（4）进货要求。采购前置时间、采购作业特殊要求。

（5）种类。类别、规格大小等。

3）人员

人员包括仓管人员、搬运人员、拣货与补货人员等。仓管人员负责管理及盘点作业，拣货人员负责拣货作业，补货人员负责补货作业，搬运人员负责入库、出库、翻堆作业（为了保证商品先进先出，通风以避免气味混合等）。

人员在仓储作业中，讲求的是省时、高效。而企业在照顾员工的条件下，讲求的是省力。因此要达到存取效率高、省时、省力的目的，作业流程方面就要合理化；储位配置及标识要简单、清楚，一目了然；商品要好放、好拿、好找，表单要简单、标准化。

4）储放、搬运设备与资金

相对储位空间、商品、人员来说，储放、搬运设备与资金是关联要素，在选择搬运设备时，要考虑商品特性（商品的单位、容器、托盘等因素）、人员作业时的流程以及储位空间的分配等，还要考虑设备成本与人员操作的方便性。各储位统一编码，编码规则必须明了易懂、易操作。要对资金做好预算，如果超出预算，要看是否能够产生相应效益。

5. 储位管理的方法与步骤

储位管理的基本方法就是对储位管理的原则进行灵活运用，具体方法步骤如下。

（1）先了解储位管理的原则，然后应用这些原则判别商品的储放需求。

（2）对储放空间进行规划配置，同时选择储放设备及搬运设备。

（3）根据保管区域与设备的不同进行库位编码和商品编号。

（4）库位编码与商品编号完成后，选择合适的分配方式把商品分配到已编好码的储位上，可选择人工分配、计算机辅助分配、计算机全自动分配等方法进行分配。

（5）商品被分配到储位上后，要对储位进行维护。做好储位维护的工作，除了传统的人工表格登记外，也可应用高效、科学的方法来执行。而要让维护工作能持续不断地进行就得借助一些核查与改善的方法来监督与鼓励。

6. 储位确定

（1）根据商品特性来确定。

（2）大批量货物使用大储区，小批量货物使用小储区。

（3）笨重、体积大的品种储存在较坚固的层架底层及接近出货区的区域。

（4）轻量商品储存在有限的载重层架上。

（5）相同或相似的商品尽可能靠近储放。

（6）滞销的商品或小、轻及容易处理的商品使用较远储区。

（7）周转率低的商品尽量远离进货、出货区，放于较高的区域。

（8）周转率高的物品尽量放于接近出货区且较低的区域。

二、库位编码

储位管理是提高仓储效率，特别是提高拣选效率的重要手段。如何确保货物“有位可寻”呢？这就需要进行储位管理。而储位管理的基础就是对库位进行编码管理。

库位经过编码以后，在管理上具有以下功能。

（1）保证库位数据的正确性。

（2）为货品提供相应的记录位置以供计算机识别。

（3）为进出货、拣货、补货等人员提供存取货品的位置，以方便货品进出上架及查询，节省重复寻找货品的时间且能提高工作效率。

（4）提高调仓、移仓的工作效率。

（5）可以利用计算机处理分析。

（6）可迅速依序储存或拣货，一目了然。

（7）方便盘点。

（8）可让仓储及采购管理人员了解掌握储存空间，以控制货品存量。

一般库位编码有以下 4 种方式。

（1）区段方式：把保管区域分割成几个区段，再对每个区段编码。

（2）品项类别方式：把一些相关性货品经过集合以后，区分成几个品项群，再对每个品项群进行编码。

（3）地址式：利用保管区域中的现成参考单位，例如建筑物第几栋、区段、排、列、层、格等，依照其相关顺序进行编码，就像地址的几段、几巷、几弄、几号一样。

（4）坐标式：利用空间概念来编排货位的方式，此种编排方式由于对每个货位定位切割细小，在管理上比较复杂，流通率较低、需要长时间存放的货品不适用此方式，生命周期较长的货品比较适用。

实施过程

（1）本实验需分组进行，每组两人。

（2）分别为 3 个库区的所有货架的每一个库位设计编制一个“门牌地址号码”。

（3）打开 Excel 工作表，在工作表上画出 3 排货架的立面示意图。

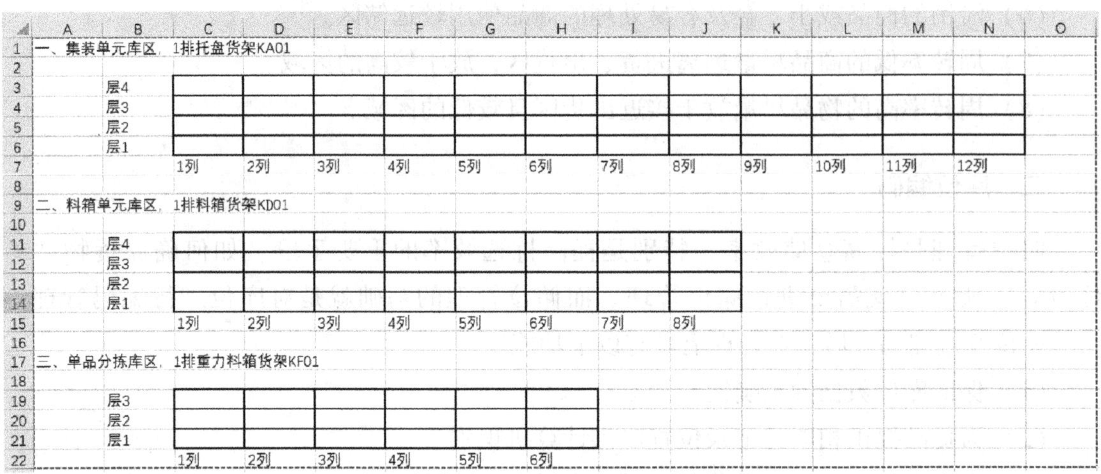

3 排货架分别表示 3 个库区的货架，分别是 4 层 12 列的集装单元库区的集装托盘货架、4 层 8 列的料箱单元库区的料箱货架和 3 层 6 列的单品分拣库区的重力料箱货架。

选择一种方法，利用 Excel 的字符处理功能为 98 个库位按地址式库位编码的方法编制一个“门牌地址号码”。

（1）按 Excel 工作表上的图示设计，采用 Code128 码为每个库位制作一张一维条形码形式的“门牌地址号码”并用条形码打印机打印。

（2）向实验指导老师领取本实验任务要求的货架种类和数量：

① 6 单元双货位 4 层集装托盘货架；

② 2 单元 4 列 4 层料箱货架；

③ 2 单元 3 层 3 列重力料箱货架。

（3）将以上货架分别按库区划分排成 3 排。

（4）按 Excel 工作表上的图示设计，为 3 个库区的每一库位粘贴能表示其相互位置关系信息的编码标签。

过程考核评价

<table>
<tr><th colspan="7">项目一　储位管理数字化</th></tr>
<tr><td>学员姓名</td><td></td><td>学号</td><td></td><td>班级</td><td></td><td>日期</td></tr>
<tr><td>项目</td><td>考核项目</td><td>考核要求</td><td>配分</td><td colspan="2">评分标准</td><td>得分</td></tr>
<tr><td rowspan="2">知识目标</td><td>储位管理的原则、要素</td><td>掌握储位管理的原则及要素</td><td>10 分</td><td colspan="2">（1）储位管理的原则叙述不清楚，扣 5 分；
（2）储位管理的要素叙述不清楚，扣 5 分</td><td></td></tr>
<tr><td>库位编码的方法</td><td>理解库位编码的方法</td><td>20 分</td><td colspan="2">库位编码的方法叙述不清楚，扣 5 分</td><td></td></tr>
<tr><td>能力目标</td><td>按库位编码方法为每个库位编制编码</td><td>（1）能熟练应用 Excel 字符处理功能；
（2）能为每个库位制作一张一维条形码并粘贴。</td><td>50 分</td><td colspan="2">（1）制作的库位编码信息不符合编码要求，扣 5 分；
（2）不能正确使用 Excel 制作库位编码，扣 5 分</td><td></td></tr>
<tr><td rowspan="2">过程方法及社会能力</td><td>过程方法</td><td>（1）学会自主发现、自主探索的学习方法；
（2）学会在学习中反思、总结，调整自己的学习目标，在更高水平上获得发展</td><td>10 分</td><td colspan="2">能在工作中反思，有创新见解，有自主发现、自主探索的学习方法，酌情得 5～10 分</td><td></td></tr>
<tr><td>社会能力</td><td>小组成员间团结协作共同完成工作任务，培养良好的职业素养（如保持工位卫生等）</td><td>10 分</td><td colspan="2">（1）小组分工不明确扣 3 分；
（2）工位卫生情况差扣 3 分</td><td></td></tr>
<tr><td colspan="2">实训总结</td><td colspan="5">完成本项学习任务的体会（学到哪些知识，掌握哪些技能，有哪些收获）：</td></tr>
<tr><td colspan="2">得分</td><td colspan="5"></td></tr>
</table>

经验总结

擅长的方面

需要改进和加强的方面

项目二　仓储货物的ABC分类计算

任务描述

某连锁超市配送中心的仓储动管储区货架主要是用于存储料箱的传统4层中型货架。现为提高配送商品的拣货速度，缩短仓储作业过程中的搬运距离，有效降低拣货差错率，决定对其所经营的部分商品按其出库周转量（销售量）的大小进行ABC分类存储，即将商品分为A类、B类、C类并根据货架取货的难易程度把3类商品分配在3个区域：A类商品被分配在货架的3层（取货容易）；B类商品被分配在货架的2层（取货比较容易）；C类商品被分配在货架的1层和4层（取货比较困难）。同时规定区域内的货物一律采用随机存取的策略。

表3-1是该连锁超市配送中心近一年来商品销量的统计表。

表3-1　某连锁超市配送中心商品销量统计表

序号	商品编码	商品名称	物流编码	规格型号	单位	包装单位	包装规格	一季度销售量	二季度销售量	三季度销售量	四季度销售量
1	6948195800194	金龙鱼大豆油	W040306001	5 L	瓶	箱	6	120	60	80	100
2	6948195808220	金龙鱼调和油	W040303001	5 L	瓶	箱	6	50	82	90	135
3	6948195810155	金龙鱼菜籽油	W040305001	5 L	瓶	箱	6	80	50	60	90
4	6948195800460	金龙鱼调和油	W040303002	1.8 L	瓶	箱	12	130	60	80	90
5	6903252061017	康师傅红烧牛肉面	W040101001	100 g	袋	箱	24	100	110	85	90
6	6903252061053	康师傅香辣牛肉面	W040101002	100 g	袋	箱	24	80	56	50	62
7	6903252125339	康师傅老坛酸菜牛肉面	W040101003	105 g	袋	箱	24	500	320	20	450
8	6903252116939	康师傅小鸡炖蘑菇面	W040101004	101 g	袋	箱	24	650	450	50	340
9	6903252610790	康师傅鲜虾鱼板面	W040101005	100 g	袋	箱	24	350	200	120	460
10	6902265310259	海天金标蚝油	W030202001	265 g	瓶	箱	20	100	250	80	190
11	6902265360018	海天上等蚝油	W030202002	700 g	瓶	箱	12	800	600	500	600
12	6902265128717	海天草菇老抽	W030202003	1.28 L	瓶	箱	6	300	250	120	350
13	6902265115496	海天香醋	W030202004	445 mL	瓶	箱	20	580	500	250	450
14	6902265170198	海天鲜味生抽	W030202005	1.9 L	瓶	箱	6	3 500	4 000	3 880	4 500

（续）

序号	商品编码	商品名称	物流编码	规格型号	单位	包装单位	包装规格	一季度销售量	二季度销售量	三季度销售量	四季度销售量
15	6922130119107	太太乐蔬之鲜	W030201001	400 g	袋	箱	24	4 600	5 000	5 600	6 000
16	6922130114065	太太乐蘑菇精调味料	W030201002	400 g	袋	箱	24	600	560	620	650
17	6922130105247	太太乐味精	W030201003	1 000 g	袋	箱	24	5 500	4 800	5 400	5 680
18	6922130103014	太太乐增鲜味精	W030201004	500 g	袋	箱	24	550	450	570	650
19	6901668054821	卡夫奥利奥饼干	W010201001	316 g	盒	箱	24	450	230	100	450
20	6901668054135	卡夫奥利奥夹心饼干	W010201002	319 g×3	袋	箱	24	3 400	2 500	6 000	3 400
21	6901668054395	卡夫巧克棒	W010201004	256 g	盒	箱	24	200	120	560	300
22	6941727126341	超级维体	W020105001	500 mL	瓶	箱	24	560	450	550	100
23	6941727156341	港式奶茶	W020106001	270 mL	瓶	箱	24	500	200	800	650
24	6941727131756	黑乌龙茶	W020103001	1. 25 L	瓶	箱	12	80	100	90	69
25	6941727145842	利趣咖啡	W020103002	310 mL	听	箱	24	45	20	50	34
26	6941727154865	沁柠水	W020105002	550 mL	瓶	箱	24	55	45	23	45
27	6902022136627	蓝月亮宝宝专用洗衣液	W110208001	1 kg	瓶	箱	12	68	145	150	60
28	6902022137273	蓝月亮亮白增艳洗衣液	W110208002	3 kg	瓶	箱	6	1 500	1 200	100	750
29	6902022131745	蓝月亮绿色柔顺剂	W110202001	3 kg	瓶	箱	6	34	45	65	23

假定配送中心收到供应商发来的表 3－2 中的 6 种货物。

表 3－2　某连锁超市配送中心收到的 6 种货物的相关信息统计表

序号	商品编码	商品名称	批号	物流编码	规格型号	库位号	单位	包装单位	包装规格	数量	包装单位数
1	6922130105247	太太乐味精	20140930	W030201003	1 000 g		袋	箱	24	120	5
2	6903252116939	康师傅小鸡炖蘑菇面	20140705	W040101004	101 g		袋	箱	24	96	4
3	6941727126341	超级维体	20140810	W020105001	500 mL		瓶	箱	24	72	3
4	6901668054821	卡夫奥利奥饼干	20141008	W010201001	316 g		盒	箱	24	120	5
5	6901668054135	卡夫奥利奥夹心饼干	20141008	W010201002	319 g×3		袋	箱	24	144	6
6	6903252061053	康师傅香辣牛肉面	20140810	W040101002	100 g		袋	箱	24	120	5

本实验的作业任务就是将它们按前文所述分类规则一一上架至相应的库位，并利用 RF 手持终端实时反馈上架的库位信息。

背景知识储备

一、ABC 库存分类管理法

ABC 库存分类管理法又称为重点管理法。属于 A 类的是少数价值高的、最重要的商品，这些存货品种少，而单位价值却较大。这类存货的品种数大约只占全部存货总品种数的 10% 左右；而从一定时期的出库金额来看，这类存货的出库金额大约占全部存货出库总金额的 70% 左右。属于 C 类的是品种数较多的低值商品，从品种数量来看，这类存货的品种数大约占全部存货总品种数的 70% 左右；而从一定时期的出库金额来看，这类存货的出库金额大约只占全部存货出库总金额的 10% 左右。B 类存货则介于这两者之间，从品种数和出库金额来看，大约都只占全部存货总数的 20% 左右。

ABC 库存分类管理法的优点明显，它把“重要的少数”与“不重要的多数”区别开来，使企业将工作重点放在管理重要的少数库存品上，既提高了管理效率，又节约了成本。但是，这种管理方法忽视了 C 类和 B 类库存品对企业的影响，某些 C 类和 B 类库存品的缺乏会对企业生产造成严重影响，甚至会导致整个装配线的停工待料。

二、ABC 分类依据

将库存物品按品种和占用资金的多少分为特别重要的库存（A 类）、一般重要的库存（B 类）和不重要的库存（C 类）3 个等级。然后按不同等级分别进行管理和控制，找到关键的少数和次要的多数。划分依据见表 3 – 3。

表 3 – 3　ABC 分类依据

库存物品	数量比	价值比
A 类物品	5%~15%	60%~80%
B 类物品	15%~25%	15%~25%
C 类物品	60%~80%	5%~15%

A 类物品，品种比例为 5%~15%，平均为 10%，品种比重非常小；年消耗的金额比例为 60%~80%，平均为 70%，占用了大部分年消耗的金额，是关键的少数，是需要重点管理的库存。

B 类物品，品种比例为 15%~25%，平均为 20%；年消耗的金额比例为 15%~25%，平均为 20%，可以发现其品种比例和金额比例大体上相近似，是需要常规管理的库存。

C 类物品，品种比例为 60%~80%，平均为 70%，品种比重非常大；年消耗的金额比例为5%~15%，平均为10%，虽然表面上只占用了非常小的年消耗的金额，但是由于数量巨大，实际上占用了大量的管理成本，是需要精简的部分，是需要一般管理的库存。

三、ABC库存分类管理法的实施步骤

ABC库存分类管理法的实施，需要企业各部门的协调与配合，并且建立在库存物品的各种数据完整、准确的基础之上。其主要操作步骤如下。

1. 收集数据

在对库存物品进行分类之前，首先要收集库存物品的年需求量、单价以及重要程度等有关信息。这些信息可以从企业的车间、采购部、财务部和仓库管理部门获得。

2. 处理数据

利用收集到的年需求量、单价，计算出各种库存物品的年耗用金额。

3. 编制ABC分析表

把各种库存物品按照年耗用金额从大到小的顺序排列，并计算累计百分比。

4. 确定分类

按照ABC库存分类管理法的基本原理，对库存物品进行分类。一般说来，各种库存物品所占实际比例，由企业根据需要确定，并没有统一的标准。

5. 绘制ABC分析图

把库存物品的分类情况用曲线图表示出来。

四、ABC库存分类管理法在库存管理中的应用

针对A、B、C三类商品的不同特点实施差别管理。

1. 重点管理A类商品

重点管理A类商品包括合理降低安全库存，对库存量进行严密监控，密切联系供应商，保障供应，加强保管保养，保证产品质量，严防损坏和遗失。仓库除了应该协助企业提高其销售额外，还要在保障供给的条件下，尽量降低它们的库存额，减少资金占用，提高资金周转率。A类商品消耗金额高，提高其周转率，具有较大的经济效益。

A类商品是进货快、发货快的商品，虽然在品种数量上仅占10%左右，但如能管好它们，就等于管好了总销售额的70%左右的商品，保证了企业绝大部分收益。而A类商品品种不多，只要集中力量，是完全可以管理好的。所以，重点管理A类商品是十分值得和有意义的。

2. 一般管理 C 类商品

与 A 类商品形成鲜明对比的是占总库存数近一半的 C 类商品，这类商品在经营上几乎是不重要的商品，如果像 A 类商品那样一一加以认真管理，费力不小，经济效益却不大，是不合算的。所以，对 C 类商品实施一般管理，对其库存数量实行一般监控，宁可多储备，在保管保养上也采取一般的措施，不投入过多管理力量，以免分散精力。需要注意的是，C 类商品中可能包括上市不久的新商品及积压商品，对于长期积压的陈旧品种应果断清理，对新产品要进行专门的观察与分析。

3. 常规管理 B 类商品

B 类商品介于 A 类与 C 类商品之间，可以采取比 A 类商品相对简单而比 C 类商品相对复杂的管理方法，即常规管理，根据情况也可以对其实行重点管理或一般管理。由于这一类商品品种数量不是太多，效益也不是太差，所以，可以根据企业的实际情况确定该类商品的管理程度。有条件就重点管理，没有条件就一般管理。

五、使用 ABC 库存分类管理法应注意的问题

在使用 ABC 库存分类管理法时，还必须注意两个问题，即库存物资的单价和重要性问题。

1. 库存物资的单价

前面讲过，ABC 分类的依据为库存物品的品种和占用资金的多少，因此，ABC 库存分类管理法与物资单价关系很大。单价高的物资，其数量的变动对库存资金的变化的影响更大。管理 A 类物资应更关注这方面问题，应当尽可能地往零库存方向发展。

2. 库存物资的重要性

使用 ABC 库存分类管理法应注意的另一个问题是物资对企业生产的重要性，有些被划入 C 类的物资可能对企业的生产活动有着至关重要的影响。这种物资的重要性并不在资金占用上体现，而体现在：如果缺货会造成企业停产或严重影响企业的正常生产；缺货会危及企业生产安全；市场短缺的物资，缺货后不易补充。为了弥补这一不足，发展出了重要性分析方法，按重要性对物资进行分类。两者相结合可以更准确地对库存物品进行分类管理。

实施过程

实验一人一组，要求每一位学生借助计算机及 Excel 进行 ABC 分类运算。

(1) 利用 Excel 制作一个表格，见表 3－4。

表 3－4 实验表格

序号	商品编码	商品名称	批号	物流编码	规格型号	库位号	单位	包装单位	包装规格	一季度销售量	二季度销售量	三季度销售量	四季度销售量	总销量	出库总量百分比（%）	出库总量累计百分比（%）	商品品目累计百分比（%）	商品分类

（2）将实验内容中商品销售出库量的统计报表数据输入表格，结果如下图所示。

	A	B	C	D	E	F	G	H	I	J	K	L	M	N	O	P	Q	R	S
1	序号	商品编码	商品名称	批号	物流编码	规格型号	库位号	单位	包装单位	包装规格	一季度销售量	二季度销售量	三季度销售量	四季度销售量	总销量	出库总量百分比（%）	出库总量累计百分比（%）	商品品目累计百分比（%）	商品分类
2	1	6948195800194	金龙鱼大豆油		W040306001	5 L		瓶	箱	6	120	60	80	100					
3	2	6948195808220	金龙鱼调和油		W040303001	5 L		瓶	箱	6	50	82	90	135					
4	3	6948195810155	金龙鱼菜籽油		W040305001	5 L		瓶	箱	6	80	50	60	90					
5	4	6948195800460	金龙鱼调和油		W040303002	1.8 L		瓶	箱	12	130	60	80	90					
6	5	6903252061017	康师傅红烧牛肉面		W040101001	100 g		袋	箱	24	100	110	85	90					
7	6	6903252061053	康师傅香辣牛肉面		W040101002	100 g		袋	箱	24	80	56	50	62					
8	7	6903252125339	康师傅老坛酸菜牛肉面		W040101003	105g		袋	箱	24	500	320	20	450					
9	8	6903252116939	康师傅小鸡炖蘑菇面		W040101004	101 g		袋	箱	24	650	450	50	340					
10	9	6903252610790	康师傅鲜虾鱼板面		W040101005	100 g		袋	箱	24	350	200	120	460					
11	10	6902265310259	海天金标蚝油		W030201001	265 g		瓶	箱	20	100	250	80	190					
12	11	6902265360018	海天上等蚝油		W030202002	700 g		瓶	箱	12	800	600	500	600					
13	12	6902265128717	海天香菇老抽		W030202003	1.28 L		瓶	箱	6	300	250	120	350					
14	13	6902265115496	海天香醋		W030202004	445 mL		瓶	箱	20	580	500	250	450					
15	14	6902265170198	海天鲜味生抽		W030202005	1.9 L		瓶	箱	6	3500	4000	3880	4500					
16	15	6922130119017	太太乐蔬之鲜		W030201001	400 g		袋	箱	24	4600	5000	5600	6000					
17	16	6922130114065	太太乐蘑菇精调味料		W030201002	400 g		袋	箱	24	600	560	620	650					
18	17	6922130105247	太太乐味精		W030201003	1000 g		袋	箱	24	5500	4800	5400	5680					
19	18	6922130103014	太太乐增鲜味精		W030201004	500 g		袋	箱	24	550	450	570	650					
20	19	6901668054821	卡夫奥利奥饼干		W010201001	316 g		盒	箱	24	450	230	100	450					
21	20	6901668054135	卡夫奥利奥夹心饼干		W010201002	319 g		袋	箱	24	3400	2500	6000	3400					
22	21	6901668053633	卡夫奥利奥双心脆威化		W010201003	14.5 g		盒	箱	24	550	300	800	340					
23	22	6901668054395	卡夫巧克力棒		W010201004	256 g		盒	箱	24	200	120	560	300					
24	23	6941727126341	超级维体		W020105001	500 mL		瓶	箱	24	560	450	550	100					
25	24	6941727156341	港式奶茶		W020106001	270 mL		瓶	箱	24	500	200	800	650					
26	25	6941727131756	黑乌龙茶		W020103001	1.25 L		瓶	箱	12	80	100	90	69					
27	26	6941727145842	利趣咖啡		W020103002	310 mL		听	箱	24	45	20	50	34					
28	27	6941727154865	沁柠水		W020105002	550 mL		瓶	箱	24	55	45	23	45					
29	28	6902022136627	蓝月亮宝宝专用洗衣液		W110208001	1 kg		瓶	箱	12	68	145	150	60					
30	29	6902022137273	蓝月亮亮白增艳洗衣液		W110208002	3 kg		瓶	箱	6	1500	1200	100	750					
31	30	6902022131745	蓝月亮绿色柔顺剂		W110202001	3 kg		瓶	箱	6	34	45	65	23					

（3）利用 Excel 的计算功能计算每一种商品全年的出库“总销量”。

$$第\ J\ 个商品的“总销量” = \sum_{i=1}^{4} 销售量\ i(i\ 表示季度)$$

（4）利用 Excel 的计算功能计算所有商品的出库“总销量”之和。

（5）利用 Excel 的计算功能将各商品按其出库“总销量”从大到小的顺序（降序）重新排列。

（6）利用 Excel 的计算功能计算各商品的“出库总量百分比”。

$$第\ J\ 个商品的“出库总量百分比” = \frac{第\ J\ 个商品的“总销量”}{所有商品出库“总销量”之和} \times 100\%$$

（7）利用 Excel 的计算功能计算各商品的“出库总量累计百分比”。

$$第J个商品的“出库总量累计百分比” = \sum_{i=1}^{J} 第i个商品的出库总量百分比$$

$$= 第(J-1)个商品的“出库总量累计百分比” + 第J个商品的“出库总量百分比”$$

$$(i \leqslant J，i、J都是序号)$$

（8）利用 Excel 的计算功能计算各商品的“商品品目累计百分比”。

$$第J个商品的“商品品目累计百分比” = \sum_{i=1}^{J} J \times \frac{1}{30} \times 100\%$$

$$= \frac{1}{30} \times 100\% + 第(J-1)个商品的“商品品目累计百分比”$$

（9）分类及储存策略。

①A 类：

商品品目累计百分比为 0%～15%；

出库总量累计百分比为 0%～70%。

②B 类：

商品品目累计百分比为 15%～40%；

出库总量累计百分比为 70%～90%。

③C 类：

商品品目累计百分比为 40%～100%；

出库总量累计百分比为 90%～100%。

所以，可以利用 Excel 的判别函数 IF（判别条件，条件成立结果，条件不成立结果）和“与”函数 AND（数据 1，数据 2）将上述分类原则信息化（用 Excel 的语言来表达）。

（10）应用 Excel 的查找函数 VLOOKUP（查找目标，查找区域，查找位置（列），查找精度要求），对将入库上架的 6 种商品进行 ABC 分类匹配。

（11）根据储存策略，为将入库上架的 6 种商品指定库位。

4层	C	C	C	C	C	C	C	C	C	C
3层	A	A	A	A	A	A	A	A	A	A
2层	B	B	B	B	B	B	B	B	B	B
1层	C	C	C	C	C	C	C	C	C	C
	1列	2列	3列	4列	5列	6列	7列	8列	9列	10列

过程考核评价

<table>
<tr><th colspan="7">项目二　仓储货物的 ABC 分类计算</th></tr>
<tr><td colspan="2">学员姓名</td><td>学号</td><td>班级</td><td colspan="2">日期</td><td></td></tr>
<tr><td>项目</td><td>考核项目</td><td>考核要求</td><td>配分</td><td>评分标准</td><td>得分</td><td></td></tr>
<tr><td rowspan="2">知识目标</td><td>ABC 库存分类管理法的原理</td><td>（1）理解 ABC 分类依据；
（2）理解 ABC 库存分类管理法在库存管理中的应用</td><td>15 分</td><td>ABC 库存分类依据叙述不清楚，扣 5 分</td><td></td><td></td></tr>
<tr><td>ABC 库存分类管理法的实施步骤</td><td>掌握 ABC 库存分类管理法的实施步骤</td><td>15 分</td><td>ABC 库存分类管理法实施步骤叙述不清楚，扣 5 分</td><td></td><td></td></tr>
<tr><td>能力目标</td><td>按库位编码方法为每一库位编制编码</td><td>（1）能熟练应用 Excel 制作表格并进行相关计算；
（2）能正确计算“商品品目累计百分比”“出库总量累计百分比”；
（3）能根据计算结果按照 ABC 库存分类管理法对商品进行分类</td><td>50 分</td><td>（1）不会使用 Excel 制作表格，扣 5 分；
（2）不会使用 Excel 进行 ABC 库存分类管理法相关数据计算，扣 5 ~ 10 分；
（3）不能正确按照 ABC 库存分类管理法对商品进行分类，扣 5 ~ 10 分</td><td></td><td></td></tr>
<tr><td rowspan="2">过程方法及社会能力</td><td>过程方法</td><td>（1）学会自主发现、自主探索的学习方法；
（2）学会在学习中反思、总结，调整自己的学习目标，在更高水平上获得发展</td><td>10 分</td><td>能在工作中反思，有创新见解，有自主发现、自主探索的学习方法，酌情得 5 ~ 10 分</td><td></td><td></td></tr>
<tr><td>社会能力</td><td>小组成员间团结协作共同完成工作任务，培养良好的职业素养（如保持工位卫生等）</td><td>10 分</td><td>（1）小组分工不明确扣 3 分；
（2）工位卫生情况差扣 3 分</td><td></td><td></td></tr>
<tr><td colspan="2">实训总结</td><td colspan="5">完成本项学习任务的体会（学到哪些知识，掌握哪些技能，有哪些收获）：</td></tr>
<tr><td colspan="2">得分</td><td colspan="5"></td></tr>
</table>

经验总结

擅长的方面

需要改进和加强的方面

项目三　仓储货物的ABC分类存储实操

任务描述

在项目二的基础上，将商品按ABC分类储存的要求一一上架至相应的库位内，并利用RF手持终端实时反馈上架商品的库位信息。

本部分实验分组进行，3人一组，其中一人担任组长，一人担任信息员，一人担任仓管人员。组长负责用RF手持终端对组员的作业过程进行计时，并实时反馈给后台管理系统，以便计算。

信息员首先用条形码打印机按商品销售出库量统计报表（表3－5）中所列的物流编码，用Code128码为每一箱商品制作一个内部物流编码，并交仓管员（如果模拟商品已粘贴有相关编码标签，则无须重复作业），然后在后台管理系统的库存信息中清空库存（库位），为实验顺利开展做好准备。

仓管员首先向指导老师领取30个包装纸箱，将制作好的物流编码粘贴于相应包装纸箱上（如果包装纸箱上已粘贴有相关编码标签，则无须重复作业），然后清空货架上的储存货物。

实施过程

（1）登录“物流管理信息化执行系统”。双击电脑桌面“物流管理实践登录”软件的图标，依次将登录人员身份信息，如“年级”“班级”“用户编号”“密码”等输入进去，然后点击“登录”按钮。

（2）进入“物流管理信息化执行系统”后，在页面左侧选择“实验九”→“仓库信息管理”，设置仓库区数为1，仓库列数为10，仓库层数为4，点击“重新建立库区”按钮。

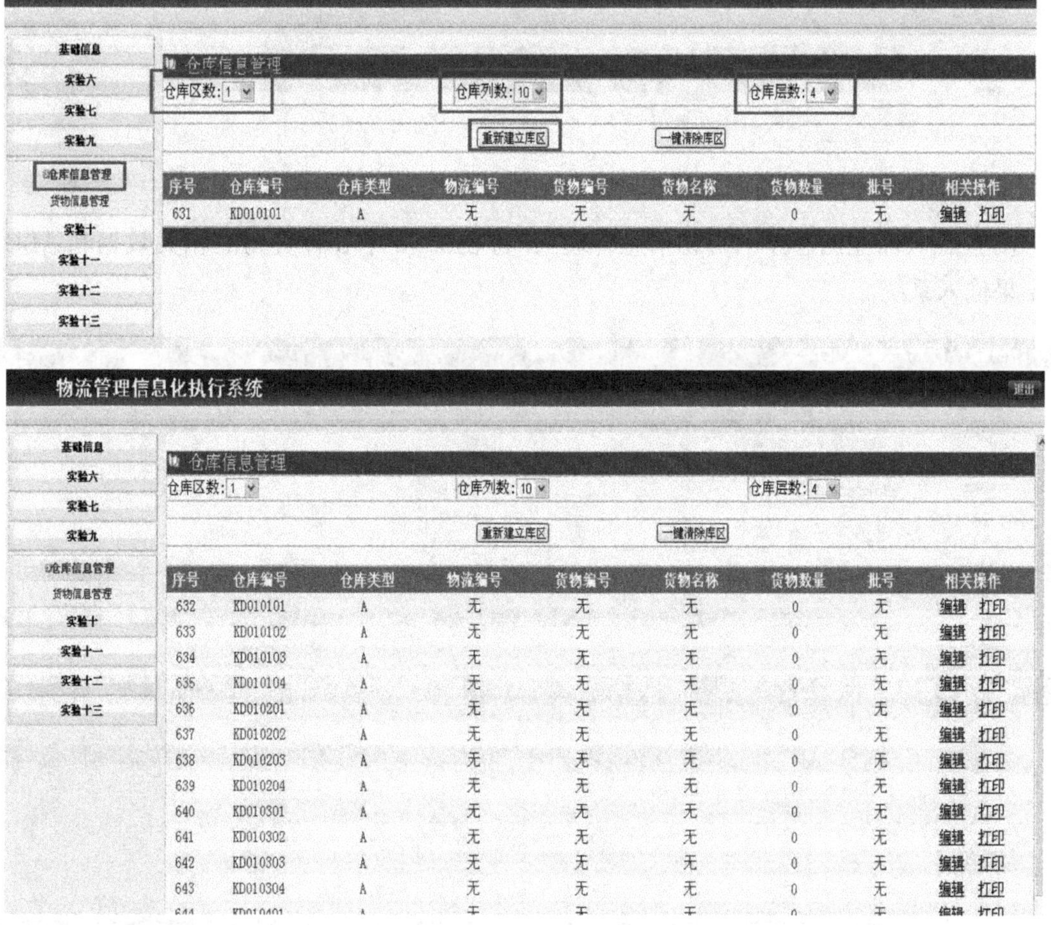

（3）按照 ABC 分类储存策略设置仓库类型。点击“编辑”按钮，给所有库位设置仓库类型。

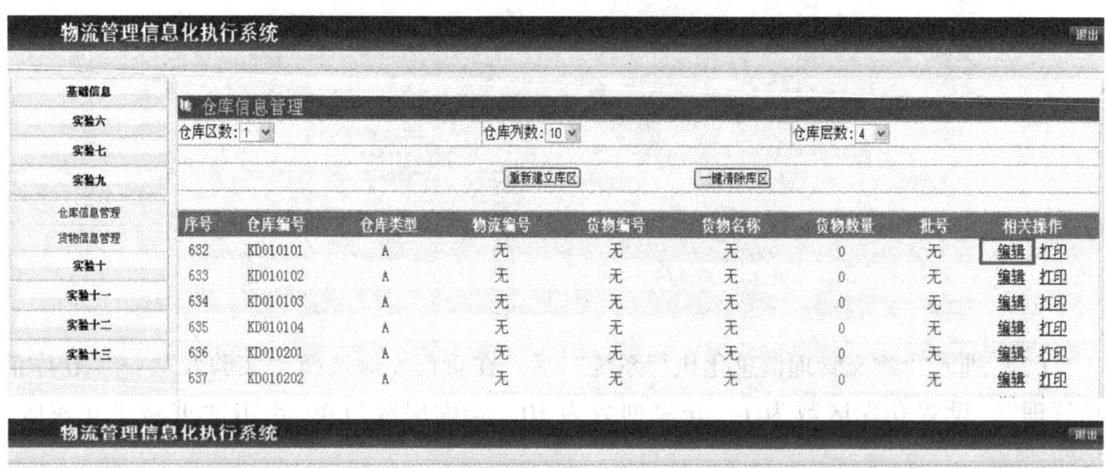

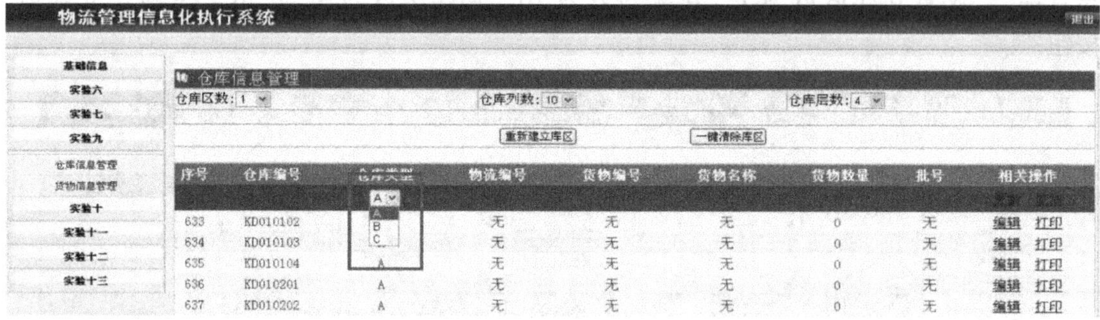

（4）在页面左侧选择“货物信息管理”，将表 3－2 中 6 种货物的相关数据和 ABC 分类结果输入系统。

（5）使用 RF 手持终端，扫描商品条形码，按 RF 手持终端指示的库位将货物放入指定货架。

①打开 RF 手持终端，双击物流管理信息化软件的图标。

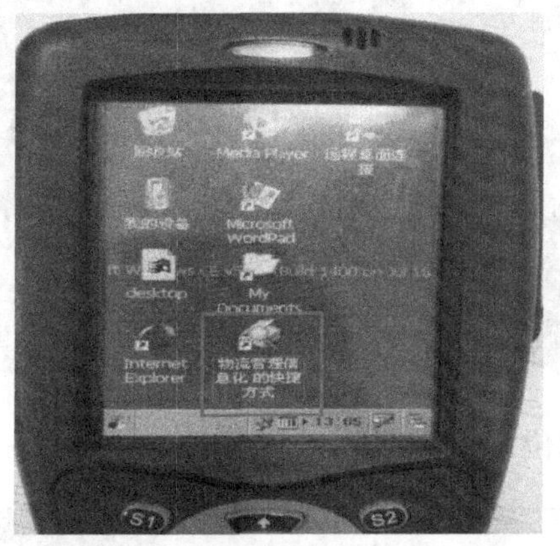

②选择年级和班级，输入用户编号和密码，点击“登录”按钮，选择“选择条码扫描”，进入实验九。

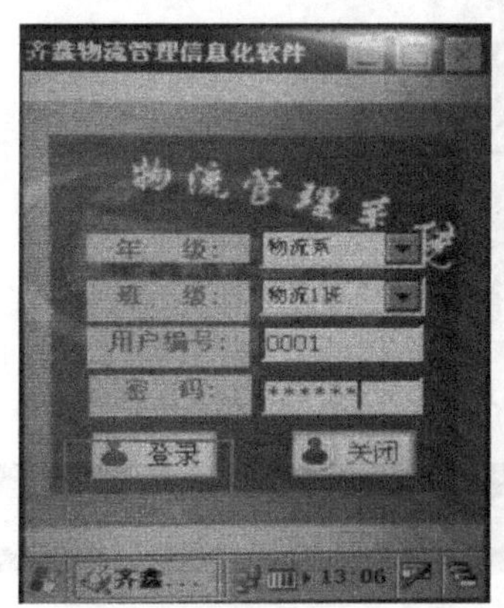

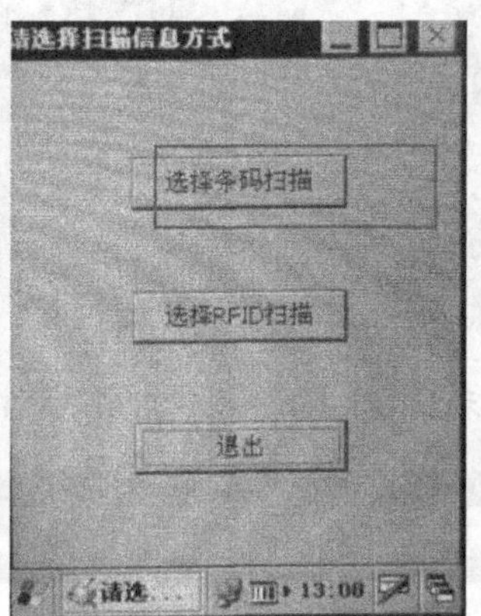

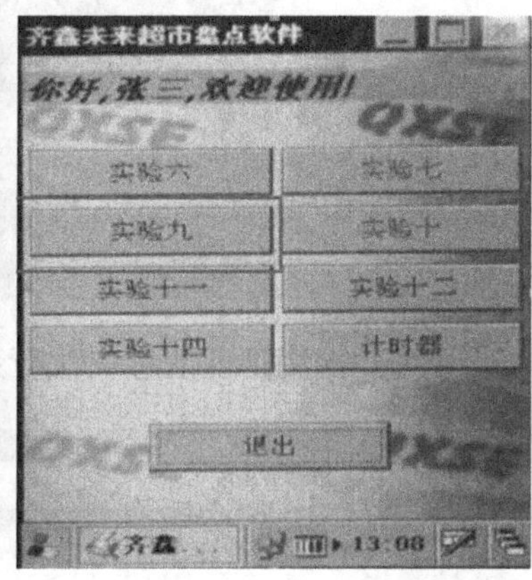

③扫描商品物流编码，点击“验证物流编码”按钮，核对产品名称及数量，注意商品存放库位的类型。

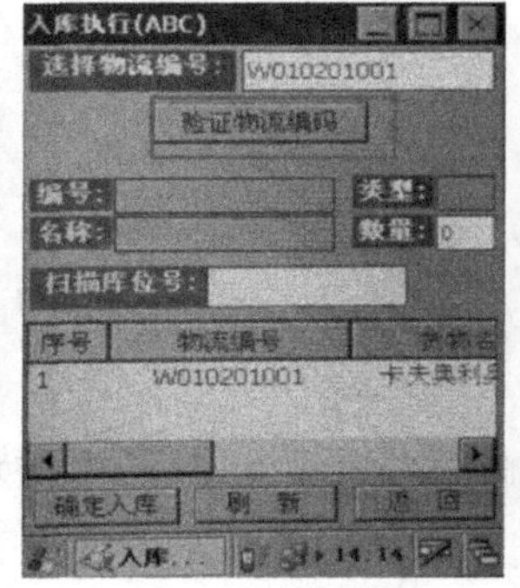

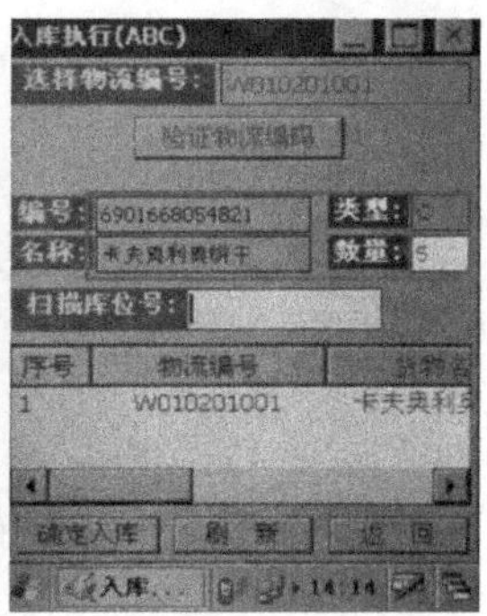

④按 ABC 库位分配策略选择合适的库位，扫描库位号，点击“确定入库”按钮，系统将弹出“入库成功”的提示。

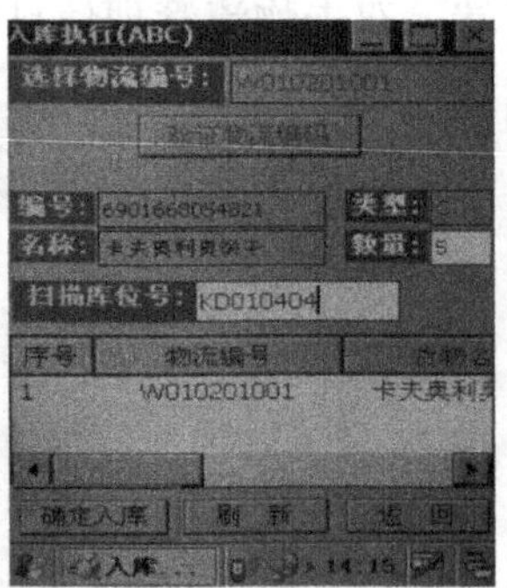

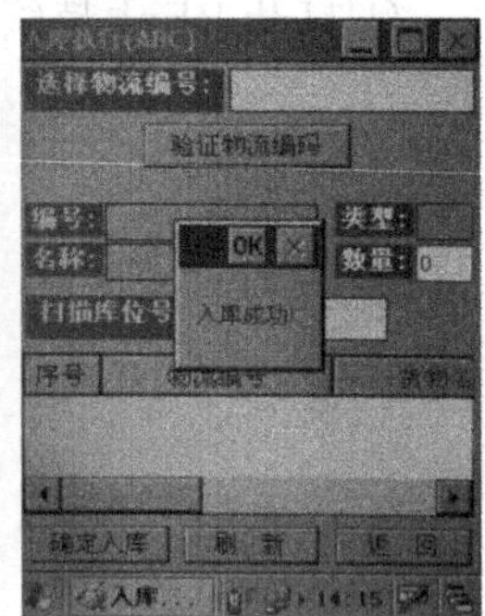

⑤将货物放入规定的库位内。

⑥返回“物流管理信息化执行系统”，选择“仓库信息管理”，查看货物存放情况。

物流管理信息化执行系统

基础信息 / 实验六 / 实验七 / 实验九 / 仓库信息管理 / 货物信息管理 / 实验十 / 实验十一 / 实验十二 / 实验十三

仓库信息管理

仓库区数: 1　仓库列数: 1　仓库层数: 1

重新建立库区　一键清除库区

序号	仓库编号	仓库类型	物流编号	货物编号	货物名称	货物数量	批号	相关操作
591	KD010101	C	无	无	无	0	无	编辑 打印
592	KD010102	B	无	无	无	0	无	编辑 打印
593	KD010103	A	无	无	无	0	无	编辑 打印
594	KD010104	C	无	无	无	0	无	编辑 打印
595	KD010201	C	无	无	无	0	无	编辑 打印
596	KD010202	B	无	无	无	0	无	编辑 打印
597	KD010203	A	无	无	无	0	无	编辑 打印
598	KD010204	C	无	无	无	0	无	编辑 打印
599	KD010301	C	无	无	无	0	无	编辑 打印
600	KD010302	B	无	无	无	0	无	编辑 打印
601	KD010303	A	无	无	无	0	无	编辑 打印
602	KD010304	C	无	无	无	0	无	编辑 打印
603	KD010401	C	无	无	无	0	无	编辑 打印
604	KD010402	B	无	无	无	0	无	编辑 打印
605	KD010403	A	无	无	无	0	无	编辑 打印
606	KD010404	C	W010201001	6901668054821	卡夫奥利奥饼干	5	20141008	编辑 打印
607	KD010501	C	无	无	无	0	无	编辑 打印
608	KD010502	B	无	无	无	0	无	编辑 打印

⑦按照步骤③至⑥的顺序，将表 3－2 中的所有货物按规定策略放入货架。

过程考核评价

<table>
<tr><th colspan="7">项目三　仓储货物的 ABC 分类存储实操</th></tr>
<tr><td colspan="2">学员姓名</td><td>学号</td><td></td><td>班级</td><td>日期</td><td></td></tr>
<tr><td>项目</td><td>考核项目</td><td>考核要求</td><td>配分</td><td>评分标准</td><td colspan="2">得分</td></tr>
<tr><td rowspan="2">知识目标</td><td>ABC 库存分类管理法的原理</td><td>（1）理解 ABC 分类依据；
（2）理解 ABC 库存分类管理法在库存管理中的应用</td><td>15 分</td><td>ABC 分类依据叙述不清楚，扣 5 分</td><td colspan="2"></td></tr>
<tr><td>ABC 库存分类管理法实施步骤</td><td>掌握 ABC 库存分类管理法实施步骤</td><td>15 分</td><td>ABC 库存分类管理法实施步骤叙述不清楚，扣 5 分</td><td colspan="2"></td></tr>
<tr><td rowspan="3">能力目标</td><td>为每一箱商品制作物流编码</td><td>（1）商品物流编码符合分类规则；
（2）商品物流编码符合编码原则</td><td>10 分</td><td>（1）物流编码不符合分类规则，每错一项扣 5 分；
（2）物流编码不符合编码原则，每错一项扣 2 分</td><td colspan="2"></td></tr>
<tr><td>将商品分类结果录入系统</td><td>（1）通过物流管理软件设置仓库信息；
（2）将表 3－2 中的商品数据和 ABC 分类结果正确输入系统</td><td>20 分</td><td>（1）仓库信息设置不正确，扣 5 分；
（2）商品信息录入不正确，扣 5 分；
（3）分类结果录入不正确，扣 5 分</td><td colspan="2"></td></tr>
<tr><td>将商品上架至相应库位</td><td>使用 RF 手持终端，扫描商品条形码，按 RF 手持终端指示的库位将货物放入指定货架</td><td>20 分</td><td>（1）库位类型设置不正确，扣 5 分；
（2）商品放置库位不正确，扣 5 分</td><td colspan="2"></td></tr>
<tr><td rowspan="2">过程方法及社会能力</td><td>过程方法</td><td>（1）学会自主发现、自主探索的学习方法；
（2）学会在学习中反思、总结，调整自己的学习目标，在更高水平上获得发展</td><td>10 分</td><td>能在工作中反思，有创新见解，有自主发现、自主探索的学习方法，酌情得 5～10 分</td><td colspan="2"></td></tr>
<tr><td>社会能力</td><td>小组成员间团结协作共同完成工作任务，培养良好的职业素养（如保持工位卫生等）</td><td>10 分</td><td>（1）小组分工不明确扣 3 分；
（2）工位卫生情况差扣 3 分</td><td colspan="2"></td></tr>
<tr><td colspan="2">实训总结</td><td colspan="5">完成本项学习任务的体会（学到哪些知识，掌握哪些技能，有哪些收获）：</td></tr>
<tr><td colspan="2">得分</td><td colspan="5"></td></tr>
</table>

经验总结

擅长的方面

需要改进和加强的方面

学习任务四

拣选作业管理

04

任务引入

拣选作业是配送中心根据客户提供的订货单或配送计划中的商品品名、数量和储位地址，将商品从货垛或货架上取出，搬运到理货场所，以备配货、送货。

拣选作业的目的在于正确而迅速地集合客户所订购的货物。要达到这一目的，必须根据订单选择合适的拣选设备，按拣选作业过程的实际情况运用一定的方法策略组合，采取切实可行且高效的拣选方式，提高拣选效率，将各项作业时间缩短，提高作业速度与能力。同时，尽量避免出现错误，降低成本。

在仓库内部涉及的作业中，拣选作业是十分重要的一环，它不但消耗大量的人力物力，而且所涉及的作业的技术含量也是最高的。拣货信息来源于客户的订单。

拣选作业分为两部分内容：信息处理和选货作业。在传统的货物拣选系统中，一般使用书面文件记录货物数据，拣货时根据书面的提货通知单，查找货物数据，通过人工搜索完成货物的提取。

在传统的货物拣选系统中，制作书面文件、查找书面文件、人工搬运货物等耗费了巨大的人力物力，而且严重影响了物流的作业效率。

随着竞争的加剧，人们对物流的作业效率的要求越来越高，传统的货物拣选流程已经远远不能满足现代化物流管理的需要。结合有效的吞吐量，建立一个先进的货物拣选系统，不但可以节省大量的成本，而且可以大大提高工作效率，显著降低工人的劳动强度，提高客户的满意率。高自动化的货物拣选系统完全改变了使用书面文件完成货物分拣的传统方法，可以快速完成提取货物、补充货物等工作。

任务要求

(1) 了解“订单处理”的作业内容。

(2) 掌握“按单拣选”的基本概念和操作方法。

(3) 了解摘取式分拣的基本作业流程。

(4) 掌握利用 Excel 的功能实现“先进先出”拣选的方法。

(5) 掌握通过软件进行按单拣选操作。

任务内容

（1）通过 Excel 的功能实现“先进先出”拣选的方法。

（2）通过 Excel 生成按单拣选信息。

（3）通过物流管理软件进行按单拣选作业的实施。

任务实施

本任务主要以昌盛商贸批发公司为例，对公司先后收到的 6 个客户的采购订单进行分析处理，了解订单处理的作业内容，生成按单拣选信息，并据此进行按单拣选操作。

本任务具体由三个项目来实现。

项目一　生成按单拣选信息

项目二　按单拣选操作

项目三　基于订单分批策略的批量拣选作业

项目一　生成按单拣选信息

任务描述

昌盛商贸批发公司是一家经营食品和百货批发的企业，长期从事向各新老客户提供各种食品和生活洗涤用品的批发和物流配送服务。某天，公司先后收到来自 6 个客户的采购订单（见表 4－1 至表 4－6 所示），要求公司根据订单信息尽快安排按时送货上门。

表 4－1　1 号订单

订单　单号 No：

订货人		客户 1	客户类型	A	缺货处理	按实际分配量送货，无须补货	联系电话	××××××××
送货地址		××××××××××××××××			发货方式	送货上门	交货时间	2014. 9. 12　10:00—12:00
序号	商品编码	商品名称	规格型号	单位	订购数量	单价（元）	金额（元）	备注
1	6903252061017	康师傅红烧牛肉面	100 g	袋	100	2. 80	280. 00	
2	6948195800194	金龙鱼大豆油	5 L	瓶	24	55. 00	1 320. 00	
3	6948195810155	金龙鱼菜籽油	5 L	瓶	36	60. 00	2 160. 00	
4	6902265310259	海天金标蚝油	265 g	瓶	50	18. 00	900. 00	
5	6922130105247	太太乐味精	1 000 g	袋	50	45. 00	2 250. 00	

表4-2　2号订单

订单　单号 No：

订货人		客户2	客户类型	A	缺货处理	按实际分配量送货，需再补货	联系电话	××××××××
送货地址		××××××××××××××××			发货方式	送货上门	交货时间	2014.9.12　10:00—12:00

序号	商品编码	商品名称	规格型号	单位	订购数量	单价(元)	金额(元)	备注
1	6948195810155	金龙鱼菜籽油	5 L	瓶	18	60.00	1 080.00	
2	6903252610790	康师傅鲜虾鱼板面	100 g	袋	100	3.00	300.00	
3	6903252061017	康师傅红烧牛肉面	100 g	袋	50	2.80	140.00	
4	6901668054821	卡夫奥利奥饼干	316 g	盒	100	10.5	1 050.00	
5	6902022137518	蓝月亮手洗专用洗衣液	1 kg	瓶	50	35.00	1 750.00	

表4-3　3号订单

订单　单号 No：

订货人		客户3	客户类型	C	缺货处理	按实际分配量送货，需再补货	联系电话	××××××××
送货地址		××××××××××××××××			发货方式	送货上门	交货时间	2014.9.12　10:00—12:00

序号	商品编码	商品名称	规格型号	单位	订购数量	单价(元)	金额(元)	备注
1	6902022137518	蓝月亮手洗专用洗衣液	1 kg	瓶	50	35.00	1 750.00	
2	6902022137273	蓝月亮亮白增艳洗衣液	3 kg	瓶	20	55.00	1 100.00	
3	6941727156341	港式奶茶	270 mL	瓶	100	3.50	350.00	
4	6941727145842	利趣咖啡	310 mL	瓶	100	3.20	320.00	
5	6902265310259	海天金标蚝油	265 g	瓶	50	18.00	900.00	

表4-4　4号订单

订单　单号 No：

订货人		客户4	客户类型	C	缺货处理	按实际分配量送货，需再补货	联系电话	××××××××
送货地址		××××××××××××××××			发货方式	送货上门	交货时间	2014.9.12　10:00—12:00

序号	商品编码	商品名称	规格型号	单位	订购数量	单价(元)	金额(元)	备注
1	6903252061017	康师傅红烧牛肉面	100 g	袋	50	2.80	140.00	
2	6941727156341	港式奶茶	270 mL	瓶	50	3.50	175.00	
3	6941727145842	利趣咖啡	310 mL	瓶	80	3.20	256.00	
4	6902265310259	海天金标蚝油	265 g	瓶	50	18.00	900.00	
5	6902022137273	蓝月亮亮白增艳洗衣液	3 kg	瓶	30	55.00	1 650.00	

表4-5 5号订单

订单 单号 No：

订货人		客户5	客户类型	A	缺货处理	按实际分配量送货，无须补货	联系电话	××××××××
送货地址		×××××××××××××××			发货方式	送货上门	交货时间	2014.9.12 10:00—12:00
序号	商品编码	商品名称	规格型号	单位	订购数量	单价（元）	金额（元）	备注
1	6901668054821	卡夫奥利奥饼干	316 g	盒	100	10.50	1 050.00	
2	6901668054395	卡夫巧克棒	256 g	盒	200	9.60	1 920.00	
3	6941727154865	沁柠水	550 mL	瓶	150	4.20	630.00	
4	6941727156341	港式奶茶	270 mL	瓶	50	3.50	175.00	
5	6941727145842	利趣咖啡	310 mL	瓶	80	3.20	256.00	

表4-6 6号订单

订单 单号 No：

订货人		客户6	客户类型	B	缺货处理	按实际分配量送货，无须补货	联系电话	××××××××
送货地址		×××××××××××××××			发货方式	送货上门	交货时间	2014.9.12 10:00—12:00
序号	商品编码	商品名称	规格型号	单位	订购数量	单价（元）	金额（元）	备注
1	6941727154865	沁柠水	550 mL	瓶	100	4.20	420.00	
2	6941727156341	港式奶茶	270 mL	瓶	50	3.50	175.00	
3	6903252061017	康师傅红烧牛肉面	100 g	袋	20	2.80	56.00	
4	6948195810155	金龙鱼菜籽油	5 L	瓶	10	60.00	600.00	
5	6948195800194	金龙鱼大豆油	5 L	瓶	24	55.00	1 320.00	

现假定已对6张订单进行了资料确认、存货查询、汇总分类与调拨等订单处理工作。那么，按一般仓储管理作业流程，接下来要做的工作如下。

根据“按单拣货”的工作原理，采用“作业区域划分”和“订单分割”的拣选策略，在“先进先出”的拣货原则指导下，制作与订单对应的且又可以高效引导现场作业人员“多快好省”地进行拣货作业的电子拣货信息和纸质拣货单。

本任务一人一组，要求每名学生各自独立完成生成“按单拣选”信息的作业，将6张订单按顺序排列，然后依次拿取一份订单，并重复6次生成“按单拣选”信息的作业。

背景知识储备

一、拣选作业流程

根据拣选作业动作可以归纳分析出完整的拣选流程，具体如下。

1. 生成拣选信息

拣选作业开始前，必须根据订单生成指示拣选作业的单据和信息。虽然有些配送中心直接将订单或公司的交货单作为人工拣选的工作单，但这些单据无法标示出产品的货位，指导拣货员缩短拣选路径，所以必须将原始的订单转换成拣选单或电子信息，以方便拣货员或自动拣取系统进行更有效的拣选作业。

2. 查找

如上一步已由仓库管理系统生成包含货位信息的拣选资料，或者有电子标签显示货位信息，则查找作业实施起来会很容易。否则必须采用规范的货位设置与管理方法，才能简化查找流程。

3. 行走

在进行拣选作业时人员移动最频繁，按行走时有无货物可分为行走和搬运。进行拣选时，要拣取的货物必须出现在拣货员面前才行，这可以由“人至货”和“货至人”两类不同的方式来实现。

4. 提取

当货物出现在拣货员面前后，接下来的动作就是接近货物、抓取与确认。确认的目的是为了确定抓取的物品、数量与指示拣选的信息相同。实际作业时通常由拣货员读取商品品名并与拣选单对比，或通过电子标签确认，更先进的方法是利用无线传输终端读取条形码，再由计算机进行对比，或采用货品重量检测的方式。准确的确认动作可大幅度降低拣选的错误率，同时也比出库验货作业时发现问题更及时有效。

5. 分类与集中

由于拣选策略的不同，拣取出的货品可能还需要按订单类别进行分类与集中，拣选作业到此告一段落。分类完成后的每一批订单的类别和货品经过检验、包装等作业后发货出库。

6. 文件处理

手工完成拣选作业并核对无误后，还需要作业者在相关单据上签字确认，在提取时已采用电子确认方式的，就由计算机进行处理了。

二、订单处理

订单处理是指从接到客户订单开始到准备着手拣货之间的作业阶段，包括有关客户和订单的资料的确认、存货查询与分配、单据处理等工作。订单处理是物流中心出货作业的起始，其效率和准确性都将对后续作业产生至关重要的影响。订单处理可以通过人工或处理系统来完成。在订单处理过程中，首先需要确认品项数量及发货日期、客户信用情况、订单形态、价格、加工包装要求等信息；其次要设定订单号，进行存货查询并依单分配存货，计算拣取的时间标准，依订单排定出货时程；再次要处理订货信息差错、存货不足等异常情况；最后输出形成拣货单、送货单、缺货资料等。

1. 存货查询及存货分配

1）存货查询

此程序在于确认存货是否能够有效满足客户需求，通常称为预拣货。存货档的资料一般包括品项名称、SKU（stock keeping unit，库存量单位）号码、产品描述、存库量、已分配存货、有效存货及期望存货时间。

2）存货分配

（1）存货分配方式。订单资料输入系统并确认无误后，最主要的作业任务是将大量的订货资料以最有效的方式汇总分类并据此调拨库存，以便后续的物流作业能有效进行。

存货的分配模式可分为单一订货分配及批次分配两种。单一订货分配即在输入订单资料时就将存货分配给订单。采取批次分配时，需注意订单的分批原则，即批次的划分方法。常见的方法有按接单时序、配送区域与路径、流通加工要求以及车辆要求等进行分批。

（2）存货分配原则。以批次分配选定参与分配的订单后，如果订单中的某种商品总出货量大于可分配的库存量，则可依据如下原则来决定客户订购的优先性。

① 具特殊优先权者先分配，如交货期限优先订单、上一次未完成的订单等。

② 依客户等级对重要性程度高的客户的订单优先分配。可对客户进行 ABC 分类，确定客户类型。

③ 依订单交易量或交易金额来取舍，对公司贡献度大的订单优先处理。

④ 依客户信用状况对信用较好的客户的订单优先处理。

2. 计算拣选的时间标准

由于要有计划地安排出货时程，因而对于每一订单或每批订单可能花费的拣选时间应事先有所规划，即要计算订单拣选的时间标准。

3. 依订单排定出货时程及拣货顺序

虽然前面已经根据存货状况对存货进行了分配，但对于已分配的存货订单，通常会再根据客户要求、拣选时间标准及内部工作负荷来拟定出货时程及拣货先后顺序。

4. 订单资料处理输出

订单资料经上述处理后，即可开始列印出货单据，以便展开后续的物流作业。出货单据包括拣货单（出库单）、送货单和缺货单等。

5. 缺货处理

若现有存货数量无法满足客户要求，且客户又不愿以替代品替代时，则应依客户意愿与公司政策来决定应对方式，如取消订单或延迟交货等。

6. 订单状况的报告

订单处理过程的最后环节是不断向客户报告订单处理过程中或货物交付过程中的延迟等问题，以确保为客户提供优质的服务。

三、拣选作业方式

商品拣选作业一般有四种方式，即按单拣选、批量拣选（将在此学习任务的项目三中做具体介绍）、整合按单拣选及复合拣选。这里重点介绍按单拣选。

1. 按单拣选

按单拣选（摘果法）是针对每一张订单进行作业，拣选人员或拣选工具巡回于各个存储点将客户订购的商品取出，完成货物配备的方式，是较传统的拣货方式。

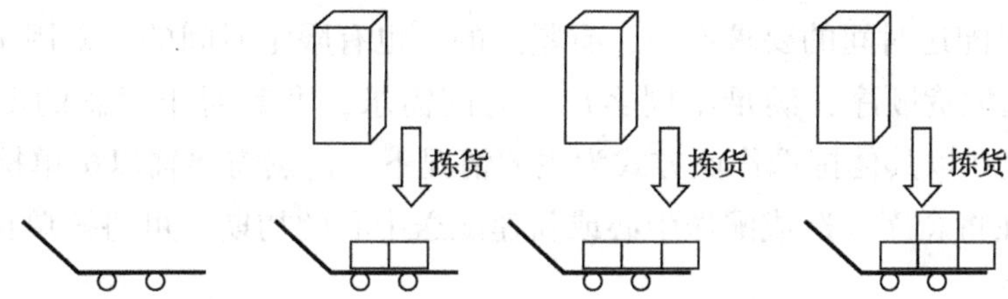

1）按单拣选的特点

（1）按单拣选，易于实施，而且配货准确度较高，不易出错。

（2）各客户订单之间相互没有约束，可以根据用户需求的紧急程度调整配货的先后次序。

（3）拣选完一张货单，货物便配齐，因此货物可以不再落地暂存，直接装上配送车辆，有利于简化工序，提高作业效率。

（4）客户数量不受限制，可在较大范围内波动，拣选作业人员数量也可随时调整，作业高峰时可临时增加作业人员，有利于开展即时配送。

（5）对机械化、自动化没有严格要求，不受设备水平限制。

2）按单拣选的优点

（1）作业方法单纯。

（2）订单处理前置时间短，针对紧急需求可快速拣选。

（3）导入容易且弹性大，对机械化、自动化没有严格要求。

（4）作业人员责任明确，派工容易、公平。

（5）拣货后不必再进行分拣作业，适用于大量、少品种订单。

3）按单拣选的缺点

（1）拣货区域大时，搬运系统设计困难。

（2）商品品种多时，拣货行走路径加长，拣货效率降低。

（3）少批量、多批次拣取时，会造成拣货路径重复，费时，效率降低。

4）按单拣选适用的情况

（1）客户不稳定，订货量波动较大，不能建立相对稳定的客户分货货位，难以建立稳定的分货线。在这种情况下，宜采用灵活机动的按单拣选方式，客户少时或很多时都可采取这种拣选方式。

（2）客户之间的共同需求不是主要的，而且有时其需求的差异很大。在这种情况下，统计客户的共同需求，将共同需求一次性取出再分给各客户的办法无法实行。在有共同需求，又有很多特殊需求的情况下，采取其他配货方式容易出现差错，而采取一票一拣的方式就便利得多。

（3）客户需求的种类太多，增加了统计和共同取货的难度，采取其他方式配货时间太长，而用按单拣选的方式配货能起到简化作用。

（4）客户对配送时间的要求不一，有紧急的，也有限定时间的。采用按单拣选方式可有效地调整拣选配货顺序，满足不同客户的时间需求，尤其对于紧急的即时需求更为有效。因此，即使在以其他拣选作业方式为主的情况下，仍然需要辅以按单拣选方式。

（5）一般在将仓库改造成配送中心或新建配送中心的初期，可将按单拣选方式作为一种过渡性的办法。

2. 整合按单拣选

整合按单拣选主要应用于一天中每一订单只有一种品项的场合，为了提高配送效率，将某一地区的订单整合成一张拣选单，做一次分拣后，集中捆包出库，这种方式属于按单拣选的一种变通形式。

3. 复合拣选

为提高拣选效率、降低成本，可根据按单拣选与批量拣选各自的适用范围，有机地将两者混用。例如，当储存区面积较大时，拣选作业中往返行走所费时间占很大比重，此时就不宜采用一人一单的拣选方法。如果适当分工，按商品的储区划分，每一拣选人员拣选订货单中的一部分，如将每一拣选人员的作业范围限定在一层库房、一个仓间或几行货架之中，既能减少拣选人员的往返之劳，又能使其驾轻就熟，使整个作业过程事半功倍。几个拣选人员所费工时之和往往低于一个人拣选的总工时。

四、拣选单位

拣选单位是指拣货作业中拣取货物的包装单位。订货单位合理化主要是指避免过小单位出现在订单中，有利于减少作业量与误差，如订货的最小单位是箱，则不要以单品为拣货单位。

拣选单位通常有以下四种。

（1）单件：单件商品被包装成独立单元，以该单元为拣选单位，是拣货的最小单位。

（2）箱：由单件装箱而成，拣货过程以箱为拣选单位。

（3）托盘：由箱堆码在托盘上集合而成，经托盘装载后加固。每托盘堆码数量固定，拣货时以整个托盘为拣选单位。

（4）特殊物品：体积过大，形状特殊，或必须在特殊情况下作业的货物，如桶装液体、袋装颗粒、冷冻食品等，拣货时以特定包装形式和包装单位为准。

实施过程

（1）通过 Excel 的“排序”功能将库存信息表中的商品按商品编码、商品名称、批号进行升序排列。

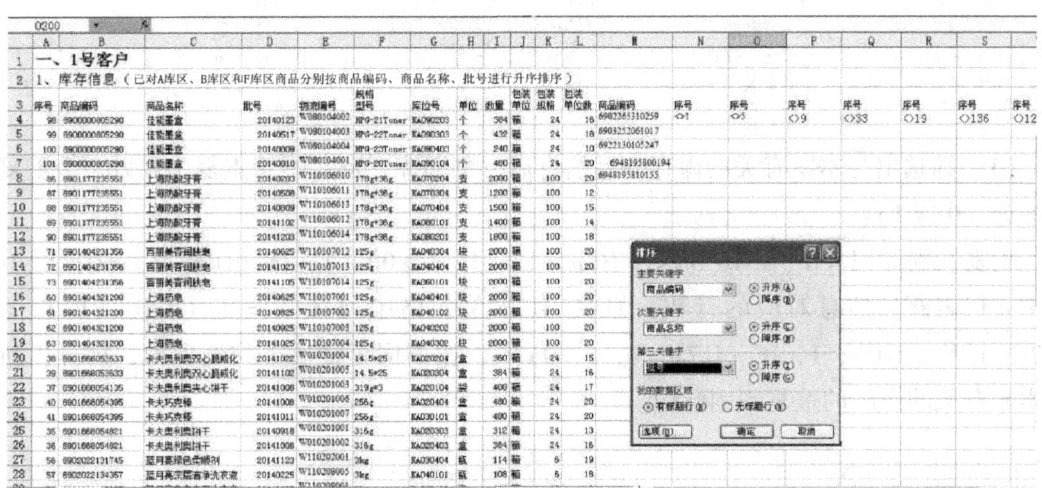

O200

	A	B	C	D	E	F	G	H	I	J	K	L	M	N	O	P	Q	R	S	
1	一、1号客户																			
2	1、库存信息（已对A库区、B库区和F库区商品分别按商品编码、商品名称、批号进行升序排序）																			
3	序号	商品编码	商品名称	批号	物流编号	规格型号	库位号	单位	数量	包装单位	包装规格	包装单位数	商品编码	序号	序号	序号	序号	序号	序号	序号
4	98	6900000805290	佳能墨盒	20140123	W080104002	HPG-21Toner	KA090203	个	384	箱	24	16	6902265310259	<>1	<>5	<>9	<>33	<>19	<>136	<>12
5	99	6900000805290	佳能墨盒	20140517	W080104003	HPG-22Toner	KA090303	个	432	箱	24	18	6903252061017							
6	100	6900000805290	佳能墨盒	20140809	W080104004	HPG-23Toner	KA090403	个	240	箱	24	10	6922130105247							
7	101	6900000805290	佳能墨盒	20140910	W080104001	HPG-20Toner	KA090104	个	480	箱	24	20	6948195800194							
8	86	6901177235551	上海防酸牙膏	20140203	W110106010	178g+38g	KA070204	支	2000	箱	100	20	6948195810155							
9	87	6901177235551	上海防酸牙膏	20140508	W110106011	178g+38g	KA070304	支	1200	箱	100	12								
10	88	6901177235551	上海防酸牙膏	20140809	W110106013	178g+38g	KA070404	支	1500	箱	100	15								
11	89	6901177235551	上海防酸牙膏	20141102	W110106012	178g+38g	KA080101	支	1400	箱	100	14								
12	90	6901177235551	上海防酸牙膏	20141203	W110106014	178g+38g	KA080201	支	1800	箱	100	18								
13	71	6901404231356	百丽美容润肤皂	20140625	W110107012	125g	KA040304	块	2000	箱	100	20								
14	72	6901404231356	百丽美容润肤皂	20141023	W110107013	125g	KA040404	块	2000	箱	100	20								
15	73	6901404231356	百丽美容润肤皂	20141105	W110107014	125g	KA050101	块	2000	箱	100	20								
16	60	6901404321200	上海药皂	20140625	W110107001	125g	KA040401	块	2000	箱	100	20								
17	61	6901404321200	上海药皂	20140825	W110107002	125g	KA040102	块	2000	箱	100	20								
18	62	6901404321200	上海药皂	20140925	W110107003	125g	KA040202	块	2000	箱	100	20								
19	63	6901404321200	上海药皂	20141025	W110107004	125g	KA040302	块	2000	箱	100	20								
20	38	6901668053633	卡夫奥利奥双心脆威化	20141022	W010201004	14.5*25	KA020204	盒	360	箱	24	15								
21	39	6901668053633	卡夫奥利奥双心脆威化	20141102	W010201005	14.5*25	KA020304	盒	384	箱	24	16								
22	37	6901668054135	卡夫奥利奥夹心饼干	20141008	W010201003	319g*3	KA020104	袋	408	箱	24	17								
23	40	6901668054395	卡夫巧克棒	20141008	W010201006	258g	KA020404	盒	480	箱	24	20								
24	41	6901668054395	卡夫巧克棒	20141011	W010201007	258g	KA030101	盒	480	箱	24	20								
25	35	6901668054821	卡夫奥利奥饼干	20140918	W010201001	316g	KA020303	盒	312	箱	24	13								
26	36	6901668054821	卡夫奥利奥饼干	20141008	W010201002	316g	KA020403	盒	384	箱	24	16								
27	56	6902022131745	蓝月亮绿色洗厕剂	20141123	W110202001	3kg	KA030404	瓶	114	箱	6	19								
28	57	6902022134357	蓝月亮深层香净洗衣液	20140225	W110209005	3kg	KA040101	瓶	108	箱	6	18								

（2）通过 Excel 的“高级筛选”功能从库存信息表中取出与本案有关的库存商品信息。

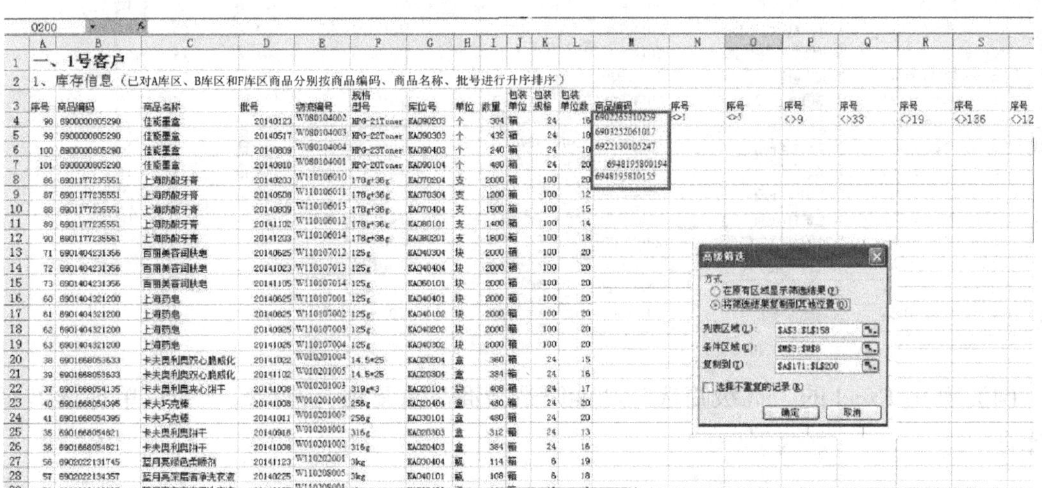

O200

	A	B	C	D	E	F	G	H	I	J	K	L	M	N	O	P	Q	R	S	
1	一、1号客户																			
2	1、库存信息（已对A库区、B库区和F库区商品分别按商品编码、商品名称、批号进行升序排序）																			
3	序号	商品编码	商品名称	批号	物流编号	规格型号	库位号	单位	数量	包装单位	包装规格	包装单位数	商品编码	序号	序号	序号	序号	序号	序号	序号
4	98	6900000805290	佳能墨盒	20140123	W080104002	HPG-21Toner	KA090203	个	384	箱	24	16	6902265310259	<>1	<>5	<>9	<>33	<>19	<>136	<>12
5	99	6900000805290	佳能墨盒	20140517	W080104003	HPG-22Toner	KA090303	个	432	箱	24	18	6903252061017							
6	100	6900000805290	佳能墨盒	20140809	W080104004	HPG-23Toner	KA090403	个	240	箱	24	10	6922130105247							
7	101	6900000805290	佳能墨盒	20140910	W080104001	HPG-20Toner	KA090104	个	480	箱	24	20	6948195800194							
8	86	6901177235551	上海防酸牙膏	20140203	W110106010	178g+38g	KA070204	支	2000	箱	100	20	6948195810155							
9	87	6901177235551	上海防酸牙膏	20140508	W110106011	178g+38g	KA070304	支	1200	箱	100	12								
10	88	6901177235551	上海防酸牙膏	20140809	W110106013	178g+38g	KA070404	支	1500	箱	100	15								
11	89	6901177235551	上海防酸牙膏	20141102	W110106012	178g+38g	KA080101	支	1400	箱	100	14								
12	90	6901177235551	上海防酸牙膏	20141203	W110106014	178g+38g	KA080201	支	1800	箱	100	18								
13	71	6901404231356	百丽美容润肤皂	20140625	W110107012	125g	KA040304	块	2000	箱	100	20								
14	72	6901404231356	百丽美容润肤皂	20141023	W110107013	125g	KA040404	块	2000	箱	100	20								
15	73	6901404231356	百丽美容润肤皂	20141105	W110107014	125g	KA050101	块	2000	箱	100	20								
16	60	6901404321200	上海药皂	20140625	W110107001	125g	KA040401	块	2000	箱	100	20								
17	61	6901404321200	上海药皂	20140825	W110107002	125g	KA040102	块	2000	箱	100	20								
18	62	6901404321200	上海药皂	20140925	W110107003	125g	KA040202	块	2000	箱	100	20								
19	63	6901404321200	上海药皂	20141025	W110107004	125g	KA040302	块	2000	箱	100	20								
20	38	6901668053633	卡夫奥利奥双心脆威化	20141022	W010201004	14.5*25	KA020204	盒	360	箱	24	15								
21	39	6901668053633	卡夫奥利奥双心脆威化	20141102	W010201005	14.5*25	KA020304	盒	384	箱	24	16								
22	37	6901668054135	卡夫奥利奥夹心饼干	20141008	W010201003	319g*3	KA020104	袋	408	箱	24	17								
23	40	6901668054395	卡夫巧克棒	20141008	W010201006	258g	KA020404	盒	480	箱	24	20								
24	41	6901668054395	卡夫巧克棒	20141011	W010201007	258g	KA030101	盒	480	箱	24	20								
25	35	6901668054821	卡夫奥利奥饼干	20140918	W010201001	316g	KA020303	盒	312	箱	24	13								
26	36	6901668054821	卡夫奥利奥饼干	20141008	W010201002	316g	KA020403	盒	384	箱	24	16								
27	56	6902022131745	蓝月亮绿色洗厕剂	20141123	W110202001	3kg	KA030404	瓶	114	箱	6	19								
28	57	6902022134357	蓝月亮深层香净洗衣液	20140225	W110209005	3kg	KA040101	瓶	108	箱	6	18								

	A	B	C	D	E	F	G	H	I	J	K	L
170	3、筛选掉与本案无关项，然后挑选出同一商品的放在不同库位的项											
171	序号	商品编码	商品名称	批号	物流编号	规格型号	库位号	单位	数量	包装单位	包装规格	包装单位数
172	19	6902265310259	海天金标蚝油	20140722	W030202001	265g	KA020301	瓶	260	箱	20	13
173	20	6902265310259	海天金标蚝油	20140812	W030202002	265g	KA020401	瓶	240	箱	20	12
174	9	6903252061017	康师傅红烧牛肉面	20140728	W040101001	100g	KA010103	袋	480	箱	24	20
175	10	6903252061017	康师傅红烧牛肉面	20140802	W040101002	100g	KA010203	袋	288	箱	24	12
176	33	6922130105247	太太乐味精	20140930	W030201005	1000g	KA020103	袋	288	箱	24	12
177	1	6948195800194	金龙鱼大豆油	20140605	W040306001	5L	KA010101	瓶	120	箱	6	20
178	2	6948195800194	金龙鱼大豆油	20140705	W040306002	5L	KA010201	瓶	180	箱	6	30
179	5	6948195810155	金龙鱼菜籽油	20140607	W040305001	5L	KA010102	瓶	84	箱	6	14
180	6	6948195810155	金龙鱼菜籽油	20140807	W040305003	5L	KA010202	瓶	114	箱	6	19
181	7	6948195810155	金龙鱼菜籽油	20140902	W040305002	5L	KA010302	瓶	72	箱	6	12
182	115	6902265310259	海天金标蚝油	20140722	W030202001	265g	KF010303	瓶	40			
183	128	6903252061017	康师傅红烧牛肉面	20140728	W040101001	100g	KF010302	袋	48			
184	136	6922130105247	太太乐味精	20140930	W030201005	1000g	KF010101	袋	12			
185	120	6948195800194	金龙鱼大豆油	20140605	W040306001	5L	KF010403	瓶	12			
186	122	6948195810155	金龙鱼菜籽油	20140607	W040305001	5L	KF010603	瓶	12			
187												

（3）筛选出与本案有关的库存商品信息后，判断库存商品是否重复。先做一个重复判别标记（0或1）：

重复判别标记=IF(AND(Bn<>B($n-1$)，In<>0)，1，IF（I($n-1$)=0，1，0)) 式中n代表商品信息对应的行数，如在M172单元格中写入“=IF（AND（B172<>B171，I172<>0)，1，IF（I171=0，1，0)）”，按下回车键后下拉选项框，计算出所有与本案有关的商品的重复判别标记。

M172　=IF(AND(B172<>B171,I172<>0),1,IF(I171=0,1,0))

	A	B	C	D	E	F	G	H	I	J	K	L	M
170	3、筛选掉与本案无关项，然后挑选出同一商品的放在不同库位的项												
171	序号	商品编码	商品名称	批号	物流编号	规格型号	库位号	单位	数量	包装单位	包装规格	包装单位数	重复判别标记
172	19	6902265310259	海天金标蚝油	20140722	W030202001	265g	KA020301	瓶	260	箱	20	13	1
173	20	6902265310259	海天金标蚝油	20140812	W030202002	265g	KA020401	瓶	240	箱	20	12	0
174	9	6903252061017	康师傅红烧牛肉面	20140728	W040101001	100g	KA010103	袋	480	箱	24	20	1
175	10	6903252061017	康师傅红烧牛肉面	20140802	W040101002	100g	KA010203	袋	288	箱	24	12	0
176	33	6922130105247	太太乐味精	20140930	W030201005	1000g	KA020103	袋	288	箱	24	12	1
177	1	6948195800194	金龙鱼大豆油	20140605	W040306001	5L	KA010101	瓶	120	箱	6	20	1
178	2	6948195800194	金龙鱼大豆油	20140705	W040306002	5L	KA010201	瓶	180	箱	6	30	0
179	5	6948195810155	金龙鱼菜籽油	20140607	W040305001	5L	KA010102	瓶	84	箱	6	14	1
180	6	6948195810155	金龙鱼菜籽油	20140807	W040305003	5L	KA010202	瓶	114	箱	6	19	0
181	7	6948195810155	金龙鱼菜籽油	20140902	W040305002	5L	KA010302	瓶	72	箱	6	12	0
182	115	6902265310259	海天金标蚝油	20140722	W030202001	265g	KF010303	瓶	40				1
183	128	6903252061017	康师傅红烧牛肉面	20140728	W040101001	100g	KF010302	袋	48				1
184	136	6922130105247	太太乐味精	20140930	W030201005	1000g	KF010101	袋	12				1
185	120	6948195800194	金龙鱼大豆油	20140605	W040306001	5L	KF010403	瓶	12				1
186	122	6948195810155	金龙鱼菜籽油	20140607	W040305001	5L	KF010603	瓶	12				1
187													

（4）利用Excel的“高级筛选”功能筛选掉商品重复项，并计算1号订单拣选出库后的库存。

M192　f_x　1

	A	B	C	D	E	F	G	H	I	J	K	L	M
190	4、筛选掉重复项后，计算1号订单拣选出库后的库存												
191	序号	商品编码	商品名称	批号	物流编号	规格型号	库位号	单位	数量	包装单位	包装规格	包装单位数	重复判别标记
192	19	6902265310259	海天金标蚝油	20140722	W030202001	265g	KA020301	瓶	260	箱	20	13	1
193	9	6903252061017	康师傅红烧牛肉面	20140728	W040101001	100g	KA010103	袋	480	箱	24	20	1
194	33	6922130105247	太太乐味精	20140930	W030201005	1000g	KA020103	袋	288	箱	24	12	1
195	1	6948195800194	金龙鱼大豆油	20140605	W040306001	5L	KA010101	瓶	120	箱	6	20	1
196	5	6948195810155	金龙鱼菜籽油	20140607	W040305001	5L	KA010102	瓶	84	箱	6	14	1
197	115	6902265310259	海天金标蚝油	20140722	W030202001	265g	KF010303	瓶	40		20		1
198	128	6903252061017	康师傅红烧牛肉面	20140728	W040101001	100g	KF010302	袋	48		24		1
199	136	6922130105247	太太乐味精	20140930	W030201005	1000g	KF010101	袋	12		24		1
200	120	6948195800194	金龙鱼大豆油	20140605	W040306001	5L	KF010403	瓶	12		6		1
201	122	6948195810155	金龙鱼菜籽油	20140607	W040305001	5L	KF010603	瓶	12		6		1
202													

N192　f_x　=VLOOKUP(B192,B$162:F$166,5,0)

	A	B	C	D	E	F	G	H	I	J	K	L	M	N	O	P	Q	R
190	4、筛选掉重复项后，计算1号订单拣选出库后的库存																	
191	序号	商品编码	商品名称	批号	物流编号	规格型号	库位号	单位	数量	包装单位	包装规格	包装单位数	重复判别标记	订购数	拣选包装数	拣选单件数	现包装单位数	现库存数
192	19	6902265310259	海天金标蚝油	20140722	W030202001	265g	KA020301	瓶	260	箱	20	13	1	50	2		11	220
193	9	6903252061017	康师傅红烧牛肉面	20140728	W040101001	100g	KA010103	袋	480	箱	24	20	1	100	4		16	384
194	33	6922130105247	太太乐味精	20140930	W030201005	1000g	KA020103	袋	288	箱	24	12	1	50	2		10	240
195	1	6948195800194	金龙鱼大豆油	20140605	W040306001	5L	KA010101	瓶	120	箱	6	20	1	24	4		16	96
196	5	6948195810155	金龙鱼菜籽油	20140607	W040305001	5L	KA010102	瓶	84	箱	6	14	1	36	6		8	48
197	115	6902265310259	海天金标蚝油	20140722	W030202001	265g	KF010303	瓶	40		20		1	50		10		30
198	128	6903252061017	康师傅红烧牛肉面	20140728	W040101001	100g	KF010302	袋	48		24		1	100		4		44
199	136	6922130105247	太太乐味精	20140930	W030201005	1000g	KF010101	袋	12		24		1	50		2		10
200	120	6948195800194	金龙鱼大豆油	20140605	W040306001	5L	KF010403	瓶	12		6		1	24		0		12
201	122	6948195810155	金龙鱼菜籽油	20140607	W040305001	5L	KF010603	瓶	12		6		1	36		0		12
202																		

（5）修改库存变动的项，也就是有拣选作业的库位项，并按行、列、层进行分列。

M207　f_x　2

	A	B	C	D	E	F	G	H	I	J	K	L	M	N	O	P	Q	R
205	5、修改库存变动的项（即有拣选作业的库位项），并按行、列、层进行分列																	
206	序号	商品编码	商品名称	批号	物流编号	规格型号	库位号	单位	数量	包装单位	包装规格	包装单位数	拣选包装数	拣选单件数	行	列	层	
207	19	6902265310259	海天金标蚝油	20140722	W030202001	265g	KA020301	瓶	220	箱	20	11	2		KA02	3	1	
208	9	6903252061017	康师傅红烧牛肉面	20140728	W040101001	100g	KA010103	袋	384	箱	24	16	4		KA01	1	3	
209	33	6922130105247	太太乐味精	20140930	W030201005	1000g	KA020103	袋	240	箱	24	10	2		KA02	1	3	
210	1	6948195800194	金龙鱼大豆油	20140605	W040306001	5L	KA010101	瓶	96	箱	6	16	4		KA01	1	1	
211	5	6948195810155	金龙鱼菜籽油	20140607	W040305001	5L	KA010102	瓶	48	箱	6	8	6		KA01	1	2	
212	115	6902265310259	海天金标蚝油	20140722	W030202001	265g	KF010303	瓶	30		20			10	KF01	3	3	
213	128	6903252061017	康师傅红烧牛肉面	20140728	W040101001	100g	KF010302	袋	44		24			4	KF01	3	2	
214	136	6922130105247	太太乐味精	20140930	W030201005	1000g	KF010101	袋	10		24			2	KF01	1	1	
215																		

（6）对整件区和单品区分别按“列”“层”进行升序排序，再对“行”进行升序排序。

f_x　220

	A	B	C	D	E	F	G	H	I	J	K	L	M	N	O	P	Q	R
219	6.对整件区和单品区分别按“列”“层”进行升序排序，再对“行”进行升序排序																	
220	序号	商品编码	商品名称	批号	物流编号	规格型号	库位号	单位	数量	包装单位	包装规格	包装单位数	拣选包装数	拣选单件数	行	列	层	
221	1	6948195800194	金龙鱼大豆油	20140605	W040306001	5L	KA010101	瓶	96	箱	6	16	4		KA01	1	1	
222	5	6948195810155	金龙鱼菜籽油	20140607	W040305001	5L	KA010102	瓶	48	箱	6	8	6		KA01	1	2	
223	9	6903252061017	康师傅红烧牛肉面	20140728	W040101001	100g	KA010103	袋	384	箱	24	16	4		KA01	1	3	
224	33	6922130105247	太太乐味精	20140930	W030201005	1000g	KA020103	袋	240	箱	24	10	2		KA02	1	3	
225	19	6902265310259	海天金标蚝油	20140722	W030202001	265g	KA020301	瓶	220	箱	20	11	2		KA02	3	1	
226	136	6922130105247	太太乐味精	20140930	W030201005	1000g	KF010101	袋	10		24			2	KF01	1	1	
227	128	6903252061017	康师傅红烧牛肉面	20140728	W040101001	100g	KF010302	袋	44		24			4	KF01	3	2	
228	115	6902265310259	海天金标蚝油	20140722	W030202001	265g	KF010303	瓶	30		20			10	KF01	3	3	
229																		

（7）根据第（6）步“列”“层”“行”升序排序的结果，可以生成KA库料箱区（整件区）和KF库单品区拣选单。

	A	B	C	D	E	F	G	H	I	J	K	L	M	N
229														
230	7、KA库料箱区（整件区）拣选单													
231	序号	商品编码	商品名称	批号	物流编号	规格型号	库位号	单位	数量	包装单位	包装规格	包装单位数	拣选包装数	拣选单件数
232	1	6948195800194	金龙鱼大豆油	20140605	W040306001	5L	KA010101	瓶	96	箱	6	16	4	
233	5	6948195810155	金龙鱼菜籽油	20140607	W040305001	5L	KA010102	瓶	48	箱	6	8	6	
234	9	6903252061017	康师傅红烧牛肉面	20140728	W040101001	100g	KA010103	袋	384	箱	24	16	4	
235	33	6922130105247	太太乐味精	20140930	W030201005	1000g	KA020103	袋	240	箱	24	10	2	
236	19	6902265310259	海天金标蚝油	20140722	W030202001	265g	KA020301	瓶	220	箱	20	11	2	
237														
238	8、KF库单品区拣选单													
239	序号	商品编码	商品名称	批号	物流编号	规格型号	库位号	单位	数量	包装单位	包装规格	包装单位数	拣选包装数	拣选单件数
240	136	6922130105247	太太乐味精	20140930	W030201005	1000g	KF010101	袋	10		24			2
241	128	6903252061017	康师傅红烧牛肉面	20140728	W040101001	100g	KF010302	袋	44		24			4
242	115	6902265310259	海天金标蚝油	20140722	W030202001	265g	KF010303	瓶	30		20			10

（8）修改拣货库位的原库存信息，形成一张新的库存信息表，以便后续为客户订单缮制拣选单创造条件。先利用 Excel 的“高级筛选”功能筛选掉库存变动项，再将库存变动项变动后的商品库存信息添加到筛选后的库存信息表中，最后用“排序”功能按“序号”进行升序排列。

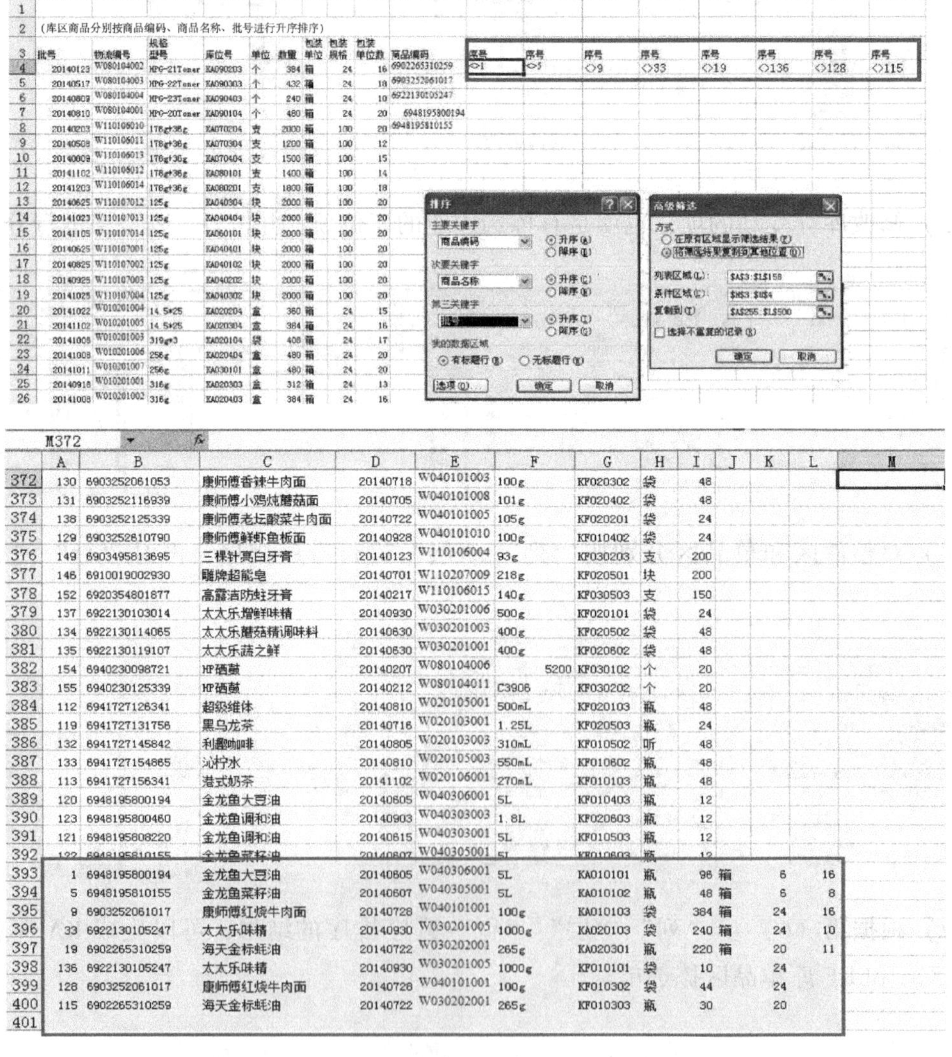

	A	B	C	D	E	F	G	H	I	J	K	L	M
372	130	6903252061053	康师傅香辣牛肉面	20140718	W040101003	100g	KF020302	袋	48				
373	131	6903252116939	康师傅小鸡炖蘑菇面	20140705	W040101008	101g	KF020402	袋	48				
374	138	6903252125339	康师傅老坛酸菜牛肉面	20140722	W040101005	105g	KF020201	袋	24				
375	129	6903252810790	康师傅鲜虾鱼板面	20140928	W040101010	100g	KF010402	袋	24				
376	149	6903495813695	三棵针亮白牙膏	20140123	W110106004	93g	KF030203	支	200				
377	146	6910019002930	雕牌超能皂	20140701	W110207009	218g	KF020501	块	200				
378	152	6920354801877	高露洁防蛀牙膏	20140217	W110106015	140g	KF030503	支	150				
379	137	6922130103014	太太乐增鲜味精	20140930	W030201006	500g	KF020101	袋	24				
380	134	6922130114065	太太乐蘑菇精调味料	20140630	W030201003	400g	KF020502	袋	48				
381	135	6922130119107	太太乐蔬之鲜	20140630	W030201001	400g	KF020602	袋	48				
382	154	6940230098721	HP硒鼓	20140207	W080104006	5200	KF030102	个	20				
383	155	6940230125339	HP硒鼓	20140212	W080104011	C3906	KF030202	个	20				
384	112	6941727126341	超级维体	20140810	W020105001	500mL	KF020103	瓶	48				
385	119	6941727131758	黑乌龙茶	20140716	W020103001	1.25L	KF020503	瓶	24				
386	132	6941727145842	利趣咖啡	20140805	W020103003	310mL	KF010502	听	48				
387	133	6941727154865	沁柠水	20140810	W020105003	550mL	KF010602	瓶	48				
388	113	6941727156341	港式奶茶	20141102	W020106001	270mL	KF010103	瓶	48				
389	120	6948195800194	金龙鱼大豆油	20140605	W040306001	5L	KF010403	瓶	12				
390	123	6948195800460	金龙鱼调和油	20140903	W040303003	1.8L	KF020603	瓶	12				
391	121	6948195808220	金龙鱼调和油	20140615	W040303001	5L	KF010503	瓶	12				
392	122	6948195810155	金龙鱼菜籽油	20140607	W040305001	5L	KF010603	瓶	12				
393	1	6948195800194	金龙鱼大豆油	20140605	W040306001	5L	KA010101	瓶	96	箱	6	16	
394	5	6948195810155	金龙鱼菜籽油	20140607	W040305001	5L	KA010102	瓶	48	箱	6	8	
395	9	6903252061017	康师傅红烧牛肉面	20140728	W040101001	100g	KA010103	袋	384	箱	24	16	
396	33	6922130105247	太太乐味精	20140930	W030201005	1000g	KA020103	袋	240	箱	24	10	
397	19	6902265310259	海天金标蚝油	20140722	W030202001	265g	KA020301	瓶	220	箱	20	11	
398	136	6922130105247	太太乐味精	20140930	W030201005	1000g	KF010101	袋	10		24		
399	128	6903252061017	康师傅红烧牛肉面	20140728	W040101001	100g	KF010302	袋	44		24		
400	115	6902265310259	海天金标蚝油	20140722	W030202001	265g	KF010303	瓶	30		20		
401													

	9、重新整理拣选作业后的库存											
245	序号	商品编码	商品名称	批号	物流编号	规格型号	库位号	单位	数量	包装单位	包装规格	包装单位数
246	98	6900000805290	佳能墨盒	20140123	W080104002	MPG-21Toner	KA090203	个	384	箱	24	16
247	99	6900000805290	佳能墨盒	20140517	W080104003	MPG-22Toner	KA090303	个	432	箱	24	18
248	100	6900000805290	佳能墨盒	20140809	W080104004	MPG-23Toner	KA090403	个	240	箱	24	10
249	101	6900000805290	佳能墨盒	20140810	W080104001	MPG-20Toner	KA090104	个	480	箱	24	20
250	86	6901177235551	上海防酸牙膏	20140203	W110106010	178g+36g	KA070204	支	2000	箱	100	20
251	87	6901177235551	上海防酸牙膏	20140508	W110106011	178g+36g	KA070304	支	1200	箱	100	12
252	88	6901177235551	上海防酸牙膏	20140809	W110106013	178g+36g	KA070404	支	1500	箱	100	15
253	89	6901177235551	上海防酸牙膏	20141102	W110106012	178g+36g	KA080101	支	1400	箱	100	14
254	90	6901177235551	上海防酸牙膏	20141203	W110106014	178g+36g	KA080201	支	1800	箱	100	18
255	71	6901404231356	百丽美容润肤皂	20140625	W110107012	125g	KA040304	块	2000	箱	100	20
256	72	6901404231356	百丽美容润肤皂	20141023	W110107013	125g	KA040404	块	2000	箱	100	20
257	73	6901404231356	百丽美容润肤皂	20141105	W110107014	125g	KA060101	块	2000	箱	100	20
258	60	6901404321200	上海药皂	20140625	W110107001	125g	KA040401	块	2000	箱	100	20
259	61	6901404321200	上海药皂	20140825	W110107002	125g	KA040102	块	2000	箱	100	20

Sheet1 / Sheet2 / Sheet3 / Sheet4 / Sheet5 / Sheet6 / Sheet7 / Sheet8 /

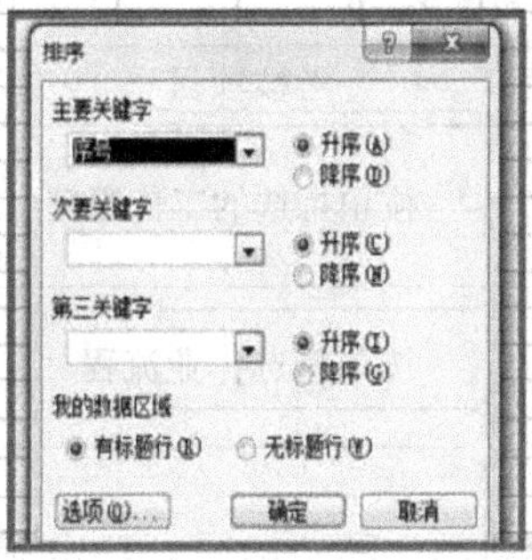

排序
主要关键字
序号
升序(A)
降序(D)
次要关键字
升序(C)
降序(N)
第三关键字
升序(I)
降序(G)
我的数据区域
有标题行(R)　无标题行(W)
选项(O)...　确定　取消

P272　fx

	A	B	C	D	E	F	G	H	I	J	K	L
244	9、重新整理拣选作业后的库存											
245	序号	商品编码	商品名称	批号	物流编号	规格型号	库位号	单位	数量	包装单位	包装规格	包装单位数
246	1	6948195800194	金龙鱼大豆油	20140605	W040306001	5L	KA010101	瓶	96	箱	6	16
247	2	6948195800194	金龙鱼大豆油	20140705	W040306002	5L	KA010201	瓶	180	箱	6	30
248	3	6948195808220	金龙鱼调和油	20140615	W040303001	5L	KA010301	瓶	90	箱	6	15
249	4	6948195808220	金龙鱼调和油	20140825	W040303002	5L	KA010401	瓶	120	箱	6	20
250	5	6948195810155	金龙鱼菜籽油	20140607	W040305001	5L	KA010102	瓶	48	箱	6	8
251	6	6948195810155	金龙鱼菜籽油	20140807	W040305003	5L	KA010202	瓶	114	箱	6	19
252	7	6948195810155	金龙鱼菜籽油	20140902	W040305002	5L	KA010302	瓶	72	箱	6	12
253	8	6948195800460	金龙鱼调和油	20140903	W040303003	1.8L	KA010402	瓶	180	箱	12	15
254	9	6903252061017	康师傅红烧牛肉面	20140728	W040101001	100g	KA010103	袋	384	箱	24	16
255	10	6903252061017	康师傅红烧牛肉面	20140802	W040101002	100g	KA010203	袋	288	箱	24	12
256	11	6903252061053	康师傅香辣牛肉面	20140718	W040101003	100g	KA010303	袋	360	箱	24	15
257	12	6903252061053	康师傅香辣牛肉面	20140818	W040101004	100g	KA010403	袋	480	箱	24	20
258	13	6903252125339	康师傅老坛酸菜牛肉面	20140722	W040101005	105g	KA010104	袋	480	箱	24	20
259	14	6903252125339	康师傅老坛酸菜牛肉面	20140925	W040101006	105g	KA010204	袋	480	箱	24	20
260	15	6903252125339	康师傅老坛酸菜牛肉面	20141025	W040101007	105g	KA010304	袋	480	箱	24	20
261	16	6903252116939	康师傅小鸡炖蘑菇面	20140705	W040101008	101g	KA010404	袋	336	箱	24	14
262	17	6903252116939	康师傅小鸡炖蘑菇面	20140925	W040101009	101g	KA020101	袋	432	箱	24	18
263	18	6903252610790	康师傅鲜虾鱼板面	20140928	W040101010	100g	KA020201	袋	408	箱	24	17
264	19	6902265310259	海天金标蚝油	20140722	W030202001	265g	KA020301	瓶	220	箱	20	11
265	20	6902265310259	海天金标蚝油	20140812	W030202002	265g	KA020401	瓶	240	箱	20	12
266	21	6902265360018	海天上等蚝油	20140913	W030202003	700g	KA020102	瓶	132	箱	12	11
267	22	6902265360018	海天上等蚝油	20141022	W030202004	700g	KA020202	瓶	96	箱	12	8
268	23	6902265128717	海天草菇老抽	20140722	W030202005	1.28L	KA020302	瓶	54	箱	6	9
269	24	6902265128717	海天草菇老抽	20140912	W030202006	1.28L	KA020402	瓶	72	箱	6	12
270	25	6902265115496	海天香醋	20140805	W030202007	445mL	KA050101	瓶	320	箱	20	16
271	26	6902265115496	海天香醋	20140908	W030202008	445mL	KA050201	瓶	240	箱	20	12
272	27	6902265170198	海天鲜味生抽	20140923	W030202009	1.9L	KA050301	瓶	66	箱	6	11

（9）利用上述方法，依次生成其余5张订单的“按单拣选”信息。

过程考核评价

<table>
<tr><th colspan="6">项目一　生成按单拣选信息</th></tr>
<tr><td>学员姓名</td><td></td><td>学号</td><td></td><td>班级</td><td></td><td>日期</td><td></td></tr>
<tr><td>项目</td><td>考核项目</td><td>考核要求</td><td>配分</td><td>评分标准</td><td>得分</td></tr>
<tr><td rowspan="3">知识目标</td><td>按单拣选的工作原理</td><td>理解按单拣选的工作原理</td><td>10分</td><td>按单拣选的工作原理叙述不清楚，扣5分</td><td></td></tr>
<tr><td>按单拣选作业流程</td><td>掌握按单拣选的作业流程</td><td>10分</td><td>按单拣选的作业流程叙述不清楚，扣5分</td><td></td></tr>
<tr><td>拣选作业方式</td><td>掌握拣选作业方式；
重点理解按单拣选</td><td>10分</td><td>拣选作业方式叙述不清楚，扣3分；
按单拣选方式原理叙述不清楚，扣5分</td><td></td></tr>
<tr><td rowspan="2">能力目标</td><td>筛选商品</td><td>能通过Excel正确进行数据排序、筛选</td><td>10分</td><td>（1）不能使用Excel正确进行排序，扣5分；
（2）不能使用Excel正确进行重复信息筛选，扣5分</td><td></td></tr>
<tr><td>生成按单拣选信息</td><td>通过Excel生成按单拣选信息</td><td>40分</td><td>（1）行、列、层分列不正确，扣5分；
（2）行、列、层排序不正确，扣5分；
（3）为6张订单生成按单拣选信息，每少1张订单扣5分</td><td></td></tr>
<tr><td rowspan="2">过程方法及社会能力</td><td>过程方法</td><td>（1）学会自主发现、自主探索的学习方法；
（2）学会在学习中反思、总结，调整自己的学习目标，在更高水平上获得发展</td><td>10分</td><td>能在工作中反思，有创新见解，有自主发现、自主探索的学习方法，酌情得5～10分</td><td></td></tr>
<tr><td>社会能力</td><td>小组成员间团结协作共同完成工作任务，培养良好的职业素养（如保持工位卫生等）</td><td>10分</td><td>（1）小组分工不明确扣3分；
（2）工位卫生情况差扣3分</td><td></td></tr>
<tr><td colspan="2">实训总结</td><td colspan="4">完成本项学习任务的体会（学到哪些知识，掌握哪些技能，有哪些收获）：</td></tr>
<tr><td colspan="2">得分</td><td colspan="4"></td></tr>
</table>

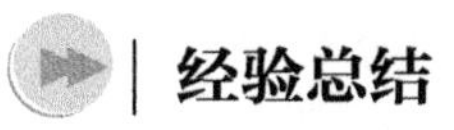

经验总结

需要改进和加强的方面

项目二　按单拣选操作

任务描述

昌盛商贸批发公司收到来自6个客户的采购订单，客户要求昌盛商贸批发公司尽快安排按时按单送货上门。

现假定这6张订单已进行了资料确认、存货查询、汇总分类与调拨等订单处理工作。按一般仓储管理作业流程，接下来在前面任务的基础上，需将拣货信息通过RF手持终端和电子数码标签的信息传输渠道发给现场作业人员，高效引导按单拣货作业的实施。

本任务分组进行，每6人组成一个实验小组，每个实验小组独立完成实验任务。实验小组中的6人自行分配角色：1人为信息员；3人分别为集装库、单品库的拣选作业人员及复核人员；其余人为二次分类配货人员及复核人员。

任务分组进行，每组需形成两个库区：料箱拣货区和单品拣货区。其中，料箱拣货区由4层双货位的托盘货架组成；单品拣货区由3层6列的重力式货架构成，而且每个库位前均安装有电子数码标签，以便引导拣选人员定向、按数、快速进行拣货作业。库区平面示意图如图所示。

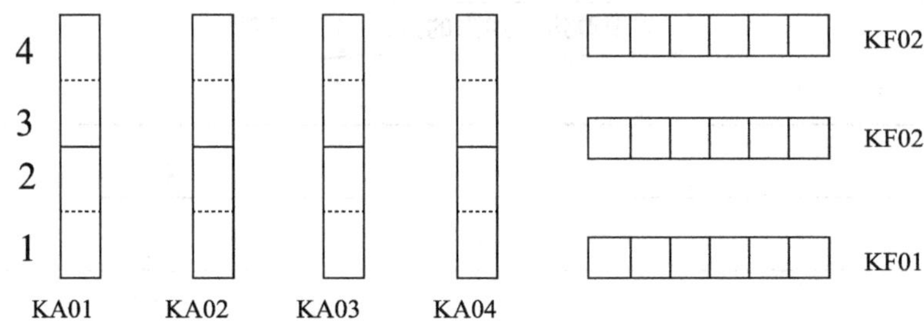

对KA01～KA04，KF01货架的每个库位按从左到右、从下向上的顺序进行编码，并粘贴代表库位地址的条形码标签。

按表4－7中的库位号在相应货架库位内存储模拟货物，其中所有商品是模拟的，需要参与实验人员协作，用条形码打印机打印相应商品名称并将其粘贴在模拟商品的包装箱上。

表4－7　待拣货物信息表

序号	商品编码	商品名称	批号	物流编码	规格型号	库位号	单位	数量	包装单位	包装规格	包装单位数
1	6948195800194	金龙鱼大豆油	20140605	W040306001	5 L	KA010101	瓶	120	箱	6	20
2	6948195800194	金龙鱼大豆油	20140705	W040306002	5 L	KA010201	瓶	180	箱	6	30
3	6948195810155	金龙鱼菜籽油	20140607	W040305001	5 L	KA010102	瓶	84	箱	4	14

（续）

序号	商品编码	商品名称	批号	物流编码	规格型号	库位号	单位	数量	包装单位	包装规格	包装单位数
4	6948195810155	金龙鱼菜籽油	20140807	W040305003	5 L	KA010202	瓶	114	箱	6	19
5	6948195810155	金龙鱼菜籽油	20140902	W040305002	5 L	KA010302	瓶	72	箱	6	12
6	6903252061017	康师傅红烧牛肉面	20140728	W040101001	100 g	KA010103	袋	480	箱	24	20
7	6903252061017	康师傅红烧牛肉面	20140802	W040101002	100 g	KA010203	袋	288	箱	24	12
8	6903252610790	康师傅鲜虾鱼板面	20140928	W040101010	100 g	KA020201	袋	408	箱	24	17
9	6902265310259	海天金标蚝油	20140722	W030202001	265 g	KA020301	瓶	260	箱	20	13
10	6902265310259	海天金标蚝油	20140812	W030202002	265 g	KA020401	瓶	240	箱	20	12
11	6922130105247	太太乐味精	20140930	W030201005	1 000 g	KA020103	袋	288	箱	24	12
12	6901668054821	卡夫奥利奥饼干	20140918	W010201001	316 g	KA020303	盒	312	箱	24	13
13	6901668054821	卡夫奥利奥饼干	20141008	W010201002	316 g	KA020403	盒	384	箱	24	16
14	6902022137518	蓝月亮手洗专用洗衣液	20140723	W110208006	1 kg	KA040201	瓶	228	箱	12	19
15	6902022137518	蓝月亮手洗专用洗衣液	20141102	W110208007	1 kg	KA040301	瓶	180	箱	15	15
16	6902265310259	海天金标蚝油	20140722	W030202001	265 g	KF010303	瓶	40	箱	21	13
17	6948195800194	金龙鱼大豆油	20140605	W040306001	5 L	KF010403	瓶	12	箱	20	21
18	6948195810155	金龙鱼菜籽油	20140607	W040305001	5 L	KF010603	瓶	12	箱	20	19
19	6901668054821	卡夫奥利奥饼干	20140918	W010201001	316 g	KF010102	盒	48	箱	18	17
20	6903252061017	康师傅红烧牛肉面	20140728	W040101001	100 g	KF010302	袋	48	箱	15	18
21	6903252610790	康师傅鲜虾鱼板面	20140928	W040101010	100 g	KF010402	袋	24	箱	15	13
22	6922130105247	太太乐味精	20140930	W030201005	1 000 g	KF010101	袋	12	箱	24	21
23	6902022137518	蓝月亮手洗专用洗衣液	20140723	W110208006	1 kg	KF010501	瓶	24	箱	20	20

背景知识储备

按照分拣信息呈现方式的不同，拣选可分为传票（订单）拣选、拣货单拣选、标签拣选、电子拣选几种方法式。

1. 传票（订单）拣选

传票拣选是最原始的拣选方式，直接利用客户的订单或公司的交货单作为拣选指示。拣选员一边看着订货单上的品名，一边寻找货品，拣选员需要来回多次行走才能拣完一张订单。

分拣传票产生的方式基本上有两种。

（1）复印订单的方法，即在接到订单之后将其复印成分拣传票。这种方式费用较高，但其弹性较大，可适应不同大小的订单形式。

（2）直接从多联式订单中撕下分拣专用的一联。这种方式有时会因订单联数过多而产生复写不清的现象，易发生错误。

此种方式适用于货物品项数不多（通常在100种以下）的订单。无论是填写式还是勾选式的订单表格，应以不超过一页为标准。适合传票的分拣方式为按单分拣。

2. 拣货单拣选

拣货单拣选是目前最常用的拣选方式，将原始的客户订单输入计算机后进行拣选信息处理，并将其打印成拣货单，拣货单上的货物按照货位编号重新编号，拣选员来回一趟就可拣完一张订单。拣货单上印有货位编号，拣选员按编号寻找货物，即使是不识别货品的新手也能拣选。

拣货单一般根据货位的顺序进行打印，拣选员根据拣货单的顺序拣货，拣货时将货品放入搬运器具内，同时在拣货单上做记号，然后进行下一货位的拣货作业。

一般拣货单根据拣货的作业区和拣货单位分别打印。这是一种最经济的拣货方式，必须配合货位管理才能发挥效果，拣货准确度也能大大提高。

按单分拣的分拣单的处理程序是：接到订单之后利用键盘输入的方式或光扫描的方式将相关信息输入计算机系统，然后与计算机资料库中的货物存量核对，并查出货物的储存位置，最后按工作排程的顺序打印出分拣单，产生补货指示和出库指示等。

3. 标签拣选

拣选员拉一辆拣货车到作业点旁边，将员工卡放在ID卡刷卡器上，系统会自动分配给他一张拣货单（属于一个客户的），并通过标签打印机打印出一串标签；这串标签中包含多个标签，每个标签代表一件商品，并且是按照货位排序打印的；拣选员根据标签上打印的货位顺序从相应的货位上拣取货品放置到拣货车上，并将这张标签粘贴在货品外箱上，如果有多个标签指向同一个货位，即代表要从这个货位取多件相同的商品，这些标签需一一粘贴在货品外箱上；直到拣货员手上的标签全部粘贴完毕，即代表该张拣货单已经拣货完成。

4. 电子拣选

这里主要介绍电子标签辅助拣选和RF（radio frequency，射频）辅助拣选。

1）电子标签辅助拣选

电子标签辅助拣选是一种由计算机进行辅助的无纸化的分拣方式，其原理是给每一个货位安装数字显示器，并利用计算机进行控制，将订单信息传输到数字显示器上，分拣人员根据数字显示器所显示的数字拣货，拣完货之后按“确认”按钮即完成分拣工作。

电子标签辅助拣选可以即时处理订单，也可以批次处理订单。其分拣生产力每小时约为500件，而分拣错误率可以降到0.01%左右，分拣的前置时间约为1小时。

电子标签辅助拣选的优点如下。

（1）沿特定分拣路径拣货，电子标签灯亮就停下来，并按显示数字分拣，这种方式下不容易拣错货，错误率较低。

（2）可省去来回寻找待拣货物的时间，分拣速度可提高30%~50%。

（3）只要寻找到电子标签灯亮的货位，并按显示数字分拣即可，即使不识货物的新手也能分拣。

2）RF辅助拣选

RF辅助拣选系统是第二次世界大战后美国、日本的物流中心广泛采用的一种自动分拣系统，该系统目前已经成为发达国家大中型物流中心不可缺少的一部分。RF也是拣选作业的人机界面，通过无线式终端机显示所有拣选信息，比电子标签更具作业弹性，不过价格高于电子标签。其适用于以托盘为拣选单位并采用叉车进行辅助拣选的方式。

RF辅助拣选的分拣原理是利用掌上计算机终端、条形码扫描器及RF无线电控制装置的组合方式将订单资料由计算机主机传输到掌上终端，分拣员根据掌上终端所指示的货位，扫描货位上的条形码。如果扫描信息与计算机的分拣资料不一致，掌上终端就会发出警告，直到找到正确的货物货位为止；如果扫描信息与计算机的分拣资料一致就会显示分拣数量，分拣员根据所显示的分拣数量分拣，拣货完成之后按“确认”按钮完成分拣工作。分拣信息利用RF无线电控制装置传回计算机主机，同时减去相应数量的库存。它是一种无纸化的即时处理系统。

实施过程

（1）库管信息员操作“物流管理信息化执行系统”软件，将订单分割后的“拣货信息”导入，按库区分别生成可以悬挂于网上的网络拣货信息和纸质拣货单。

①库管信息员登录“物流管理信息化执行系统”。双击电脑桌面“物流管理实践登录”图标，依次将登录人员的身份信息，如“类型”“年级/系别”“班级”“用户编号”“密码”等输入进去，然后点击“登录”按钮。

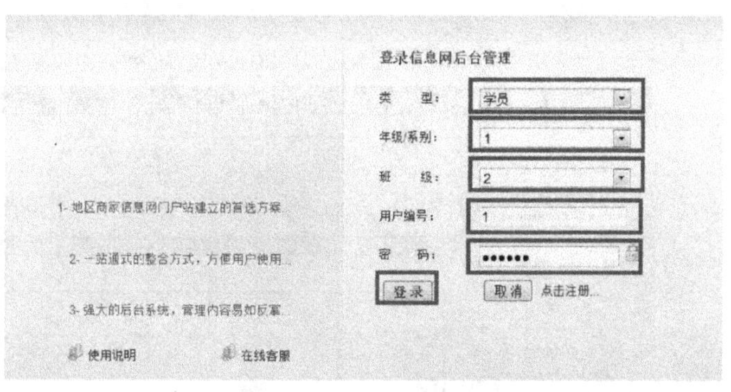

②进入系统后，在页面左侧选择“实验4.2-基于分区和订单分割策略的按单拣选作业”→“仓库信息管理”，为待拣商品建立库区，根据订单信息依次输入“仓库区数”

“类别编号”“仓库列数”“仓库层数”等信息，然后点击“重新建立库区”按钮，便会看到新建库区的库位号。

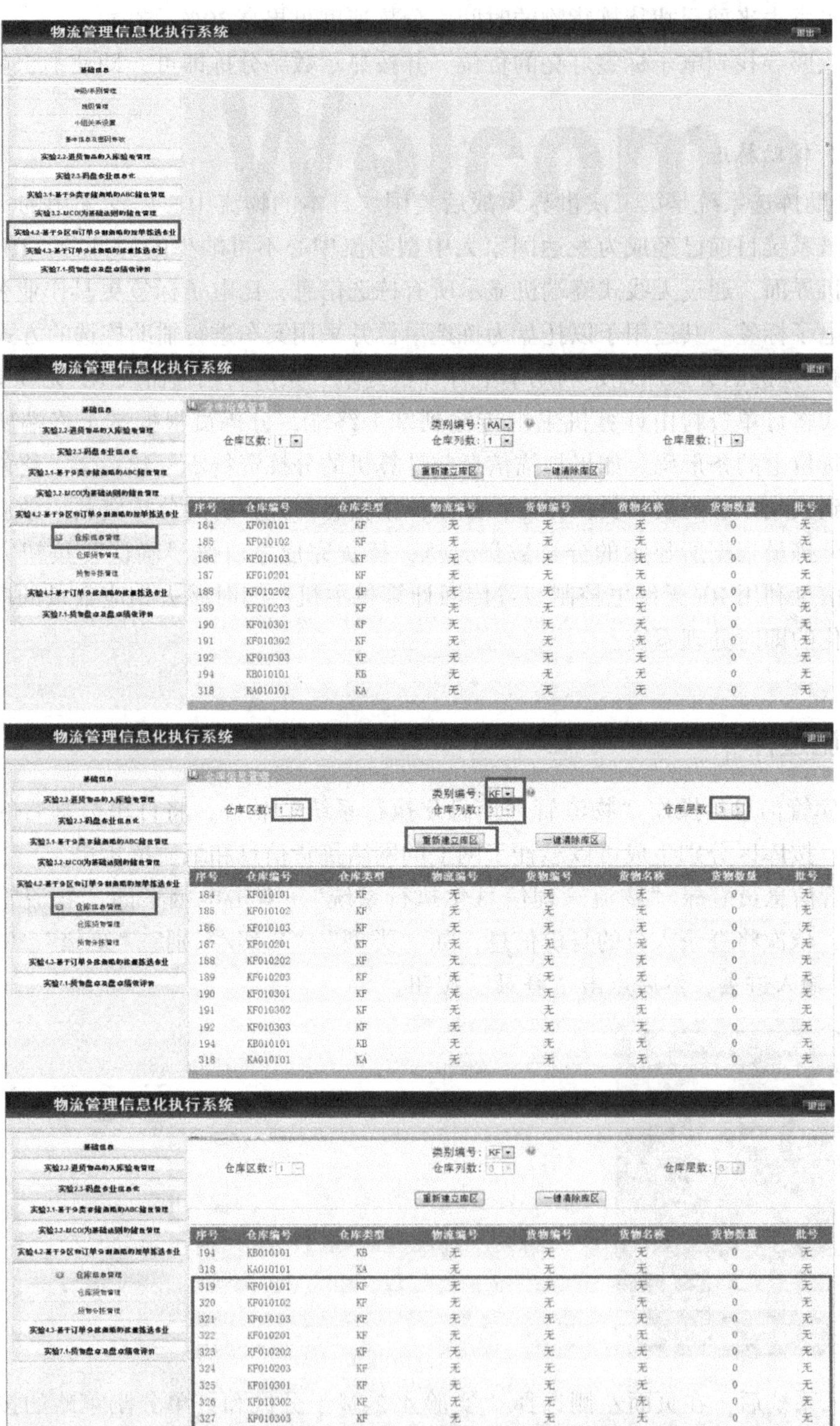

③库管信息员选择“实验4.2-基于分区和订单分割策略的按单拣选作业”→“仓库货物管理”，将待拣货物信息导入系统，并依次将货物的“类别编号”“库位编号”“物流编号”“货物编号”“货物名称”“规格型号”“单位”“包装单位”“批号”“包装规格”“货物数量”等信息填入，然后点击“添加”按钮。

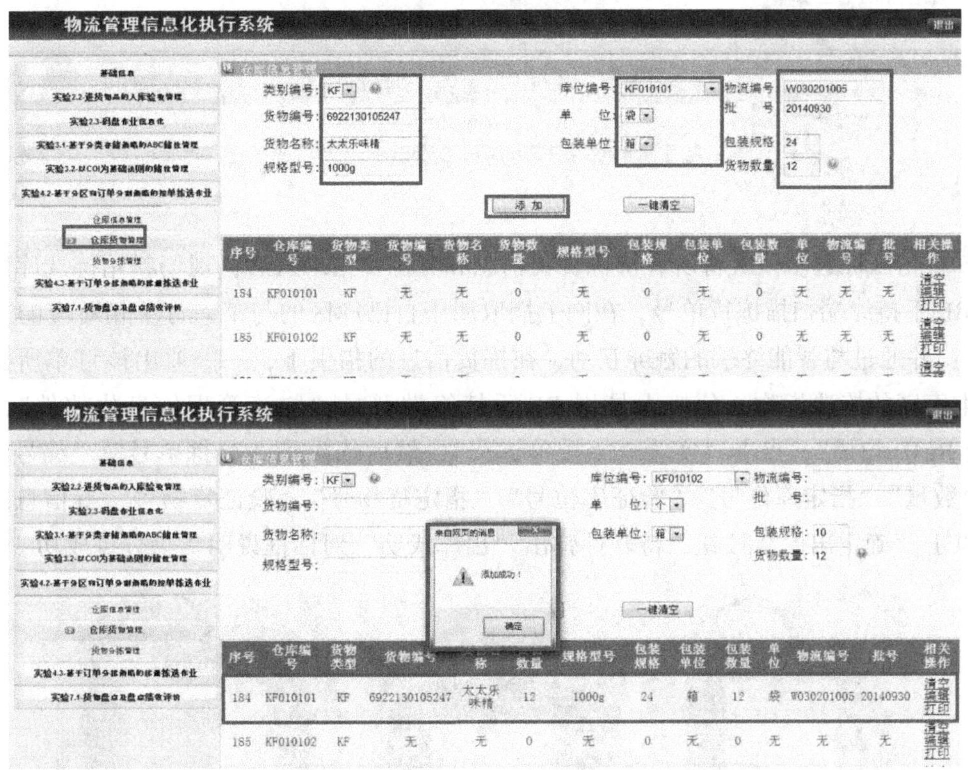

④库管信息员选择“实验4.2-基于分区和订单分割策略的按单拣选作业”→“货物分拣管理”，将待分拣货物的“货物编号”“库位编号”等添加进去，然后点击“添加”按钮。

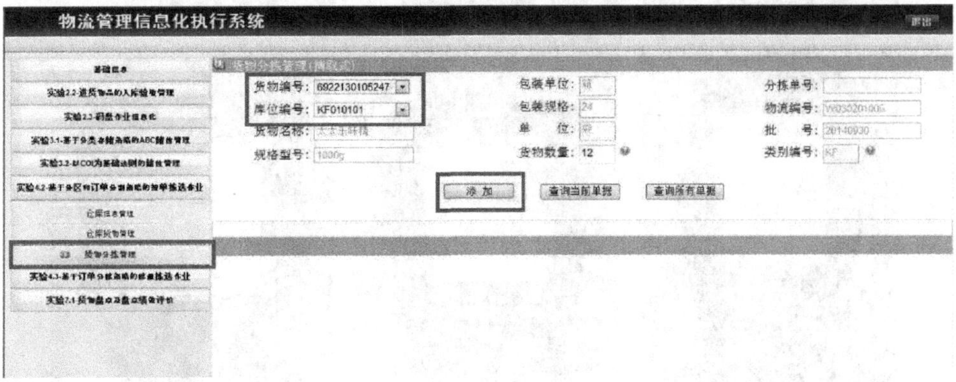

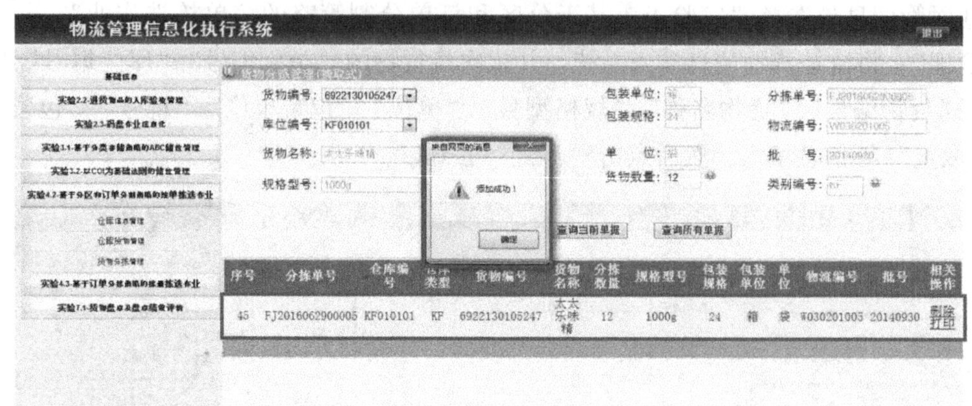

⑤料箱区拣选。依次将所有待拣货物信息和分拣单据录入后，现场料箱拣选库区仓管员用 RF 手持终端扫描拣货单号，在网上摘取属于自己库区的与某一订单相对应的“拣货信息”；并通过与智能终端的触屏互动，在拣货信息的指引下，一一取出该订单所要求的属于本库区的拣选货物。分拣人员用 RF 手持终端登录“物流管理信息化软件”，选择“选择 RFID 扫描”，点击“实验 4. 2-按单拣选”，然后依次将“分拣单号”“编号”“名称”“数量”“指定库位号”“验证库位号”“指定货物号”“验证货物号”等信息录入系统，点击“确定出库”按钮，待软件弹出“出库成功”对话框说明货物分拣成功。

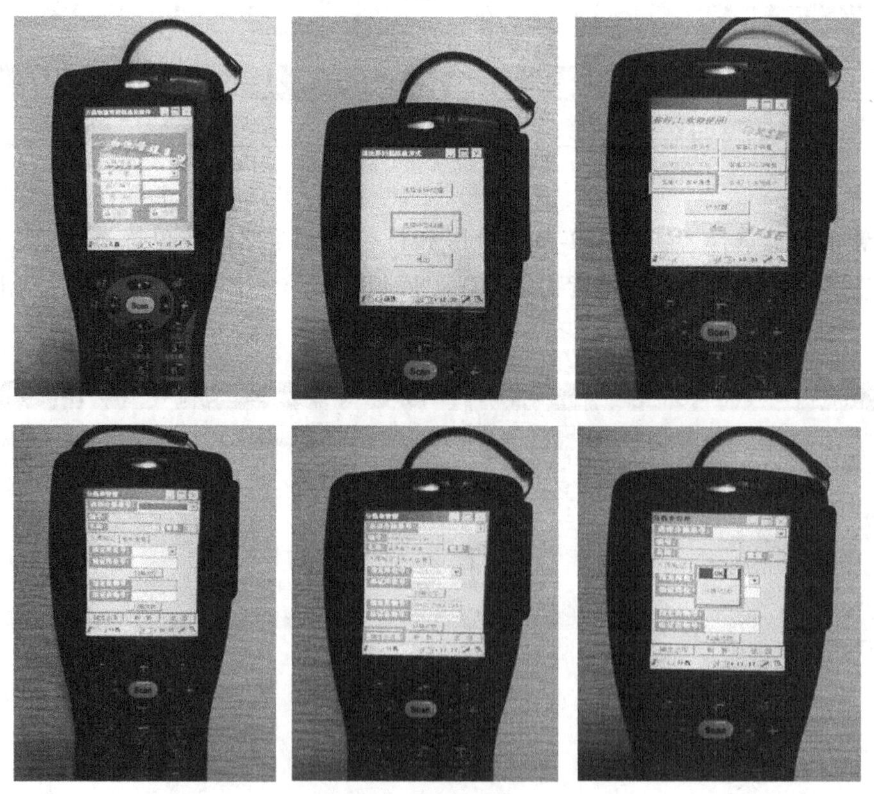

(2) 电子标签拣选。待信息员将待分拣商品信息输入系统，信息员登录“物流管理信息化执行电子标签（摘取式)”软件，为摘取式电子标签货架选择订单号，方便摘取式电子标签货架分拣作业。

①信息员双击“物流信息化管理执行电子标签（摘取式)”软件的图标，进入登录界面。然后按照相应的年级、班级和自己的用户编号及密码登录“电子标签仓库系统”。

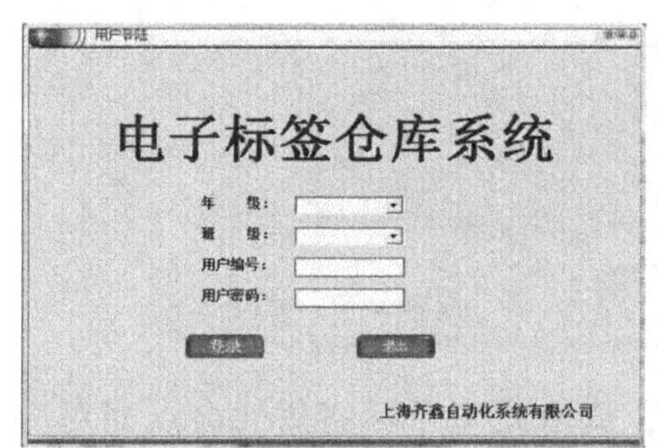

②进入“电子标签仓库系统”后，点击系统页面的“摘取式分拣”按钮，开始摘取式分拣作业。如果后台管理软件（物流管理信息化执行系统）没有添加分拣订单，则电子标签拣选系统会弹出提示信息“没有可执行的分拣单”；如果有则会进入分拣系统界面。

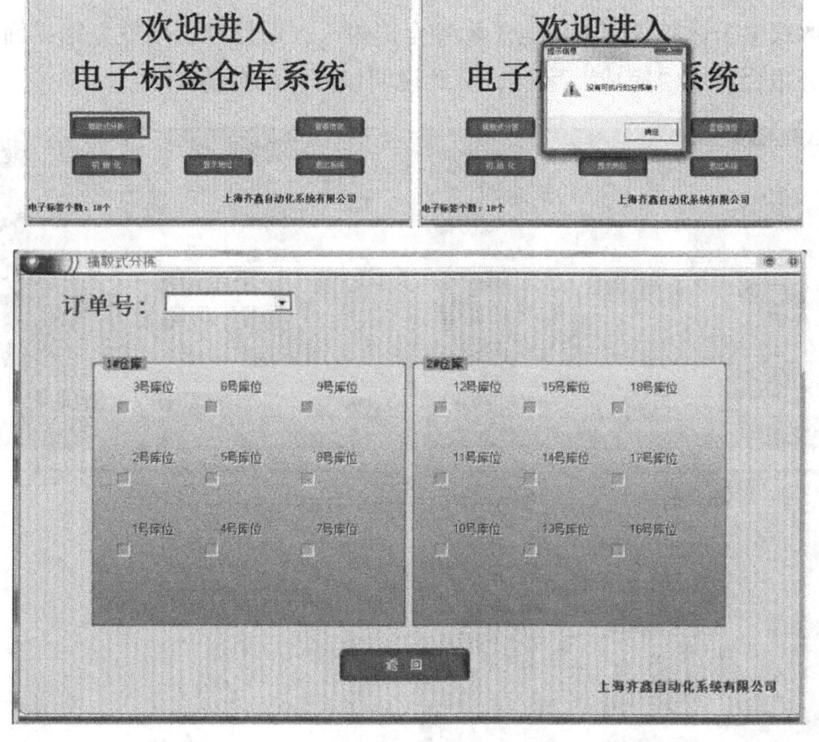

③点击“订单号”后的下拉列表框，选择待分拣货物订单号，系统自动将选定的货物条形码的分拣信息，如拣选库位号和订单号显示在界面上。

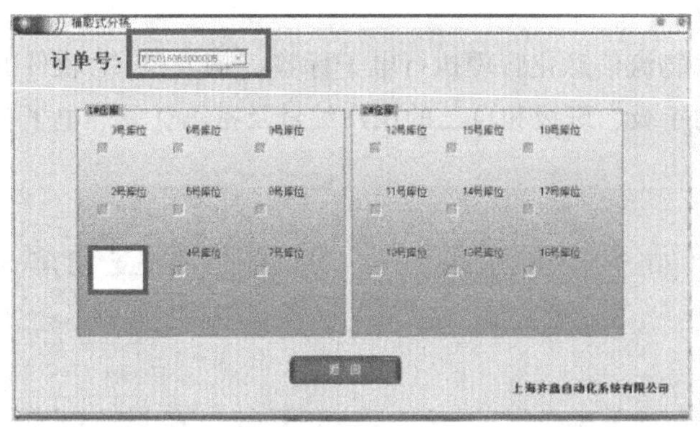

（3）当信息员正确选择了待分拣单号后，摘取式电子标签货架会点亮对应的电子标签，现场的拣选员首先核对分拣单号，然后认真核对待拣货物的库位号和拣选数量，正确无误方可开始货物拣选作业。

拣选员按照电子标签的提示依次拣选货物，然后按下电子标签右边的“拣选完成”按钮，完成该客户所需货物的拣选，当该分拣单全部货物都分拣完成以后，按下“订单完成器”按钮，电子标签上的完成蜂鸣器会响起，同时 LED 灯会被点亮，表示结束该分拣订单。此时摘取式电子标签货架上的电子标签全部熄灭，而且电子标签分拣界面接收到信号后在库位号旁边会显示“完成”字样，至此说明该订单已分拣完毕。

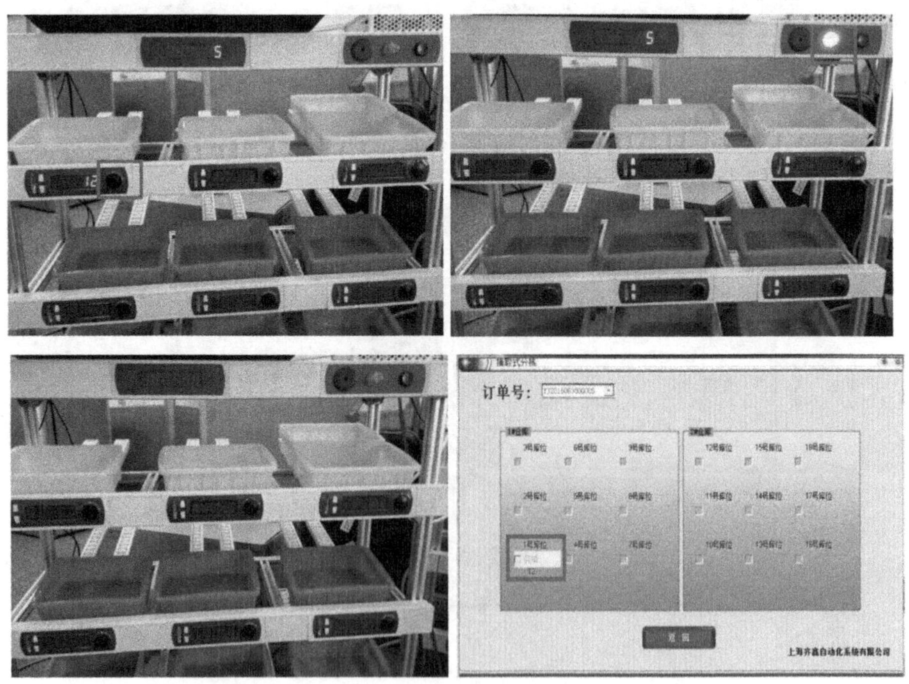

过程考核评价

<table>
<tr><th colspan="6">项目二　按单拣选操作</th></tr>
<tr><td>学员姓名</td><td></td><td>学号</td><td></td><td>班级</td><td>日期</td></tr>
<tr><td>项目</td><td>考核项目</td><td>考核要求</td><td>配分</td><td>评分标准</td><td>得分</td></tr>
<tr><td>知识目标</td><td>拣选作业方式</td><td>理解并掌握拣选作业方式</td><td>20 分</td><td>拣选作业方式叙述不清楚，扣 5 分</td><td></td></tr>
<tr><td rowspan="2">能力目标</td><td>生成拣货信息</td><td>（1）能正确将拣货信息导入物流管理软件；
（2）通过 RF 手持终端完成料箱区拣选</td><td>30 分</td><td>（1）不能正确使用软件导入拣货信息，扣 5 分；
（2）不能按任务要求完成料箱区拣选，扣 5 分</td><td></td></tr>
<tr><td>电子标签拣选</td><td>（1）正确完成摘取式分拣作业；
（2）正确操作电子标签仓库系统</td><td>30 分</td><td>（1）分拣作业结果不正确，扣 5 分；
（2）不能正确操作系统完成订单分拣，扣 5 分</td><td></td></tr>
<tr><td rowspan="2">过程方法及社会能力</td><td>过程方法</td><td>（1）学会自主发现、自主探索的学习方法；
（2）学会在学习中反思、总结，调整自己的学习目标，在更高水平上获得发展</td><td>10 分</td><td>能在工作中反思，有创新见解，有自主发现、自主探索的学习方法，酌情得 5～10 分</td><td></td></tr>
<tr><td>社会能力</td><td>小组成员间团结协作共同完成工作任务，培养良好的职业素养（如保持工位卫生等）</td><td>10 分</td><td>（1）小组分工不明确扣 3 分；
（2）工位卫生情况差扣 3 分</td><td></td></tr>
<tr><td colspan="2">实训总结</td><td colspan="4">完成本项学习任务的体会（学到哪些知识，掌握哪些技能，有哪些收获）：</td></tr>
<tr><td colspan="2">得分</td><td colspan="4"></td></tr>
</table>

经验总结

擅长的方面

需要改进和加强的方面

项目三　基于订单分批策略的批量拣选作业

任务描述

某连锁超市集团配送中心每天上午都要为其遍布在城市每一个区域的所有下属超市门店配送商品，以保证门店一天的正常营业。由于其下属门店多，拣选商品品种多，但每种商品的拣选数量少，所以配送中心每天的拣选配货工作量非常大，效率不高。

为降低员工的工作强度，提高拣货作业效率，中心管理层试图对其现有的拣货作业模式进行优化，将现有的“按单拣选”作业模式改进为“批量拣选”方式，即先由拣选员从存储点集中取出一批客户有共同需求的某种商品，然后再按照各客户的实际需求量进行分配，以满足客户的订货要求。显然，这种改进后的拣货方法符合连锁超市这种连锁门店数量多，但日常配送的商品却集中于几种热销的日常生活用品的业务特点，无疑具有减少拣货的往复行走距离、提高拣货效率的优点。所以，配送中心的拣货部门为了在实践中进一步完善这一理论上的优化作业方式，决定先行小范围试验，待积累经验后再行推广。于是，配送中心的拣货部门在众多的送货订单中挑选出4张符合批次条件的订单（见表4－8至表4－11），进行订单批次处理和订单批量拣选。

（1）本实验一人一组，各自借助计算机及Excel独立完成实验。

（2）为了订单批量拣选作业的顺利实施，本实验要求产生有效的一次批量拣选单以及二次客户分货单信息。

（3）批量拣选信息处理主要有三大管理任务需要完成，即批量订单处理、一次批量拣选（摘取式拣选）和二次商品分配（播种式分货）。

表4－8　门店1订单

订单　单号 No：

订货人	门店1	客户类型	A	缺货处理	按实际分配量送货,无须补货	联系电话	××××××××	
送货地址	××××××××××××××××			发货方式	送货上门	交货时间	2015.2.8　7:30—10:00	
序号	商品编码	商品名称	规格型号	单位	订购数量	单价(元)	金额(元)	备注
1	6902022136627	蓝月亮宝宝专用洗衣液	1 kg	瓶	60	34.00	2 040	
2	6901404321200	上海药皂	125 g	块	300	2.50	750.00	
3	6902088304237	夏士莲自然护肤香皂	125 g	块	500	4.50	2 250.00	
4	6901404231356	百丽美容润肤皂	125 g	块	500	4.00	2 000.00	
5	6902088309249	多芬男士护理沐浴露	250 mL	瓶	100	25.00	2 500.00	
6	6903495813695	三棵针亮白牙膏	90 g	支	120	6.50	780.00	
7	6902088601640	中华健齿白牙膏	155 g	支	100	8.50	850.00	

表4-9 门店2订单

订单 单号 No:

订货人		门店2	客户类型	A	缺货处理	按实际分配量送货，无须补货		联系电话	××××××××
送货地址		××××××××××××××××				发货方式	送货上门	交货时间	2015.2.8 7:30—10:00
序号	商品编码	商品名称		规格型号	单位	订购数量	单价(元)	金额(元)	备注
1	6902022134357	蓝月亮深层洁净洗衣液		3 kg	瓶	30	45.00	1 350.00	
2	6902022137518	蓝月亮手洗专用洗衣液		1 kg	瓶	24	8.50	204.00	
3	6902088309249	多芬男士护理沐浴露		250 mL	瓶	100	25.00	2 500.00	
4	6901177235551	上海防酸牙膏		178 g+36 g	支	150	6.30	945.00	
5	6901404231356	百丽美容润肤皂		125 g	块	200	4.00	800.00	

表4-10 门店3订单

订单 单号 No:

订货人		门店3	客户类型	A	缺货处理	按实际分配量送货，无须补货		联系电话	××××××××
送货地址		××××××××××××××××				发货方式	送货上门	交货时间	2015.2.8 7:30—10:00
序号	商品编码	商品名称		规格型号	单位	订购数量	单价(元)	金额(元)	备注
1	6902088309249	多芬男士护理沐浴露		250 mL	瓶	150	25.00	3 750.00	
2	6902022134357	蓝月亮深层洁净洗衣液		3 kg	瓶	20	45.00	900.00	
3	6902022137518	蓝月亮手洗专用洗衣液		1 kg	瓶	30	8.50	255.00	
4	6903495813695	三棵针亮白牙膏		90 g	支	120	6.50	780.00	
5	6902088601640	中华健齿白牙膏		155 g	支	100	8.50	850.00	
6	6920354801877	高露洁防蛀牙膏		140 g	支	100	12.00	1 200.00	

表4-11 门店4订单

订单 单号 No:

订货人		门店4	客户类型	A	缺货处理	按实际分配量送货，无须补货		联系电话	××××××××
送货地址		××××××××××××××××				发货方式	送货上门	交货时间	2015.2.8 7:30—10:00
序号	商品编码	商品名称		规格型号	单位	订购数量	单价(元)	金额(元)	备注
1	6902022136627	蓝月亮宝宝专用洗衣液		1 kg	瓶	50	34.00	1 700.00	
2	6902022134357	蓝月亮深层洁净洗衣液		3 kg	瓶	50	45.00	2 250.00	
3	6902022137518	蓝月亮手洗专用洗衣液		1 kg	瓶	50	8.50	425.00	
4	6902088309249	多芬男士护理沐浴露		250 mL	瓶	150	25.00	3 750.00	
5	6901404321200	上海药皂		125 g	块	500	2.50	1 250.00	
6	6902088304237	夏士莲自然护肤香皂		125 g	块	200	4.50	900.00	
7	6901404231356	百丽美容润肤皂		125 g	块	500	4.00	2 000.00	

背景知识储备

批量拣选（播种法）是指将每批订货单上的同种商品进行统计整理，从储位上取出，再将其集中搬运到理货场，然后将每一客户所需数量的商品取出，分放到该客户商品暂储待运货位处，直至配货完毕的一种拣选方式。这种作业方式，类似于农民在土地上播种，一次取出几亩地所需的种子，在地上巡回播撒，所以又被形象地称为播种式或播撒式拣选。

批量拣选的作业流程同按单拣选类似，区别在于批量拣选是以货品为“作业单元”，而按单拣选是以客户订单为“作业单元”。

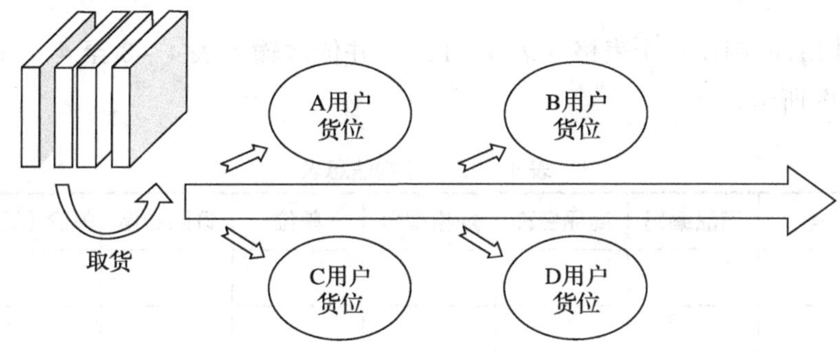

1. 批量拣选的特点

（1）由于是集中取出客户有共同需求的货物，再按货物货位分放，这就需要在收到一定数量的订单后进行统计分析，安排好各用户的分货货位之后才能进行分货作业。因此，这种拣货方式难度较高，计划性较强，与按单拣选相比错误率较高。

（2）由于各用户的配送请求同时完成，配送中心可以同时开始对各个用户所需的货物的配送，这样有利于车辆的合理化调配和配送线路的规划，与按单拣选相比可以更好地发挥规模效益。

（3）对新收到的订单无法做出及时反应，必须等待订单达到一定数量才做一次处理，因此会有停滞时间，只有根据订单到达的状况做等候分析，确定合适的批量的大小，才能将停滞时间减至最短。

2. 批量拣选的优点

（1）适合订单数量庞大的情形。

（2）可以缩短拣取时的行走搬运距离，增加单位时间的拣取量。

（3）越要求少批量、多批次的配送，批量拣取就越有效。

3．批量拣选的缺点

对订单的到来无法做出及时的反应，必须等订单达到一定数量时才做一次处理，因此会有停滞时间产生。

4．批量拣选适用情况

首先批量拣选适合订单变化较小、订单数量稳定的配送中心和外形较规则、固定的商品的出货；其次需进行流通加工的商品也适合批量拣选，再批量进行加工，然后分类配送，有利于提高拣货及加工效率。

实施过程

1．批量订单处理

（1）利用 Excel 制作一个表格（表 4－12），并依次输入表 4－8 至 4－11 中的相关订购信息，如下图所示。

表 4－12　订购信息表

客户号	序号	商品编码	商品名称	规格型号	单位	订购数量	单价（元）	金额（元）

	A	B	C	D	E	F	G	H	I
1	一、客户订单								
2	客户号	序号	商品编码	商品名称	规格型号	单位	订购数量	单价（元）	金额（元）
3	1	1	6902022136627	蓝月亮宝宝专用洗衣液	1kg	瓶	60	34	2040
4	1	2	6901404321200	上海药皂	125g	块	300	2.5	750
5	1	3	6902088304237	夏士莲自然护肤香皂	125g	块	500	4.5	2250
6	1	4	6901404231356	百丽美容润肤皂	125g	块	500	4	2000
7	1	5	6902088309249	多芬男士护理沐浴露	250mL	瓶	100	25	2500
8	1	6	6903495813695	三颗针亮白牙膏	90g	支	120	6.5	780
9	1	7	6902088601640	中华健齿白牙膏	155g	支	100	8.5	850
10	2	1	6902022134357	蓝月亮深层洁净洗衣液	3kg	瓶	30	45	1350
11	2	2	6902022137518	蓝月亮手洗专用洗衣液	1kg	瓶	24	8.5	204
12	2	3	6902088309249	多芬男士护理沐浴露	250mL	瓶	100	25	2500
13	2	4	6901177235551	上海防酸牙膏	178g+36g	支	150	6.3	945
14	2	5	6901404231356	百丽美容润肤皂	125g	块	200	4	800
15	3	1	6902088309249	多芬男士护理沐浴露	250mL	瓶	150	25	3750
16	3	2	6902022134357	蓝月亮深层洁净洗衣液	3kg	瓶	20	45	900
17	3	3	6902022137518	蓝月亮手洗专用洗衣液	1kg	瓶	30	8.5	255
18	3	4	6903495813695	三颗针亮白牙膏	90g	支	120	6.5	780
19	3	5	6902088601640	中华健齿白牙膏	155g	支	100	8.5	850
20	3	6	6920354801877	高露洁防蛀牙膏	140g	支	100	12	1200
21	4	1	6902022136627	蓝月亮宝宝专用洗衣液	1kg	瓶	50	34	1700
22	4	2	6902022134357	蓝月亮深层洁净洗衣液	3kg	瓶	50	45	2250
23	4	3	6902022137518	蓝月亮手洗专用洗衣液	1kg	瓶	50	8.5	425
24	4	4	6902088309249	多芬男士护理沐浴露	250mL	瓶	150	25	3750
25	4	5	6901404321200	上海药皂	125g	块	500	2.5	1250
26	4	6	6902088304237	夏士莲自然护肤香皂	125g	块	200	4.5	900
27	4	7	6901404231356	百丽美容润肤皂	125g	块	500	4	2000

（2）利用 Excel 的“排序”功能将 4 张订单的订购信息按各种商品的条形码（商品编码）进行排序，并用 Excel 的“分类汇总”和“高级筛选”功能对各种商品的订购数量进行汇总求和，形成一份“批次订单”。

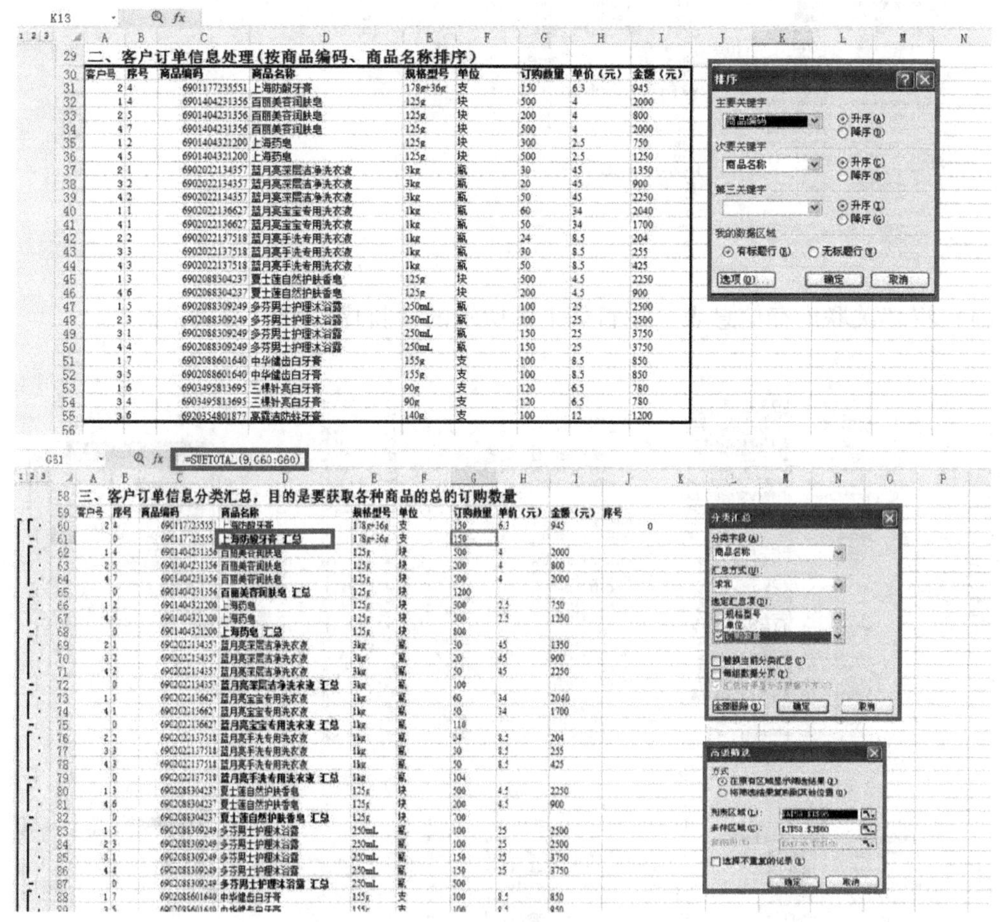

（3）使用 Excel 的“高级筛选”功能将分散存储于各库区货架上的、与本案有关的库存商品信息挑选出来，形成一份“关联库存信息表”。

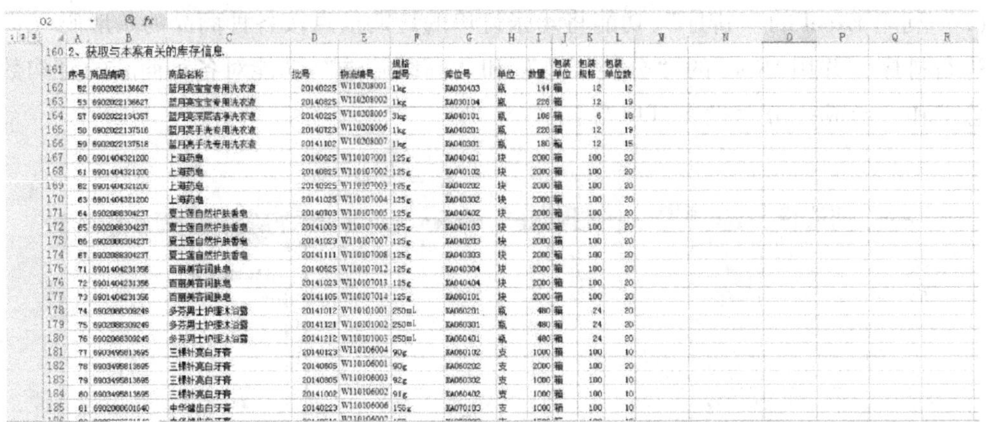

（4）将“关联库存信息表”进行如下图所示的“排序”和“分类汇总”。

（5）将汇总后的相关商品的库存量与“批次订单”中的相应商品的订购数量进行比较，用以确认有效的库存是否能满足客户需求。这一过程通常被称为预拣货。先通过“高级筛选”将“关联库存信息表”中“序号”为“0”的商品汇总数据挑选出来，然后与4个客户所需各种商品总订购数量进行比较。

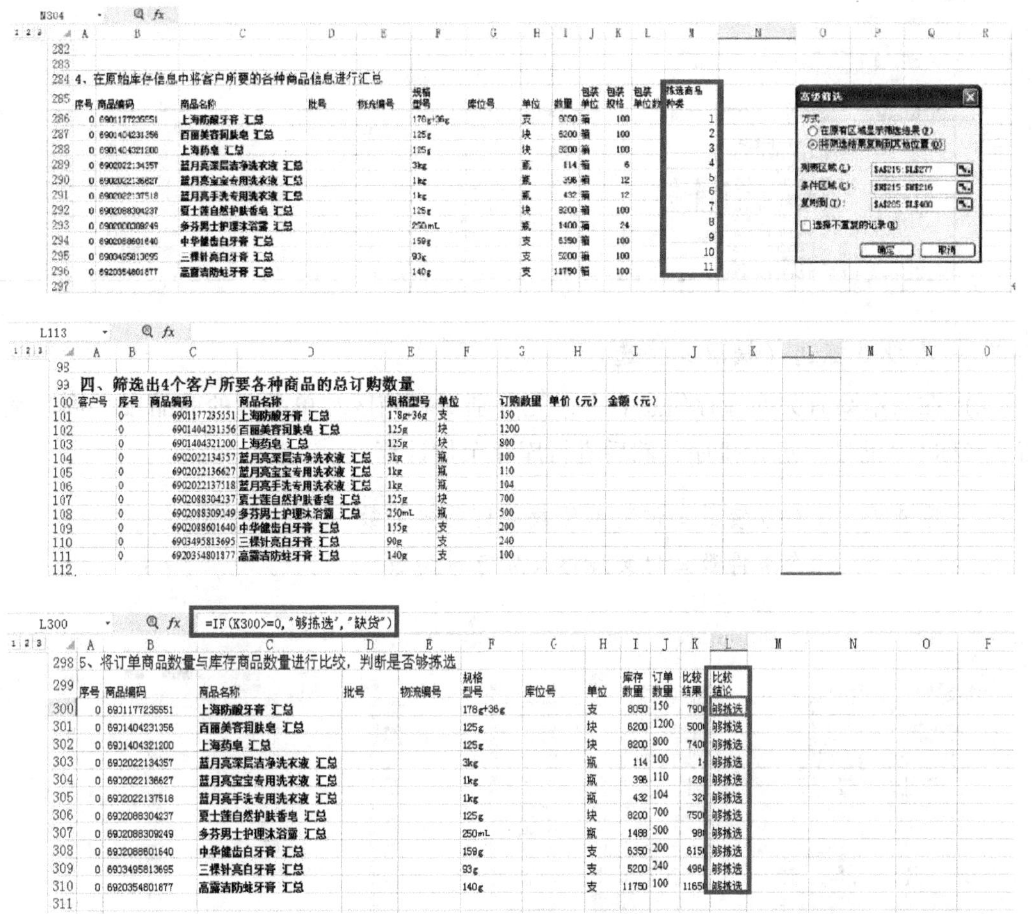

N304

	A	B	C	D	E	F	G	H	I	J	K	L	M
284	4、在原始库存信息中将客户所要的各种商品信息进行汇总												
285	序号	商品编码	商品名称	批号	物流编号	规格型号	库位号	单位	数量	包装单位	包装规格	包装单位数	拣选商品种类
286	0	6901177235551	上海防酸牙膏 汇总			178g+36g		支	9050	箱	100		1
287	0	6901404231356	百丽美容润肤皂 汇总			125g		块	6200	箱	100		2
288	0	6901404321200	上海药皂 汇总			125g		块	8200	箱	100		3
289	0	6902022134357	蓝月亮深层洁净洗衣液 汇总			3kg		瓶	114	箱	6		4
290	0	6902022136627	蓝月亮宝宝专用洗衣液 汇总			1kg		瓶	396	箱	12		5
291	0	6902022137518	蓝月亮手洗专用洗衣液 汇总			1kg		瓶	432	箱	12		6
292	0	6902088304237	夏士莲自然护肤香皂 汇总			125g		块	8200	箱	100		7
293	0	6902088309249	多芬男士护理沐浴露 汇总			250mL		瓶	1400	箱	24		8
294	0	6902088601640	中华健齿白牙膏 汇总			159g		支	6350	箱	100		9
295	0	6903495813695	三棵针亮白牙膏 汇总			93g		支	5200	箱	100		10
296	0	6920354801877	高露洁防蛀牙膏 汇总			140g		支	11750	箱	100		11

L113

	A	B	C	D	E	F	G	H	I
99	四、筛选出4个客户所要各种商品的总订购数量								
100	客户号	序号	商品编码	商品名称	规格型号	单位	订购数量	单价（元）	金额（元）
101		0	6901177235551	上海防酸牙膏 汇总	178g+36g	支	150		
102		0	6901404231356	百丽美容润肤皂 汇总	125g	块	1200		
103		0	6901404321200	上海药皂 汇总	125g	块	800		
104		0	6902022134357	蓝月亮深层洁净洗衣液 汇总	3kg	瓶	100		
105		0	6902022136627	蓝月亮宝宝专用洗衣液 汇总	1kg	瓶	110		
106		0	6902022137518	蓝月亮手洗专用洗衣液 汇总	1kg	瓶	104		
107		0	6902088304237	夏士莲自然护肤香皂 汇总	125g	块	700		
108		0	6902088309249	多芬男士护理沐浴露 汇总	250mL	瓶	500		
109		0	6902088601640	中华健齿白牙膏 汇总	155g	支	200		
110		0	6903495813695	三棵针亮白牙膏 汇总	90g	支	240		
111		0	6920354801877	高露洁防蛀牙膏 汇总	140g	支	100		

L300 =IF(K300>=0,"够拣选","缺货")

	A	B	C	D	E	F	G	H	I	J	K	L
298	5、将订单商品数量与库存商品数量进行比较，判断是否够拣选											
299	序号	商品编码	商品名称	批号	物流编号	规格型号	库位号	单位	库存数量	订单数量	比较结果	比较结论
300	0	6901177235551	上海防酸牙膏 汇总			178g+36g		支	8050	150	790	够拣选
301	0	6901404231356	百丽美容润肤皂 汇总			125g		块	6200	1200	500	够拣选
302	0	6901404321200	上海药皂 汇总			125g		块	8200	800	740	够拣选
303	0	6902022134357	蓝月亮深层洁净洗衣液 汇总			3kg		瓶	114	100	1	够拣选
304	0	6902022136627	蓝月亮宝宝专用洗衣液 汇总			1kg		瓶	398	110	28	够拣选
305	0	6902022137518	蓝月亮手洗专用洗衣液 汇总			1kg		瓶	432	104	32	够拣选
306	0	6902088304237	夏士莲自然护肤香皂 汇总			125g		块	8200	700	750	够拣选
307	0	6902088309249	多芬男士护理沐浴露 汇总			250mL		瓶	1488	500	98	够拣选
308	0	6902088601640	中华健齿白牙膏 汇总			159g		支	6350	200	615	够拣选
309	0	6903495813695	三棵针亮白牙膏 汇总			93g		支	5200	240	496	够拣选
310	0	6920354801877	高露洁防蛀牙膏 汇总			140g		支	11750	100	1165	够拣选

（6）根据“预拣选”结果，按客户订单信息调拨库存，生成一份“预分配方案表”，以便后续的二次分配作业能有效进行。用 VLOOKUP 函数在每个客户订单中找到各种商品所需订购数量，然后再用 IF 函数为各门店分配商品。如在 H115 单元格中写入“=VLOOKUP（$C115，C$3：G$9，5，0）”，按下回车键后下拉选项框，算出门店 1（即客户 1）对每种商品的需求数量，然后在 I115 单元格中写入“=IF（ISERROR（H115）=TRUE，0，H115）”，按下回车键后下拉选项框，算出门店 1 各商品分配数量。以此类推算出门店 2（客户 2）、门店 3（客户 3）、门店 4（客户 4）的商品需求数和分配数。

H115 =VLOOKUP($C115,C$3:G$9,5,0)

	B	C	D	E	F	G	H	I	J	K	L	M	N	O	P
113	五、预分配														
114	序号	商品编码	商品名称	规格型号	单位	订购数量	门店1需求	门店1分配	门店2需求	门店2分配	门店3需求	门店3分配	门店4需求	门店4分配	总分配
115	0	6901177235551	上海防酸牙膏 汇总	178g+36g	支	150	#N/A	0	150	150	#N/A	0	#N/A	0	150
116	0	6901404231356	百丽美容润肤皂 汇总	125g	块	1200	500	500	200	200	#N/A	0	500	500	1200
117	0	6901404321200	上海药皂 汇总	125g	块	800	300	300	#N/A	0	#N/A	0	500	500	800
118	0	6902022134357	蓝月亮深层洁净洗衣液 汇总	3kg	瓶	100	#N/A	0	30	30	20	20	50	50	100
119	0	6902022136627	蓝月亮宝宝专用洗衣液 汇总	1kg	瓶	110	60	60	#N/A	0	#N/A	0	50	50	110
120	0	6902022137518	蓝月亮手洗专用洗衣液 汇总	1kg	瓶	104	#N/A	0	24	24	30	30	50	50	104
121	0	6902088304237	夏士莲自然护肤香皂 汇总	125g	块	700	500	500	#N/A	0	#N/A	0	200	200	700
122	0	6902088309249	多芬男士护理沐浴露 汇总	250mL	瓶	500	100	100	100	100	150	150	150	150	500
123	0	6902088601640	中华健齿白牙膏 汇总	155g	支	200	100	100	#N/A	0	100	100	#N/A	0	200
124	0	6903495813695	三棵针亮白牙膏 汇总	90g	支	240	120	120	#N/A	0	120	120	#N/A	0	240
125	0	6920354801877	高露洁防蛀牙膏 汇总	140g	支	100	#N/A	0	#N/A	0	100	100	#N/A	0	100

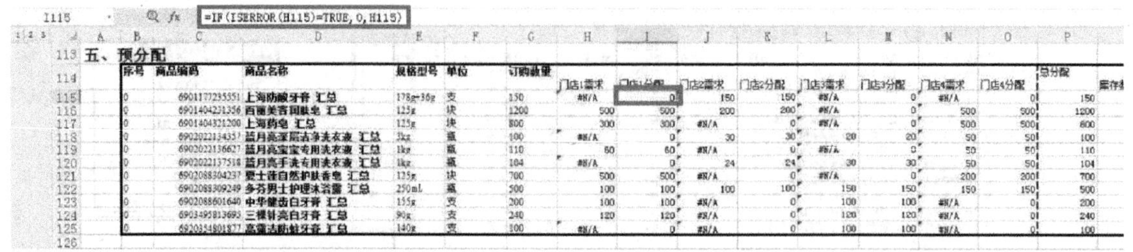

I115 =IF(ISERROR(H115)=TRUE,0,H115)

五、预分配

行	序号	商品编码	商品名称	规格型号	单位	订购数量	门店1需求	门店1分配	门店2需求	门店2分配	门店3需求	门店3分配	门店4需求	门店4分配	总分配	库存
115	0	6901177235551	上海防酸牙膏 汇总	178g+36g	支	150	#N/A	0	150	150	#N/A	0	#N/A	0	150	
116	0	6901404231356	百丽美容润肤皂 汇总	125g	块	1200	500	500	200	200	#N/A	0	500	500	1200	
117	0	6901404321200	上海药皂 汇总	125g	块	800	300	300	#N/A	0	#N/A	0	500	500	800	
118	0	6902022134357	蓝月亮深层洁净洗衣液 汇总	3kg	瓶	100	#N/A	0	30	30	20	20	50	50	100	
119	0	6902022136627	蓝月亮宝宝专用洗衣液 汇总	1kg	瓶	110	60	60	#N/A	0	#N/A	0	50	50	110	
120	0	6902022137518	蓝月亮手洗专用洗衣液 汇总	1kg	瓶	104	#N/A	0	24	24	30	30	50	50	104	
121	0	6902088304237	夏士莲自然护肤香皂 汇总	125g	块	700	500	500	#N/A	0	#N/A	0	200	200	700	
122	0	6902088309249	多芬男士护理沐浴露 汇总	250mL	瓶	500	100	100	100	100	150	150	150	150	500	
123	0	6902088601640	中华健齿白牙膏 汇总	155g	支	200	100	100	#N/A	0	100	100	#N/A	0	200	
124	0	6903495813693	三樱针高白牙膏 汇总	90g	支	240	120	120	#N/A	0	120	120	#N/A	0	240	
125	0	6920354801877	高露洁防蛀牙膏 汇总	140g	支	100	#N/A	0	#N/A	0	100	100	#N/A	0	100	

2. 一次批量拣选（摘取式拣选）

（1）在与本案有关的库存信息表中，先分别对料箱区和单品区的商品按“商品编码”“商品名称”“批号”进行排序，然后进行库存余量计算。

料箱区：库存包装数 = 包装单位数 − 订购包装数

库存单件数 = 包装规格 × 库存包装数

M131 =VLOOKUP(C131,C$101:G$111,5,0)

行	序号	商品编码	商品名称	批号	物流编号	规格型号	库位号	单位	数量	包装单位	包装规格	包装单位数	订购数量	标记	订购包装数	订购单件数
131	86	6901177235551	上海防酸牙膏	20140203	W110106010	178g+36g	KA070204	支	2000	箱	100	20	150	1	1	
132	87	6901177235551	上海防酸牙膏	20140508	W110106011	178g+36g	KA070304	支	1200	箱	100	12	150	0	0	
133	88	6901177235551	上海防酸牙膏	20140809	W110106013	178g+36g	KA070404	支	1500	箱	100	15	150	0	0	
134	89	6901177235551	上海防酸牙膏	20141102	W110106012	178g+36g	KA080101	支	1400	箱	100	14	150	0	0	
135	90	6901177235551	上海防酸牙膏	20141203	W110106014	178g+36g	KA080201	支	1800	箱	100	18	150	0	0	
136	71	6901404231356	百丽美容润肤皂	20140825	W110107012	125g	KA040304	块	2000	箱	100	20	1200	1	12	
137	72	6901404231356	百丽美容润肤皂	20141023	W110107013	125g	KA040404	块	2000	箱	100	20	1200	0	0	
138	73	6901404231356	百丽美容润肤皂	20141105	W110107014	125g	KA050101	块	2000	箱	100	20	1200	0	0	
139	60	6901404321200	上海药皂	20140625	W110107001	125g	KA040401	块	2000	箱	100	20	800	1	8	
140	61	6901404321200	上海药皂	20140825	W110107002	125g	KA040102	块	2000	箱	100	20	800	0	0	
141	62	6901404321200	上海药皂	20140925	W110107003	125g	KA040202	块	2000	箱	100	20	800	0	0	
142	63	6901404321200	上海药皂	20141025	W110107004	125g	KA040302	块	2000	箱	100	20	800	0	0	
143	57	6902022134357	蓝月亮深层洁净洗衣液	20140225	W110208005	3kg	KA040101	瓶	108	箱	6	18	100	1	16	
144	52	6902022136627	蓝月亮宝宝专用洗衣液	20140225	W110208001	1kg	KA030403	瓶	144	箱	12	12	110	1	9	
145	53	6902022136627	蓝月亮宝宝专用洗衣液	20140825	W110208002	1kg	KA030104	瓶	228	箱	12	19	110	0	0	
146	58	6902022137518	蓝月亮手洗专用洗衣液	20140723	W110208006	1kg	KA040201	瓶	228	箱	12	19	104	1	8	
147	59	6902022137518	蓝月亮手洗专用洗衣液	20141102	W110208007	1kg	KA040301	瓶	180	箱	12	15	104	0	0	
148	64	6902088304237	夏士莲自然护肤香皂	20140703	W110107005	125g	KA040402	块	2000	箱	100	20	700	1	7	
149	65	6902088304237	夏士莲自然护肤香皂	20141003	W110107006	125g	KA040103	块	2000	箱	100	20	700	0	0	
150	66	6902088304237	夏士莲自然护肤香皂	20141023	W110107007	125g	KA040203	块	2000	箱	100	20	700	0	0	
151	67	6902088304237	夏士莲自然护肤香皂	20141111	W110107008	125g	KA040303	块	2000	箱	100	20	700	0	0	
152	74	6902088309249	多芬男士护理沐浴露	20141012	W110101001	250mL	KA050201	瓶	480	箱	24	20	500	1	20	
153	75	6902088309249	多芬男士护理沐浴露	20141121	W110101002	250mL	KA050301	瓶	480	箱	24	20	500	0	0	
154	76	6902088309249	多芬男士护理沐浴露	20141212	W110101003	250mL	KA050401	瓶	480	箱	24	20	500	0	0	
155	81	6902088601640	中华健齿白牙膏	20140223	W110106006	156g	KA070103	支	1000	箱	100	10	200	1	2	
156	82	6902088601640	中华健齿白牙膏	20140518	W110106007	157g	KA070203	支	1500	箱	100	15	200	0	0	

R131 =M131-P131

行	商品名称	批号	物流编号	规格型号	库位号	单位	数量	包装单位	包装规格	包装单位数	订购数量	标记	订购包装数	订购单件数	库存包装数	库存单件数
131	上海防酸牙膏	20140203	W110106010	178g+36g	KA070204	支	2000	箱	100	20	150	1	1		19	1900
132	上海防酸牙膏	20140508	W110106011	178g+36g	KA070304	支	1200	箱	100	12	150	0	0		12	1200
133	上海防酸牙膏	20140809	W110106013	178g+36g	KA070404	支	1500	箱	100	15	150	0	0		15	1500
134	上海防酸牙膏	20141102	W110106012	178g+36g	KA080101	支	1400	箱	100	14	150	0	0		14	1400
135	上海防酸牙膏	20141203	W110106014	178g+36g	KA080201	支	1800	箱	100	18	150	0	0		18	1800
136	百丽美容润肤皂	20140825	W110107012	125g	KA040304	块	2000	箱	100	20	1200	1	12		0	000
137	百丽美容润肤皂	20141023	W110107013	125g	KA040404	块	2000	箱	100	20	1200	0	0		20	2000
138	百丽美容润肤皂	20141105	W110107014	125g	KA050101	块	2000	箱	100	20	1200	0	0		20	2000
139	上海药皂	20140525	W110107001	125g	KA040401	块	2000	箱	100	20	800	1	8		12	1200
140	上海药皂	20140825	W110107002	125g	KA040102	块	2000	箱	100	20	800	0	0		20	2000
141	上海药皂	20140925	W110107003	125g	KA040202	块	2000	箱	100	20	800	0	0		20	2000
142	上海药皂	20141025	W110107004	125g	KA040302	块	2000	箱	100	20	800	0	0		20	2000
143	蓝月亮深层洁净洗衣液	20140225	W110208005	3kg	KA040101	瓶	108	箱	6	18	100	1	16		2	12
144	蓝月亮宝宝专用洗衣液	20140225	W110208001	1kg	KA030403	瓶	144	箱	12	12	110	1	9		3	36
145	蓝月亮宝宝专用洗衣液	20140825	W110208002	1kg	KA030104	瓶	228	箱	12	19	110	0	0		19	228
146	蓝月亮手洗专用洗衣液	20140723	W110208006	1kg	KA040201	瓶	228	箱	12	19	104	1	8		11	132
147	蓝月亮手洗专用洗衣液	20141102	W110208007	1kg	KA040301	瓶	180	箱	12	15	104	0	0		15	180
148	夏士莲自然护肤香皂	20140703	W110107005	125g	KA040402	块	2000	箱	100	20	700	1	7		13	1300
149	夏士莲自然护肤香皂	20141003	W110107006	125g	KA040103	块	2000	箱	100	20	700	0	0		20	2000
150	夏士莲自然护肤香皂	20141023	W110107007	125g	KA040203	块	2000	箱	100	20	700	0	0		20	2000
151	夏士莲自然护肤香皂	20141111	W110107008	125g	KA040303	块	2000	箱	100	20	700	0	0		20	2000
152	多芬男士护理沐浴露	20141012	W110101001	250ml	KA060201	瓶	480	箱	24	20	500	1	20		0	0
153	多芬男士护理沐浴露	20141121	W110101002	250ml	KA060301	瓶	480	箱	24	20	500	0	0		20	480
154	多芬男士护理沐浴露	20141212	W110101003	250ml	KA060401	瓶	480	箱	24	20	500	0	0		20	480
155	中华健齿白牙膏	20140223	W110106006	156g	KA070103	支	1000	箱	100	10	200	1	2		8	800
156	中华健齿白牙膏	20140518	W110106007	157g	KA070203	支	1500	箱	100	15	200	0	0		15	1500

S131　=R131*L131

	D	E	F	G	H	I	J	K	L	M	N	O	P	Q	R	S
130	商品名称	批号	物流编号	规格型号	库位号	单位	数量	包装单位	包装规格	包装单位数	订购数量	标记	订购包装数	订购单件数	库存包装数	库存单件数
131	上海防酸牙膏	20140203	W110106010	178g+36g	KA070204	支	2000	箱	100	20	150	1	1		1	1900
132	上海防酸牙膏	20140508	W110106011	178g+36g	KA070304	支	1200	箱	100	12	150	0	0		12	1200
133	上海防酸牙膏	20140809	W110106013	178g+36g	KA070404	支	1500	箱	100	15	150	0	0		15	1500
134	上海防酸牙膏	20141102	W110106012	178g+36g	KA080101	支	1400	箱	100	14	150	0	0		14	1400
135	上海防酸牙膏	20141203	W110106014	178g+36g	KA080201	支	1800	箱	100	18	150	0	0		18	1800
136	百丽美容润肤皂	20140825	W110107012	125g	KA040304	块	2000	箱	100	20	1200	1	12		8	800
137	百丽美容润肤皂	20141023	W110107013	125g	KA040404	块	2000	箱	100	20	1200	0	0		20	2000
138	百丽美容润肤皂	20141105	W110107014	125g	KA060101	块	2000	箱	100	20	1200	0	0		20	2000
139	上海药皂	20140825	W110107001	125g	KA040401	块	2000	箱	100	20	800	1	8		12	1200
140	上海药皂	20140825	W110107002	125g	KA040102	块	2000	箱	100	20	800	0	0		20	2000
141	上海药皂	20140925	W110107003	125g	KA040202	块	2000	箱	100	20	800	0	0		20	2000
142	上海药皂	20141025	W110107004	125g	KA040302	块	2000	箱	100	20	800	0	0		20	2000
143	蓝月亮深层洁净洗衣液	20140225	W110208005	3kg	KA040101	瓶	108	箱	6	18	100	1	16		2	12
144	蓝月亮宝宝专用洗衣液	20140225	W110208001	1kg	KA030403	瓶	144	箱	12	12	110	1	9		3	36
145	蓝月亮宝宝专用洗衣液	20140825	W110208002	1kg	KA030104	瓶	228	箱	12	19	110	0	0		19	228
146	蓝月亮手洗专用洗衣液	20140723	W110208006	1kg	KA040201	瓶	226	箱	12	19	104	1	8		11	132
147	蓝月亮手洗专用洗衣液	20141102	W110208007	1kg	KA040301	瓶	180	箱	12	15	104	0	0		15	180
148	夏士莲自然护肤香皂	20140703	W110107005	125g	KA040402	块	2000	箱	100	20	700	1	7		13	1300
149	夏士莲自然护肤香皂	20141003	W110107006	125g	KA040103	块	2000	箱	100	20	700	0	0		20	2000
150	夏士莲自然护肤香皂	20141023	W110107007	125g	KA040203	块	2000	箱	100	20	700	0	0		20	2000
151	夏士莲自然护肤香皂	20141111	W110107008	125g	KA040303	块	2000	箱	100	20	700	0	0		20	2000
152	多芬男士护理沐浴露	20141012	W110101001	250 mL	KA060201	瓶	480	箱	24	20	500	1	20		0	0
153	多芬男士护理沐浴露	20141121	W110101002	250 mL	KA060301	瓶	480	箱	24	20	500	0	0		20	480
154	多芬男士护理沐浴露	20141212	W110101003	250 mL	KA060401	瓶	480	箱	24	20	500	0	0		20	480
155	中华健齿白牙膏	20140223	W110106006	156g	KA070103	支	1000	箱	100	10	200	1	2		8	800
156	中华健齿白牙膏	20140516	W110106007	157g	KA070203	支	1500	箱	100	15	200	0	0		15	1500

单品区：订购单件数 = （订购数量 ÷ 包装规格）取余数

库存单件数 = （库存）数量 – 订购单件数

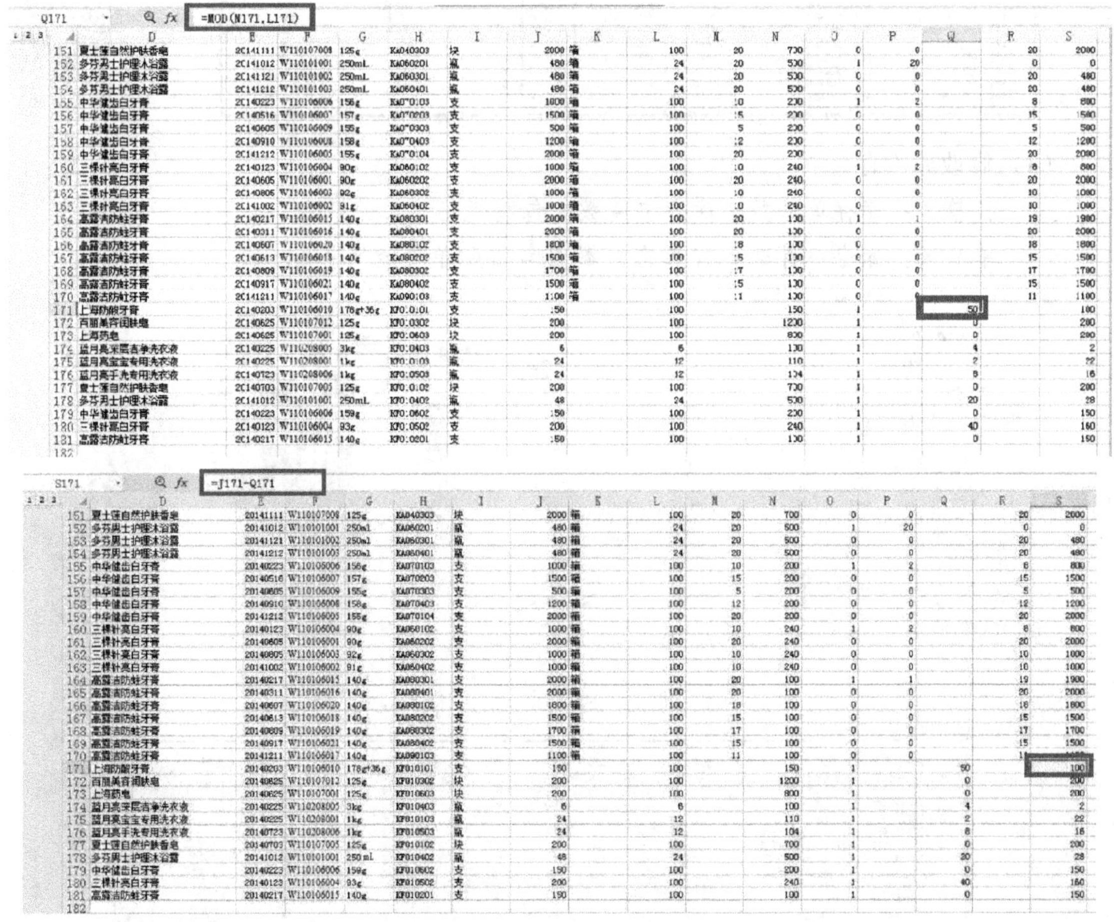

Q171　=MOD(N171,L171)

	D	E	F	G	H	I	J	K	L	M	N	O	P	Q	R	S
151	夏士莲自然护肤香皂	20141111	W110107008	125g	KA040303	块	2000	箱	100	20	700	0	0		20	2000
152	多芬男士护理沐浴露	20141012	W110101001	250mL	KA060201	瓶	480	箱	24	20	500	1	20		0	0
153	多芬男士护理沐浴露	20141121	W110101002	250mL	KA060301	瓶	480	箱	24	20	500	0	0		20	480
154	多芬男士护理沐浴露	20141212	W110101003	250mL	KA060401	瓶	480	箱	24	20	500	0	0		20	480
155	中华健齿白牙膏	20140223	W110106006	156g	KA070103	支	1000	箱	100	10	200	1	2		8	800
156	中华健齿白牙膏	20140516	W110106007	157g	KA070203	支	1500	箱	100	15	200	0	0		15	1500
157	中华健齿白牙膏	20140605	W110106009	155g	KA070303	支	500	箱	100	5	200	0	0		5	500
158	中华健齿白牙膏	20140910	W110106008	158g	KA070403	支	1200	箱	100	12	200	0	0		12	1200
159	中华健齿白牙膏	20141212	W110106005	155g	KA070104	支	2000	箱	100	20	200	0	0		20	2000
160	三棵针亮白牙膏	20140123	W110106004	90g	KA060102	支	1000	箱	100	10	240	1	2		8	800
161	三棵针亮白牙膏	20140605	W110106001	90g	KA060202	支	2000	箱	100	20	240	0	0		20	2000
162	三棵针亮白牙膏	20140806	W110106003	92g	KA060302	支	1000	箱	100	10	240	0	0		10	1000
163	三棵针亮白牙膏	20141002	W110106002	91g	KA060402	支	1000	箱	100	10	240	0	0		10	1000
164	高露洁防蛀牙膏	20140217	W110106015	140g	KA080301	支	2000	箱	100	20	100	1	1		19	1900
165	高露洁防蛀牙膏	20140311	W110106016	140g	KA080401	支	2000	箱	100	20	100	0	0		20	2000
166	高露洁防蛀牙膏	20140607	W110106020	140g	KA080102	支	1800	箱	100	18	100	0	0		18	1800
167	高露洁防蛀牙膏	20140613	W110106018	140g	KA080202	支	1500	箱	100	15	100	0	0		15	1500
168	高露洁防蛀牙膏	20140809	W110106019	140g	KA080302	支	1700	箱	100	17	100	0	0		17	1700
169	高露洁防蛀牙膏	20140917	W110106021	140g	KA080402	支	1500	箱	100	15	100	0	0		15	1500
170	高露洁防蛀牙膏	20141211	W110106017	140g	KA090103	支	1100	箱	100	11	100	0	0		11	1100
171	上海防酸牙膏	20140203	W110106010	178g+36g	KF010101	支	150		100		150	1		50		100
172	百丽美容润肤皂	20140625	W110107012	125g	KF010302	块	200		100		1200	1		0		200
173	上海药皂	20140625	W110107001	125g	KF010603	块	200		100		800	1		0		200
174	蓝月亮深层洁净洗衣液	20140225	W110208005	3kg	KF010403	瓶	6		6		100	1		4		2
175	蓝月亮宝宝专用洗衣液	20140225	W110208001	1kg	KF010103	瓶	24		12		110	1		2		22
176	蓝月亮手洗专用洗衣液	20140723	W110208006	1kg	KF010503	瓶	24		12		104	1		8		16
177	夏士莲自然护肤香皂	20140703	W110107005	125g	KF010102	块	200		100		700	1		0		200
178	多芬男士护理沐浴露	20141012	W110101001	250mL	KF010402	瓶	48		24		500	1		20		28
179	中华健齿白牙膏	20140223	W110106006	159g	KF010602	支	150		100		200	1		0		150
180	三棵针亮白牙膏	20140123	W110106004	93g	KF010502	支	200		100		240	1		40		160
181	高露洁防蛀牙膏	20140217	W110106015	140g	KF010201	支	150		100		100	1		0		150
182																

S171　=J171-Q171

	D	E	F	G	H	I	J	K	L	M	N	O	P	Q	R	S
151	夏士莲自然护肤香皂	20141111	W110107008	125g	KA040303	块	2000	箱	100	20	700	0	0		20	2000
152	多芬男士护理沐浴露	20141012	W110101001	250ml	KA060201	瓶	480	箱	24	20	500	1	20		0	0
153	多芬男士护理沐浴露	20141121	W110101002	250ml	KA060301	瓶	480	箱	24	20	500	0	0		20	480
154	多芬男士护理沐浴露	20141212	W110101003	250ml	KA060401	瓶	480	箱	24	20	500	0	0		20	480
155	中华健齿白牙膏	20140223	W110106006	156g	KA070103	支	1000	箱	100	10	200	1	2		8	800
156	中华健齿白牙膏	20140516	W110106007	157g	KA070203	支	1500	箱	100	15	200	0	0		15	1500
157	中华健齿白牙膏	20140605	W110106009	155g	KA070303	支	500	箱	100	5	200	0	0		5	500
158	中华健齿白牙膏	20140910	W110106008	158g	KA070403	支	1200	箱	100	12	200	0	0		12	1200
159	中华健齿白牙膏	20141212	W110106005	155g	KA070104	支	2000	箱	100	20	200	0	0		20	2000
160	三棵针亮白牙膏	20140123	W110106004	90g	KA060102	支	1000	箱	100	10	240	1	2		8	800
161	三棵针亮白牙膏	20140605	W110106001	90g	KA060202	支	2000	箱	100	20	240	0	0		20	2000
162	三棵针亮白牙膏	20140805	W110106003	92g	KA060302	支	1000	箱	100	10	240	0	0		10	1000
163	三棵针亮白牙膏	20141002	W110106002	91g	KA060402	支	1000	箱	100	10	240	0	0		10	1000
164	高露洁防蛀牙膏	20140217	W110106015	140g	KA080301	支	2000	箱	100	20	100	1	1		19	1900
165	高露洁防蛀牙膏	20140311	W110106016	140g	KA080401	支	2000	箱	100	20	100	0	0		20	2000
166	高露洁防蛀牙膏	20140607	W110106020	140g	KA080102	支	1800	箱	100	18	100	0	0		18	1800
167	高露洁防蛀牙膏	20140613	W110106018	140g	KA080202	支	1500	箱	100	15	100	0	0		15	1500
168	高露洁防蛀牙膏	20140809	W110106019	140g	KA080302	支	1700	箱	100	17	100	0	0		17	1700
169	高露洁防蛀牙膏	20140917	W110106021	140g	KA080402	支	1500	箱	100	15	100	0	0		15	1500
170	高露洁防蛀牙膏	20141211	W110106017	140g	KA090103	支	1100	箱	100	11	100	0	0		11	1100
171	上海防酸牙膏	20140203	W110106010	178g+36g	KF010101	支	150		100		150	1		50		100
172	百丽美容润肤皂	20140625	W110107012	125g	KF010302	块	200		100		1200	1		0		200
173	上海药皂	20140625	W110107001	125g	KF010603	块	200		100		800	1		0		200
174	蓝月亮深层洁净洗衣液	20140225	W110208005	3kg	KF010403	瓶	6		6		100	1		4		2
175	蓝月亮宝宝专用洗衣液	20140225	W110208001	1kg	KF010103	瓶	24		12		110	1		2		22
176	蓝月亮手洗专用洗衣液	20140723	W110208006	1kg	KF010503	瓶	24		12		104	1		8		16
177	夏士莲自然护肤香皂	20140703	W110107005	125g	KF010102	块	200		100		700	1		0		200
178	多芬男士护理沐浴露	20141012	W110101001	250ml	KF010402	瓶	48		24		500	1		20		28
179	中华健齿白牙膏	20140223	W110106006	159g	KF010602	支	150		100		200	1		0		150
180	三棵针亮白牙膏	20140123	W110106004	93g	KF010502	支	200		100		240	1		40		160
181	高露洁防蛀牙膏	20140217	W110106015	140g	KF010201	支	150		100		100	1		0		150
182																

（2）通过对需拣选货物所做的标记筛选出需要拣选货物的库位。

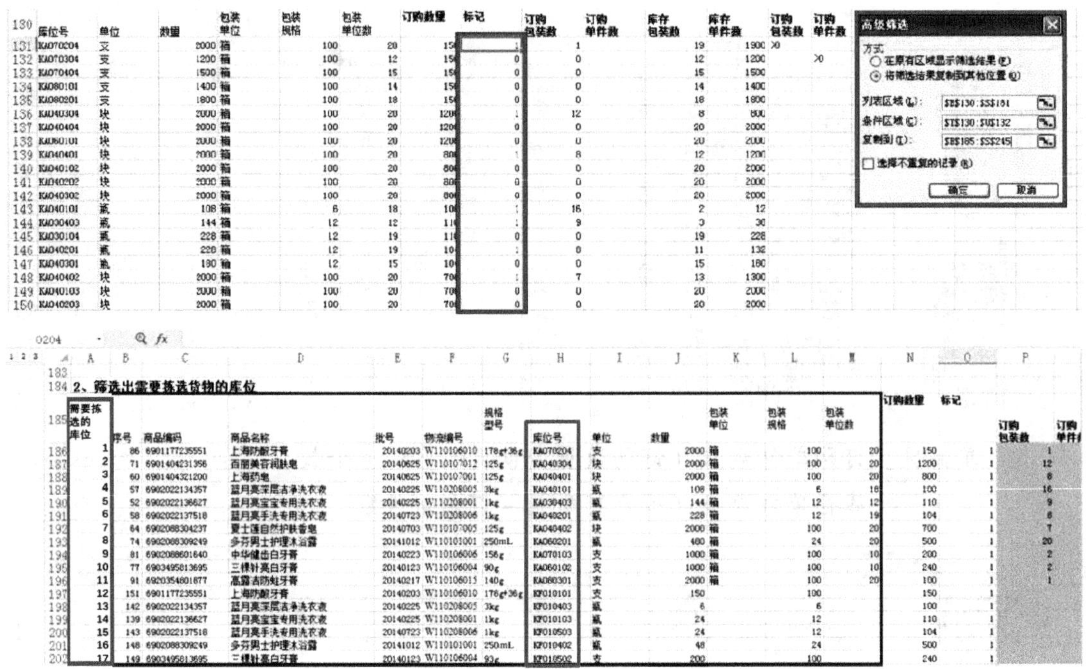

130	库位号	单位	数量	包装单位	包装规格	包装单位数	订购数量	标记	订购包装数	订购单件数	库存包装数	库存单件数	订购包装数	订购单件数
131	KA070204	支	2000	箱	100	20	15	1	1		19	1900	>0	
132	KA070304	支	1200	箱	100	12	15	0	0		12	1200		>0
133	KA070404	支	1500	箱	100	15	15	0	0		15	1500		
134	KA080101	支	1400	箱	100	14	15	0	0		14	1400		
135	KA080201	支	1800	箱	100	18	15	0	0		18	1800		
136	KA040304	块	2000	箱	100	20	120	1	12		8	800		
137	KA040404	块	2000	箱	100	20	120	0	0		20	2000		
138	KA060101	块	2000	箱	100	20	120	0	0		20	2000		
139	KA040401	块	2000	箱	100	20	80	1	8		12	1200		
140	KA040102	块	2000	箱	100	20	80	0	0		20	2000		
141	KA040202	块	2000	箱	100	20	80	0	0		20	2000		
142	KA040302	块	2000	箱	100	20	80	0	0		20	2000		
143	KA040101	瓶	108	箱	6	18	10	1	16		2	12		
144	KA030403	瓶	144	箱	12	12	11	1	9		3	36		
145	KA030104	瓶	228	箱	12	19	11	0	0		19	228		
146	KA040201	瓶	228	箱	12	19	10	1	8		11	132		
147	KA040301	瓶	180	箱	12	15	10	0	0		15	180		
148	KA040402	块	2000	箱	100	20	70	1	7		13	1300		
149	KA040103	块	2000	箱	100	20	70	0	0		20	2000		
150	KA040203	块	2000	箱	100	20	70	0	0		20	2000		

2、筛选出需要拣选货物的库位

行	需要拣选的库位	序号	商品编码	商品名称	批号	物流编号	规格型号	库位号	单位	数量	包装单位	包装规格	包装单位数	订购数量	标记	订购包装数	订购单件数
186	1	86	6901177235551	上海防酸牙膏	20140203	W110106010	178g+36g	KA070204	支	2000	箱	100	20	150	1	1	
187	2	71	6901404231356	百丽美容润肤皂	20140625	W110107012	125g	KA040304	块	2000	箱	100	20	1200	1	12	
188	3	60	6901404321200	上海药皂	20140625	W110107001	125g	KA040401	块	2000	箱	100	20	800	1	8	
189	4	57	6902022134357	蓝月亮深层洁净洗衣液	20140225	W110208005	3kg	KA040101	瓶	108	箱	6	18	100	1	16	
190	5	52	6902022136627	蓝月亮宝宝专用洗衣液	20140225	W110208001	1kg	KA030403	瓶	144	箱	12	12	110	1	9	
191	6	58	6902022137518	蓝月亮手洗专用洗衣液	20140723	W110208006	1kg	KA040201	瓶	228	箱	12	19	104	1	8	
192	7	64	6902088304237	夏士莲自然护肤香皂	20140703	W110107005	125g	KA040402	块	2000	箱	100	20	700	1	7	
193	8	74	6902088309249	多芬男士护理沐浴露	20141012	W110101001	250mL	KA060201	瓶	480	箱	24	20	500	1	20	
194	9	81	6902088601640	中华健齿白牙膏	20140223	W110106006	156g	KA070103	支	1000	箱	100	10	200	1	2	
195	10	77	6903495813695	三棵针亮白牙膏	20140123	W110106004	90g	KA060102	支	1000	箱	100	10	240	1	2	
196	11	91	6920354801877	高露洁防蛀牙膏	20140217	W110106015	140g	KA080301	支	2000	箱	100	20	100	1	1	
197	12	151	6901177235551	上海防酸牙膏	20140203	W110106010	178g+36g	KF010101	支	150		100		150	1		
198	13	142	6902022134357	蓝月亮深层洁净洗衣液	20140225	W110208005	3kg	KF010403	瓶	6		6		100	1		
199	14	139	6902022136627	蓝月亮宝宝专用洗衣液	20140225	W110208001	1kg	KF010103	瓶	24		12		110	1		
200	15	143	6902022137518	蓝月亮手洗专用洗衣液	20140723	W110208006	1kg	KF010503	瓶	24		12		104	1		
201	16	148	6902088309249	多芬男士护理沐浴露	20141012	W110101001	250mL	KF010402	瓶	48		24		500	1		
202	17	149	6903495813695	三棵针亮白牙膏	20140123	W110106004	93g	KF010502	支	200		100		240	1		

（3）修改原库存量。

料箱区：库存单件数 = 库存包装数 × 包装规格

单品区：库存单件数 = （库存）数量 – 订购单件数

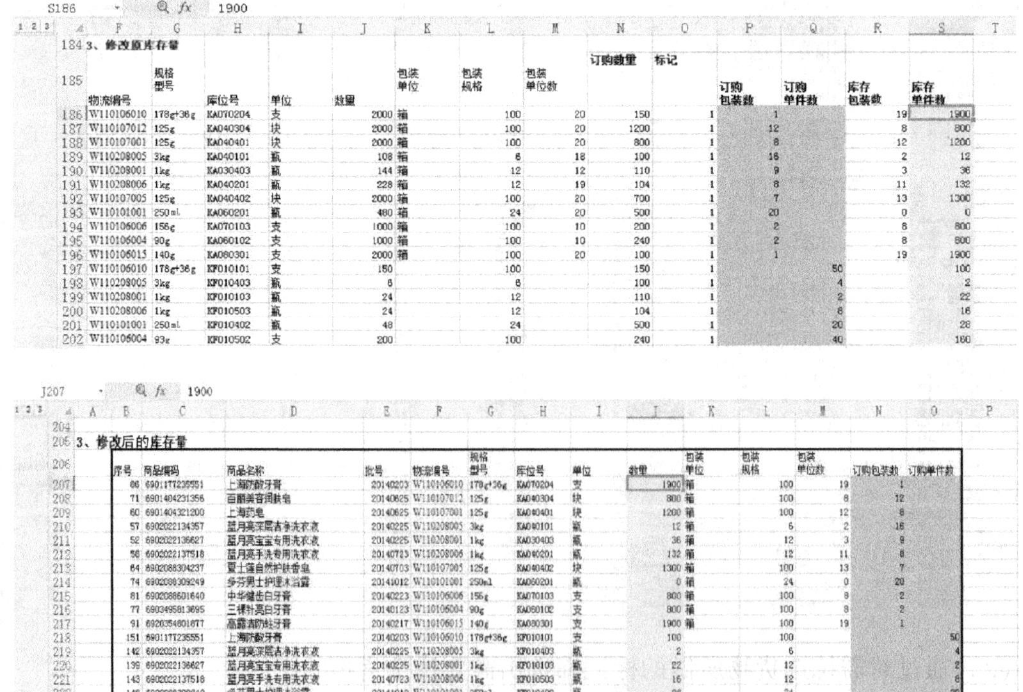

S186 fx 1900

3、修改原库存量

行	物流编号	规格型号	库位号	单位	数量	包装单位	包装规格	包装单位数	订购数量	标记	订购包装数	订购单件数	库存包装数	库存单件数
186	W110106010	178g+36g	KA070204	支	2000	箱	100	20	150	1	1		19	1900
187	W110107012	125g	KA040304	块	2000	箱	100	20	1200	1	12		8	800
188	W110107001	125g	KA040401	块	2000	箱	100	20	800	1	8		12	1200
189	W110208005	3kg	KA040101	瓶	108	箱	6	18	100	1	16		2	12
190	W110208001	1kg	KA030403	瓶	144	箱	12	12	110	1	9		3	36
191	W110208006	1kg	KA040201	瓶	228	箱	12	19	104	1	8		11	132
192	W110107005	125g	KA040402	块	2000	箱	100	20	700	1	7		13	1300
193	W110101001	250mL	KA060201	瓶	480	箱	24	20	500	1	20		0	0
194	W110106006	156g	KA070103	支	1000	箱	100	10	200	1	2		8	800
195	W110106004	90g	KA060102	支	1000	箱	100	10	240	1	2		8	800
196	W110106015	140g	KA080301	支	2000	箱	100	20	100	1	1		19	1900
197	W110106010	178g+36g	KF010101	支	150		100		150	1		50		100
198	W110208005	3kg	KF010403	瓶	6		6		100	1		4		2
199	W110208001	1kg	KF010103	瓶	24		12		110	1		2		22
200	W110208006	1kg	KF010503	瓶	24		12		104	1		8		16
201	W110101001	250mL	KF010402	瓶	48		24		500	1		20		28
202	W110106004	93g	KF010502	支	200		100		240	1		40		160

J207 fx 1900

3、修改后的库存量

行	序号	商品编码	商品名称	批号	物流编号	规格型号	库位号	单位	数量	包装单位	包装规格	包装单位数	订购包装数	订购单件数
207	86	6901177235551	上海防酸牙膏	20140203	W110106010	178g+36g	KA070204	支	1900	箱	100	19	1	
208	71	6901404231356	百丽美容润肤皂	20140625	W110107012	125g	KA040304	块	800	箱	100	8	12	
209	60	6901404321200	上海药皂	20140625	W110107001	125g	KA040401	块	1200	箱	100	12	8	
210	57	6902022134357	蓝月亮深层洁净洗衣液	20140225	W110208005	3kg	KA040101	瓶	12	箱	6	2	16	
211	52	6902022136627	蓝月亮宝宝专用洗衣液	20140225	W110208001	1kg	KA030403	瓶	36	箱	12	3	9	
212	58	6902022137518	蓝月亮手洗专用洗衣液	20140723	W110208006	1kg	KA040201	瓶	132	箱	12	11	8	
213	64	6902088304237	夏士莲自然护肤香皂	20140703	W110107005	125g	KA040402	块	1300	箱	100	13	7	
214	74	6902088309249	多芬男士护理沐浴露	20141012	W110101001	250ml	KA060201	瓶	0	箱	24	0	20	
215	81	6902088601640	中华健齿白牙膏	20140223	W110106006	156g	KA070103	支	800	箱	100	8	2	
216	77	6903495813695	三棵针亮白牙膏	20140123	W110106004	90g	KA060102	支	800	箱	100	8	2	
217	91	6920354801877	高露洁防蛀牙膏	20140217	W110106015	140g	KA080301	支	1900	箱	100	19	1	
218	151	6901177235551	上海防酸牙膏	20140203	W110106010	178g+36g	KF010101	支	100		100			50
219	142	6902022134357	蓝月亮深层洁净洗衣液	20140225	W110208005	3kg	KF010403	瓶	2		6			4
220	139	6902022136627	蓝月亮宝宝专用洗衣液	20140225	W110208001	1kg	KF010103	瓶	22		12			2
221	143	6902022137518	蓝月亮手洗专用洗衣液	20140723	W110208006	1kg	KF010503	瓶	16		12			8
222	148	6902088309249	多芬男士护理沐浴露	20141012	W110101001	250ml	KF010402	瓶	28		24			20
223	149	6903495813695	三棵针亮白牙膏	20140123	W110106004	93g	KF010502	支	160		100			40

（4）优化拣选顺序，分别对料箱区和单品区的库位进行列、层升序排序以及行升序排序。

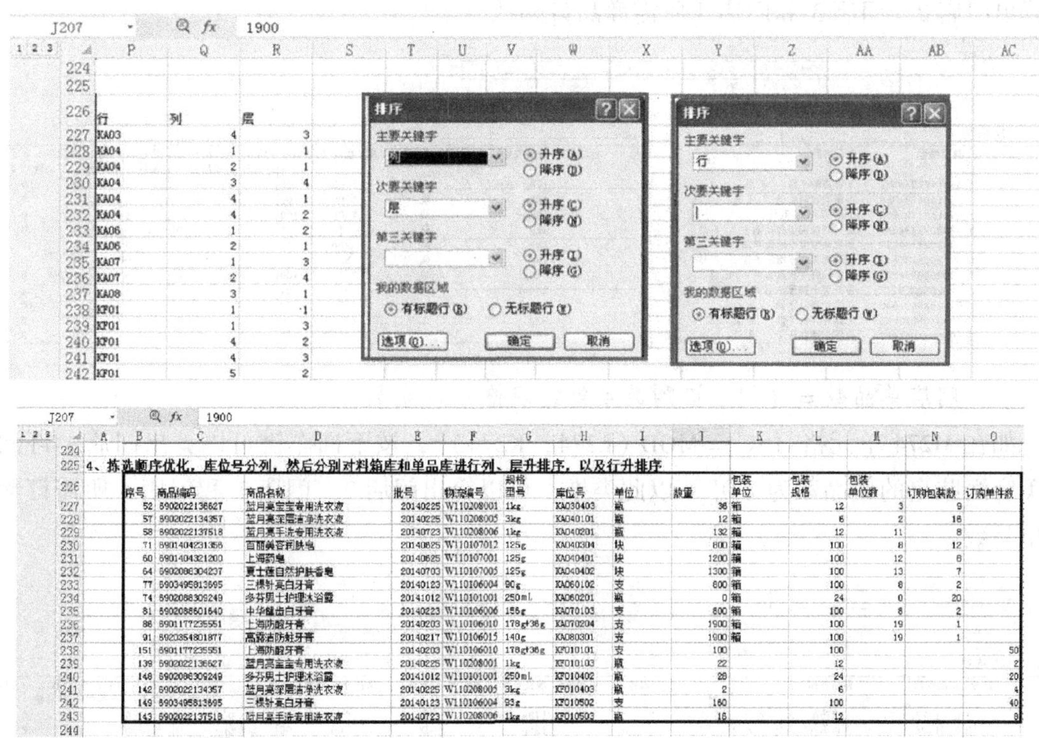

行	列	层
KA03	4	3
KA04	1	1
KA04	2	1
KA04	3	4
KA04	4	1
KA04	4	2
KA06	1	2
KA06	2	1
KA07	1	3
KA07	2	4
KA08	3	1
KF01	1	1
KF01	1	3
KF01	4	2
KF01	4	3
KF01	5	2

4、拣选顺序优化，库位号分列，然后分别对料箱库和单品库进行列、层升排序，以及行升排序

序号	商品编码	商品名称	批号	物流编号	规格型号	库位号	单位	数量	包装单位	包装规格	包装单位数	订购包装数	订购单件数
52	6902022136627	蓝月亮宝宝专用洗衣液	20140225	W110208001	1kg	KA030403	瓶	36	箱	12	3	9	
57	6902022134357	蓝月亮深层洁净洗衣液	20140225	W110208005	3kg	KA040101	瓶	12	箱	6	2	16	
58	6902022137518	蓝月亮手洗专用洗衣液	20140723	W110208006	1kg	KA040201	瓶	132	箱	12	11	8	
71	6901404231356	百丽美容润肤皂	20140625	W110107012	125g	KA040304	块	800	箱	100	8	12	
60	6901404321200	上海药皂	20140625	W110107001	125g	KA040401	块	1200	箱	100	12	8	
64	6902088304237	夏士莲自然护肤香皂	20140703	W110107005	125g	KA040402	块	1300	箱	100	13	7	
77	6903495813695	三棵针亮白牙膏	20140123	W110106004	90g	KA060102	支	800	箱	100	8	2	
74	6902088309249	多芬男士护理沐浴露	20141012	W110101001	250mL	KA060201	瓶	0	箱	24	0	20	
81	6902088601640	中华健齿白牙膏	20140223	W110106006	156g	KA070103	支	800	箱	100	8	2	
86	6901177235551	上海防酸牙膏	20140203	W110106010	178g+36g	KA070204	支	1900	箱	100	19	1	
91	6920354801877	高露洁防蛀牙膏	20140217	W110106015	140g	KA080301	支	1900	箱	100	19	1	
151	6901177235551	上海防酸牙膏	20140203	W110106010	178g+36g	KF010101	支	100		100			50
139	6902022136627	蓝月亮宝宝专用洗衣液	20140225	W110208001	1kg	KF010103	瓶	22		12			2
148	6902088309249	多芬男士护理沐浴露	20141012	W110101001	250mL	KF010402	瓶	28		24			20
142	6902022134357	蓝月亮深层洁净洗衣液	20140225	W110208005	3kg	KF010403	瓶	2		6			4
149	6903495813695	三棵针亮白牙膏	20140123	W110106004	93g	KF010502	支	160		100			40
143	6902022137518	蓝月亮手洗专用洗衣液	20140723	W110208006	1kg	KF010503	瓶	16		12			8

（5）生成各库区摘取式拣货单。

5、料箱库一次拣选单

序号	商品编码	商品名称	批号	物流编号	规格型号	库位号	单位	数量	包装单位	包装规格	包装单位数	订购包装数	订购单件数
52	6902022136627	蓝月亮宝宝专用洗衣液	20140225	W110208001	1kg	KA030403	瓶	36	箱	12	3	9	
57	6902022134357	蓝月亮深层洁净洗衣液	20140225	W110208005	3kg	KA040101	瓶	12	箱	6	2	16	
58	6902022137518	蓝月亮手洗专用洗衣液	20140723	W110208006	1kg	KA040201	瓶	132	箱	12	11	8	
71	6901404231356	百丽美容润肤皂	20140625	W110107012	125g	KA040304	块	800	箱	100	8	12	
60	6901404321200	上海药皂	20140625	W110107001	125g	KA040401	块	1200	箱	100	12	9	
64	6902088304237	夏士莲自然护肤香皂	20140703	W110107005	125g	KA040402	块	1300	箱	100	13	7	
77	6903495813695	三棵针亮白牙膏	20140123	W110106004	90g	KA060102	支	800	箱	100	8	2	
74	6902088309249	多芬男士护理沐浴露	20141012	W110101001	250mL	KA060201	瓶	0	箱	24	0	20	
81	6902088601640	中华健齿白牙膏	20140223	W110106006	156g	KA070103	支	800	箱	100	8	2	
86	6901177235551	上海防酸牙膏	20140203	W110106010	178g+36g	KA070204	支	1900	箱	100	19	1	
91	6920354801877	高露洁防蛀牙膏	20140217	W110106015	140g	KA080301	支	1900	箱	100	19	1	

6、单品库一次拣选单

序号	商品编码	商品名称	批号	物流编号	规格型号	库位号	单位	数量	包装单位	包装规格	包装单位数	订购包装数	订购单件数
151	6901177235551	上海防酸牙膏	20140203	W110106010	178g+36g	KF010101	支	100		100			50
139	6902022136627	蓝月亮宝宝专用洗衣液	20140225	W110208001	1kg	KF010103	瓶	22		12			2
148	6902088309249	多芬男士护理沐浴露	20141012	W110101001	250mL	KF010402	瓶	28		24			20
142	6902022134357	蓝月亮深层洁净洗衣液	20140225	W110208005	3kg	KF010403	瓶	2		6			4
149	6903495813695	三棵针亮白牙膏	20140123	W110106004	93g	KF010502	支	160		100			40
143	6902022137518	蓝月亮手洗专用洗衣液	20140723	W110208006	1kg	KF010503	瓶	16		12			8

3. 二次商品分配（播种式分货），缮制各客户二次分配单

用 VLOOKUP 函数在客户对应订单表中找到客户所需各类商品需求数，再用 ISERROR 函数判断客户是否有需求，没有需求输出“0”，有需求输出客户所需的商品订购数。如在 L273 单元格中写入“=IF(ISERROR(VLOOKUP($C273，$C$3：$G$9，5，0)),0,

VLOOKUP（$C273，$C$3：$G$9，5，0））”，按下回车键就能算出门店 1 订购的上海防酸牙膏的数量，下拉选项框可以算出门店 1 对剩下各种商品的订购数。以此类推，可以算出门店 2、门店 3 和门店 4 所需商品订购数。

L273 =IF(ISERROR(VLOOKUP($C273,$C$3:$G$9,5,0)),0,VLOOKUP($C273,$C$3:$G$9,5,0))

7、二次拣选

序号	商品编码	商品名称	批号	物流编号	规格型号	库位号	单位	库存数量	包装规格	门店1订购数	门店1单品数	门店1包装数	门店2订购数	门店2单品数	门店2包装数
1	6901177235551	上海防酸牙膏 汇总			178g+36g		支	7900	100	0	0	0	150	50	
2	6901404231356	百丽美容润肤皂 汇总			125g		块	5000	100	500	0	5	200	0	
3	6901404321200	上海药皂 汇总			125g		块	7400	100	300	0	3	0	0	
4	6902022134357	蓝月亮深层洁净洗衣液 汇总			3kg		瓶	14	6	0	0	0	30	0	
5	6902022136627	蓝月亮宝宝专用洗衣液 汇总			1kg		瓶	286	12	60	0	5	0	0	
6	6902022137518	蓝月亮手洗专用洗衣液 汇总			1kg		瓶	328	12	0	0	0	24	0	
7	6902088304237	夏士莲自然护肤香皂 汇总			125g		块	7500	100	500	0	5	0	0	
8	6902088309249	多芬男士护理沐浴露 汇总			250mL		瓶	988	24	100	4	4	100	4	
9	6902088601640	中华健齿白牙膏 汇总			159g		支	6150	100	100	0	1	0	0	
10	6903495813695	三颗针亮白牙膏 汇总			93g		支	4960	100	120	20	1	0	0	
11	6920354801877	高露洁防蛀牙膏 汇总			140g		支	11650	100	0	0	0	0	0	

门店单品数 =（门店订购数 ÷ 包装规格）取余数

如在 M274 单元格写入“ = MOD（L274，K274）”，按下回车键可以算出门店 1 订购百丽美容润肤皂的单品数为“0”。以此类推，可以算出门店 2、门店 3 和门店 4 所需订购商品单品数。

M274 =MOD(L274,K274)

7、二次拣选

序号	商品编码	商品名称	批号	物流编号	规格型号	库位号	单位	库存数量	包装规格	门店1订购数	门店1单品数	门店1包装数	门店2订购数	门店2单品数	门店2包装数
1	6901177235551	上海防酸牙膏 汇总			178g+36g		支	7900	100	0	0	0	150	50	
2	6901404231356	百丽美容润肤皂 汇总			125g		块	5000	100	500	0	5	200	0	
3	6901404321200	上海药皂 汇总			125g		块	7400	100	300	0	3	0	0	
4	6902022134357	蓝月亮深层洁净洗衣液 汇总			3kg		瓶	14	6	0	0	0	30	0	
5	6902022136627	蓝月亮宝宝专用洗衣液 汇总			1kg		瓶	286	12	60	0	5	0	0	
6	6902022137518	蓝月亮手洗专用洗衣液 汇总			1kg		瓶	328	12	0	0	0	24	0	
7	6902088304237	夏士莲自然护肤香皂 汇总			125g		块	7500	100	500	0	5	0	0	
8	6902088309249	多芬男士护理沐浴露 汇总			250mL		瓶	988	24	100	4	4	100	4	
9	6902088601640	中华健齿白牙膏 汇总			159g		支	6150	100	100	0	1	0	0	
10	6903495813695	三颗针亮白牙膏 汇总			93g		支	4960	100	120	20	1	0	0	
11	6920354801877	高露洁防蛀牙膏 汇总			140g		支	11650	100	0	0	0	0	0	

门店包装数 =（门店订购数 ÷ 包装规格）取整数

如在 N274 单元格中写入“ = INT（L274/K274）”，按下回车键后可以算出门店 1 订购百丽美容润肤皂的包装数为“5”。以此类推，可以算出门店 2、门店 3 和门店 4 所需订购商品包装数。

N274 =INT(L274/K274)

7、二次拣选

序号	商品编码	商品名称	批号	物流编号	规格型号	库位号	单位	库存数量	包装规格	门店1订购数	门店1单品数	门店1包装数	门店2订购数	门店2单品数	门店2包装数
1	6901177235551	上海防酸牙膏 汇总			178g+36g		支	7900	100	0	0	0	150	50	
2	6901404231356	百丽美容润肤皂 汇总			125g		块	5000	100	500	0	5	200	0	
3	6901404321200	上海药皂 汇总			125g		块	7400	100	300	0	3	0	0	
4	6902022134357	蓝月亮深层洁净洗衣液 汇总			3kg		瓶	14	6	0	0	0	30	0	
5	6902022136627	蓝月亮宝宝专用洗衣液 汇总			1kg		瓶	286	12	60	0	5	0	0	
6	6902022137518	蓝月亮手洗专用洗衣液 汇总			1kg		瓶	328	12	0	0	0	24	0	
7	6902088304237	夏士莲自然护肤香皂 汇总			125g		块	7500	100	500	0	5	0	0	
8	6902088309249	多芬男士护理沐浴露 汇总			250mL		瓶	988	24	100	4	4	100	4	
9	6902088601640	中华健齿白牙膏 汇总			159g		支	6150	100	100	0	1	0	0	
10	6903495813695	三颗针亮白牙膏 汇总			93g		支	4960	100	120	20	1	0	0	
11	6920354801877	高露洁防蛀牙膏 汇总			140g		支	11650	100	0	0	0	0	0	

过程考核评价

<table>
<tr><th colspan="7">项目三 基于订单分批策略的批量拣选作业</th></tr>
<tr><td colspan="2">学员姓名</td><td>学号</td><td></td><td>班级</td><td>日期</td><td></td></tr>
<tr><td>项目</td><td>考核项目</td><td>考核要求</td><td>配分</td><td>评分标准</td><td>得分</td><td></td></tr>
<tr><td rowspan="2">知识目标</td><td>批量拣选作业原理</td><td>理解批量拣选的作业原理</td><td>20分</td><td>批量拣选作业原理叙述不清楚，扣5分</td><td></td><td></td></tr>
<tr><td>批量拣选适用场景</td><td>理解批量拣选的适用场景</td><td>10分</td><td>批量拣选适用场景叙述不清楚，扣5分</td><td></td><td></td></tr>
<tr><td rowspan="3">能力目标</td><td>预拣选</td><td>（1）通过Excel制作表格并进行相应数据计算；
（2）根据汇总结果完成预拣选</td><td>20分</td><td>（1）不能按照任务要求制作“批次订单”，扣5分；
（2）不能按任务要求完成“关联库存信息表”，扣5分；
（3）不能正确完成预拣选，扣5分</td><td></td><td></td></tr>
<tr><td>一次批量拣选</td><td>按要求正确完成摘取式拣选作业</td><td>15分</td><td>（1）不能正确完成相关数据计算，每处扣4分；
（2）不能正确完成一次批量拣选作业，扣5分</td><td></td><td></td></tr>
<tr><td>二次商品分配</td><td>通过Excel相关函数完成二次商品分配</td><td>15分</td><td>（1）不能正确完成相关数据计算，每处扣4分；
（2）不能正确完成二次商品分配，扣5分</td><td></td><td></td></tr>
<tr><td rowspan="2">过程方法及社会能力</td><td>过程方法</td><td>（1）学会自主发现、自主探索的学习方法；
（2）学会在学习中反思、总结，调整自己的学习目标，在更高水平上获得发展</td><td>10分</td><td>能在工作中反思，有创新见解，有自主发现、自主探索的学习方法，酌情得5～10分</td><td></td><td></td></tr>
<tr><td>社会能力</td><td>小组成员间团结协作共同完成工作任务，培养良好的职业素养（如保持工位卫生等）</td><td>10分</td><td>（1）小组分工不明确扣3分；
（2）工位卫生情况差扣3分</td><td></td><td></td></tr>
<tr><td colspan="2">实训总结</td><td colspan="5">完成本项学习任务的体会（学到哪些知识，掌握哪些技能，有哪些收获）：</td></tr>
<tr><td colspan="2">得分</td><td colspan="5"></td></tr>
</table>

经验总结

擅长的方面

需要改进和加强的方面

学习任务五 在库作业管理

05

任务引入

仓库管理是企业管理特别是物流管理中非常重要的一个环节，其管理的好坏直接体现了规范化管理质量与水平的高低，也体现了企业参与市场竞争的综合能力的强弱。仓库内物资周转的效率越高，说明企业产品的市场周转率越高，企业的经营效果就越好；仓库内物资差错率越低，保管率越高，说明企业的综合管理水平越高。仓库内物资数量的记录越准确、越详细，越能直接指导企业的经营决策，为企业提供财务数据。为了让仓库的管理更细致、物资更完好、数据更准确，发挥仓库在物流中的作用，在日常管理中最重要、最基础的一个手段就是抓好仓库的盘点工作。

仓库中的货物在存储过程中，因其本身的性质和自然条件的影响可能出现损坏的状况，同时货物一直处于进、存、出的动态中，在作业过程中产生的误差经过一段时间的积累会使库存资料反映的数据与实际数量不相符，给库存的有效管理带来了极大的影响。因此，必须定期或者不定期地对各种存储货物进行清点和查核，了解仓储的实际情况，这种操作称为盘点作业。

任务要求

（1）了解和掌握盘点的内容、流程、方法和应注意的问题。

（2）掌握盘点差异处理的方法。

（3）了解和掌握盘点作业的评价指标及评价方法。

任务内容

（1）通过软件对仓库内商品信息进行账面盘点。

（2）通过 RF 手持终端对实物信息进行录入。

（3）通过软件对实物盘点结果与账面盘点结果进行自动逐一比较。

（4）通过 Excel 对盘点结果的相关指标进行评价。

任务实施

本任务以某连锁超市配送中心单品分拣库区 1 号库为例。为了保证货物的安全，并确保盘点的库存情况正确无误，要求对货物进行账面盘点和实物盘点，并对盘点结果进行比较，看是否存在“料账不符”的情况，并对盘点过程进行绩效评价，判定责任归属。

本任务具体由三个项目来实现。

项目一　账面盘点

项目二　实物盘点

项目三　盘点结果及盘点绩效评价

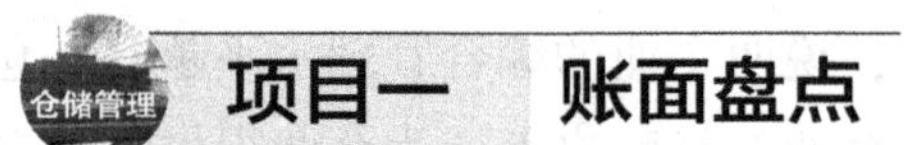

项目一　账面盘点

任务描述

某连锁超市配送中心为保证货物的安全，制定了一套循环盘点的制度，并规定了具体的盘点方法，将账面盘点和实物盲盘相融合，互为“查验”、相互“监督”，目标是确保盘点的库存情况正确无误。具体来说就是账面盘点和实物盲盘分别独立实施，然后将两种方法获得的盘点结果进行比较，看结果是否完全一致。在此基础上，如果发现存有差异，即“料账不符”，就要检查差异是出在账面盘点上还是出在实物盘点上，从而得到正确的结果，并判定责任归属。

根据这项制度，今需要对单品分拣库区 1 号库所存货物进行盘点。分拣库区 1 号库内存货信息见表 5－1。

表 5－1　KF01 库存信息表

序号	商品编码	商品名称	批号	物流编码	规格型号	库位号	单位	数量
1	6902022136627	蓝月亮宝宝专用洗衣液	20140225	W110208001	1 kg	KF010103	瓶	22
2	6902022137273	蓝月亮亮白增艳洗衣液	20140925	W110208003	3 kg	KF010203	瓶	12
3	6902022131745	蓝月亮绿色柔顺剂	20141123	W110202001	3 kg	KF010303	瓶	6
4	6902022134357	蓝月亮深层洁净洗衣液	20140225	W110208005	3 kg	KF010403	瓶	2
5	6902022137518	蓝月亮手洗专用洗衣液	20140723	W110208006	1 kg	KF010503	瓶	16

（续）

序号	商品编码	商品名称	批号	物流编码	规格型号	库位号	单位	数量
6	6901404321200	上海药皂	20140625	W110107001	125 g	KF010603	块	200
7	6902088304237	夏士莲自然护肤香皂	20140703	W110107005	125 g	KF010102	块	200
8	6910019002930	雕牌超能皂	20140701	W110207009	218 g	KF010202	块	200
9	6901404231356	百丽美容润肤皂	20140625	W110107012	125 g	KF010302	块	200
10	6902088309249	多芬男士护理沐浴露	20141012	W110101001	250 mL	KF010402	瓶	28
11	6903495813695	三棵针亮白牙膏	20140123	W110106004	93 g	KF010502	支	160
12	6902088601640	中华健齿白牙膏	20140223	W110106006	159 g	KF010602	支	150
13	6901177235551	上海防酸牙膏	20140203	W110106010	178 g + 36 g	KF010101	支	100
14	6920354801877	高露洁防蛀牙膏	20140217	W110106015	140 g	KF010201	支	150
15	6900000805290	佳能墨盒	20140810	W080104001	HPG-24 Toner	KF010301	个	36
16	6940230098721	HP 硒鼓	20140207	W080104006	5200	KF010401	个	20
17	6940230125339	HP 硒鼓	20140212	W080104011	C3906	KF010501	个	20

本任务主要通过操作软件完成仓库货物的账面盘点。本部分任务需分组进行，每 3 人组成一个实验小组。这 3 人所扮演的角色及其任务如下。

组长：负责盘点对象库内实物的摆放。

信息员：负责操作后台管理系统，并进行账面盘点。

复盘员：对数量有差异的商品进行复盘。

背景知识储备

一、盘点

盘点指对陈列和仓库内现有的商品的存量进行实际清点，并与账面上记录的数量进行对比，以确定商品的实际数量、状况及储位而进行的清点作业。

1. 盘点的主要作用

盘点的主要作用如下。

（1）检查物料与账卡的准确程度。

（2）查核商品储存现状。

（3）检验商品管理绩效，提供整改依据。

（4）确定损益。

（5）便于及时调整采购方案。

2. 盘点的目的

通过盘点，一来可以控制库存，以指导日常经营业务；二来能够及时掌握损益情况，以便真实地把握经营绩效，并尽早采取预防措施。

1）查清实际库存数量

在实际操作中，导致账面库存数量与实际存货数量不符的原因较多，例如：收发中记录库存数量时多记、误记、漏记；作业中导致商品损坏、遗失；验收与出货时清点有误；盘点时误盘、重盘、漏盘等。通过盘点清查实际存货数量与账面库存数量，发现问题并查明原因，有助于企业及时做出调整。

2）计算企业资产的损益

库存商品总金额直接反映企业流动资产的使用情况，库存量过高将影响流动资金的正常周转，而库存金额又与库存量及单价成正比。盘点可以准确地计算出企业实际损益。

3）发现商品管理中存在的问题

通过盘点查明盈亏原因，发现作业与管理中存在的问题，并做出相应的调整，从而提高库存管理水平，减少相应损失。

4）稽核仓库账务工作的落实度

料账不准对生产工作会造成致命的伤害，因此企业经营管理层一定会审慎地制定仓储物料管理办法，授权仓库管理人员依规定执行料账登账作业。虽然做好料账工作是仓库人员的职责，但是难免有些仓库人员经营意识不足，责任感不强，或者疏忽，或者拖延，使料账产生很大差异。为了及早发现“人”的问题，做出警示处理，提醒仓库作业人员改正其偏差习性，经常性的稽核有其必要性，有助于企业结合复查结果及早采取相应措施。

5）更有效地进行仓储整顿

仓库存放的应该是良品，因为生产需用的一定是良品，而且仓库应该存放生产需用的物料，绝对不是呆料。但由于工作繁忙，仓库人员很少能细心地及时核查，以致良品变不良品仍然不知。为及时、有效地发现不良品与呆料产生的原因以便及时采取措施，定期实地的盘点非常有必要，它可以使一切潜在的问题显现出来。

6）了解物品的存货水平

通过盘点，可以及时了解积压物品的状况及物品的周转情况。

3. 盘点的形式

由于仓储条件、货物特征差别较大，因此盘点作业的形式也各不相同，主要的盘点形式如下。

1）永续盘点

永续盘点又称动态盘点，即保管员每天对有收发变动的货物盘点一次，以便及时发现问题，防止出现收发差错。

2）循环盘点

循环盘点即保管员对自己所保管的货物，根据其性质特点，分轻重缓急，做出月盘点计划，然后按照计划逐日轮番盘点。

3）定期盘点

定期盘点即指在月末、季末、年中或者年末按照计划进行的对所有货物的全面清查。

4）重点盘点

重点盘点即指根据季节变化或工作需要，为某种特定目的而进行的盘点工作。

4. 盘点的原则

（1）真实：要求盘点的所有点数、资料必须是真实的，不允许作弊或弄虚作假，掩盖漏洞和失误。

（2）准确：盘点的过程要准确无误，无论是资料的输入、陈列的核查还是盘点的点数，都必须准确无误。

（3）完整：所有盘点的过程，包括区域的规划、盘点的原始资料、盘点点数等，都必须完整，不要遗漏区域和商品。

（4）清楚：盘点过程属于流水作业，不同的人员负责不同的工作，因此所有资料必须清楚，记录的书写必须清楚，货物的整理必须清楚，只有这样才能使盘点顺利进行。

（5）合作：盘点是所有仓储人员都参加的营运过程。为减少停业的损失，加快盘点的进度，仓储物料各个部门必须有良好的配合协调意识，以大局为重，使整个盘点按计划进行。

二、盘点的准备

（1）盘点前的准备工作。此环节主要包括确定盘点的具体方法和作业程序，确定盘点时间，准备基本工具和相关资料，同时要对参与盘点工作的人员进行必要的培训。正式盘点之前要冻结账目。

这一过程是最为费时费力且最容易出错的过程。为确保获取准确的盘点数据，需要做好盘点前的准备工作，做好人员组织与分工，确定有效的盘点方法，如盲盘（单据上不显示货品数量，直接清点每种货品数量并记录），加强对复核与盘点过程的监督等。此外，为提高盘点效率，盘点时还可以使用计数器、条形码识别装置（盘点机）等对货物进行盘点。

（2）盘点场所的整理。盘点前应对盘点场所，比如仓库或者配送中心等，进行必要的整理，以提高盘点结果的准确性，其具体工作包括盘点物品的归位、整齐摆放、标识清晰，账卡、单据的结清等，还应分清应盘和不需盘的物品，对已经出现质量问题的货物要做必要的处理。

三、盘点的内容

（1）数量检查。通过盘点查明商品在库的实际数量，并核对账面数量与实际库存数量是否一致。

（2）在库商品质量检查。检查在库商品质量有无变化，是否超过有效期或保质期，有无长期积压等现象，必要时还必须对商品进行技术检验。

（3）保管条件检查。检查保管条件是否与各种商品的保管要求相符合，如堆码是否合理稳固，库内温度是否符合要求，各类计量器具是否准确等。

（4）库存安全状况检查。检查各种安全措施和消防器材是否符合安全要求，建筑物和设备是否处于安全状态。

四、账面盘点

账面盘点，又称永续盘点，就是分别为每一种物品分别设立“存货账卡”，然后将每一种物品的入库、出库数量及有关信息，记录在账面上，最后逐笔汇总出账面上的库存量及库存金额，这样可以随时从电脑或账册上查看物品的出入库信息及库存结余量。

明细账目会对产品、材料等各类存货的增加和减少进行连续记录，以便管理者可以随时了解结存数。这种明细记录可以是与仓库的存货（材料、产品等）卡平行设置的存货明细账，也可以由会计人员定期去仓库收取存货的收发凭证并进行核对，而后对存货卡上登记的收发、结存数量进行计价，把仓库的存货卡和会计部门的存货明细账合而为一。采用永续盘存制，有利于加强财产管理，但永续盘存制只能提供一个账面存数，如要查明是否账实相符，仍需定期进行实地盘点。

永续盘点由于要对财产物资的增减变动逐日逐笔进行登记，并随时结出账面结余数，手续比较严密，因此便于加强会计监督，及时掌握财产物资收发、结存的动态情况，对于加强财产物资管理、保证其安全完整有重要作用。由于要逐日逐笔登记各项财产物资的增减变动情况，因此工作量较大，尤其是对于品种规格繁多的产品而言。但由于自然和人为的原因，可能发生账实不符的现象，所以在永续盘存制下，仍需对财产物资进行实地盘点，以便查明是否发生盘盈或盘亏。一般情况下，各企业都应采用永续盘存制。

实施过程

（1）组长严格按表 5－1 KF01 库存信息表上所列货物的商品名称、物流编码，批号、数量、库位号进行货物摆放。

（2）复盘员对照表 5－1 KF01 库存信息表对组长摆放在每一库位内的货物的数量进行再次复核，以免出差错。

（3）信息员在学习任务四项目三的拣选作业完成后，对原库存信息进行重新整理，形成一份新的库存信息表（如下第一张图所示为部分库存信息的截图），并列出盘点对象库 KF01 库的库存信息表——账面盘点信息表（如下第二张图框选部分所示）。

L170 fx 20

3. 拣选后的库存信息

序号	商品编码	商品名称	批号	物流编码	规格型号	库位号	单位	数量	包装单位	包装规格	包装单位数
1	6948195800194	金龙鱼大豆油	20140605	W040306001	5L	KA010101	瓶	120	箱	6	20
2	6948195800194	金龙鱼大豆油	20140705	W040306002	5L	KA010201	瓶	180	箱	6	30
3	6948195808220	金龙鱼调和油	20140615	W040303001	5L	KA010301	瓶	90	箱	6	15
4	6948195808220	金龙鱼调和油	20140825	W040303002	5L	KA010401	瓶	120	箱	6	20
5	6948195810155	金龙鱼菜籽油	20140607	W040305001	5L	KA010102	瓶	84	箱	6	14
6	6948195810155	金龙鱼菜籽油	20140807	W040305003	5L	KA010202	瓶	114	箱	6	19
7	6948195810155	金龙鱼菜籽油	20140902	W040305002	5L	KA010302	瓶	72	箱	6	12
8	6948195800460	金龙鱼调和油	20140903	W040303003	1.8L	KA010402	瓶	180	箱	12	15
9	6903252061017	康师傅红烧牛肉面	20140728	W040101001	100g	KA010103	袋	480	箱	24	20
10	6903252061017	康师傅红烧牛肉面	20140802	W040101002	100g	KA010203	袋	288	箱	24	12
11	6903252061053	康师傅香辣牛肉面	20140718	W040101003	100g	KA010303	袋	360	箱	24	15
12	6903252061053	康师傅香辣牛肉面	20140818	W040101004	100g	KA010403	袋	480	箱	24	20
13	6903252125339	康师傅老坛酸菜牛肉面	20140722	W040101005	105g	KA010104	袋	480	箱	24	20
14	6903252125339	康师傅老坛酸菜牛肉面	20140925	W040101006	105g	KA010204	袋	480	箱	24	20
15	6903252125339	康师傅老坛酸菜牛肉面	20141025	W040101007	105g	KA010304	袋	480	箱	24	20
16	6903252116939	康师傅小鸡炖蘑菇面	20140705	W040101008	101g	KA010404	袋	336	箱	24	14
17	6903252116939	康师傅小鸡炖蘑菇面	20140925	W040101009	101g	KA020101	袋	432	箱	24	18
18	6903252610790	康师傅鲜虾鱼板面	20140928	W040101010	100g	KA020201	袋	408	箱	24	17
19	6902265310259	海天金标蚝油	20140722	W030202001	285g	KA020301	瓶	260	箱	20	13
20	6902265310259	海天金标蚝油	20140812	W030202002	285g	KA020401	瓶	240	箱	20	12
21	6902265360018	海天上等蚝油	20140913	W030202003	700g	KA020102	瓶	132	箱	12	11
22	6902265360018	海天上等蚝油	20141022	W030202004	700g	KA020202	瓶	96	箱	12	8

N308 fx =M308-I308

A	B	C	D	E	F	G	H	I	J	K	L	M 盘点库位的原始库存信息	N 库存变化信息
137	6922130103014	太太乐增鲜味精	20140930	W030201006	500g	KF030202	袋	24					
138	6903252125339	康师傅老坛酸菜牛肉面	20140722	W040101005	105g	KF030302	袋	24					
139	6902022136627	蓝月亮宝宝专用洗衣液	20140225	W110208001	1kg	KF010103	瓶	22		12		24	2
140	6902022137273	蓝月亮亮白增艳洗衣液	20140925	W110208003	3kg	KF010203	瓶	12				12	0
141	6902022131745	蓝月亮绿色柔顺剂	20141123	W110202001	3kg	KF010303	瓶	6				6	0
142	6902022134357	蓝月亮深层洁净洗衣液	20140225	W110208005	3kg	KF010403	瓶	2		6		6	4
143	6902022137518	蓝月亮手洗专用洗衣液	20140723	W110208006	1kg	KF010503	瓶	16		12		24	8
144	6901404321200	上海药皂	20140625	W110107001	125g	KF010603	块	200				200	0
145	6902088304237	夏士莲自然护肤香皂	20140703	W110107005	125g	KF010102	块	200				200	0
146	6910019002930	雕牌超能皂	20140701	W110207009	218g	KF010202	块	200				200	0
147	6901404231356	百丽美容润肤皂	20140625	W110107012	125g	KF010302	块	200				200	0
148	6902088309249	多芬男士护理沐浴露	20141012	W110101001	250ml	KF010402	瓶	28		24		48	20
149	6903495813695	三棵针亮白牙膏	20140123	W110106004	93g	KF010502	支	160		100		200	40
150	6902088601640	中华健齿白牙膏	20140223	W110106006	159g	KF010602	支	150				150	0
151	6901177235551	上海防酸牙膏	20140203	W110106010	178g+36g	KF010101	支	100		100		150	50
152	6920354801877	高露洁防蛀牙膏	20140217	W110106015	140g	KF010201	支	150				150	0
153	6900000805290	佳能墨盒	20140810	W080104001	HPG-24Toner	KF010301	个	36				36	0
154	6940230098721	HP硒鼓	20140207	W080104006	5200	KF010401	个	20				20	0
155	6940230125339	HP硒鼓	20140212	W080104011	C3906	KF010501	个	20				20	0

（4）信息员操作“物流管理信息化执行系统”软件，将Excel格式的账面盘点信息表中的库存信息输入软件中，以便与实物盘点结果进行比较。

①信息员登录“物流管理信息化执行系统”。双击电脑桌面“物流管理实践登录”软件的图标，依次将登录人员身份信息，如“类型”“年级/系别”“班级”“用户编号”“密码”等输入进去，然后点击“登录”按钮。

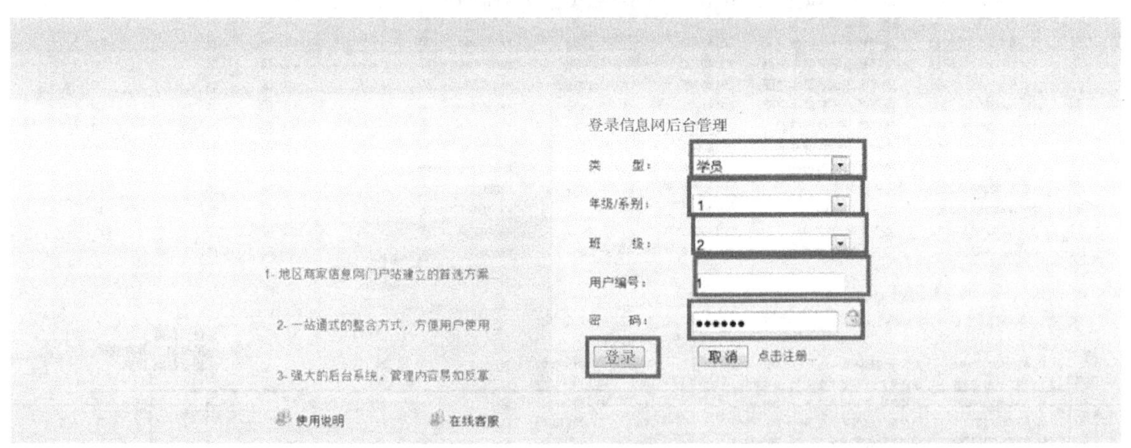

②进入系统后，在软件页面左侧选择“实验7.1-货物盘点及盘点绩效评价”→“仓库信息管理”，为盘点对象库KF01库建立库区。根据KF01库存信息表选择对应的“仓库区数”“类别编号”“仓库列数”“仓库层数”，然后点击“重新建立库区”按钮，便会看到新建库区的库位号。

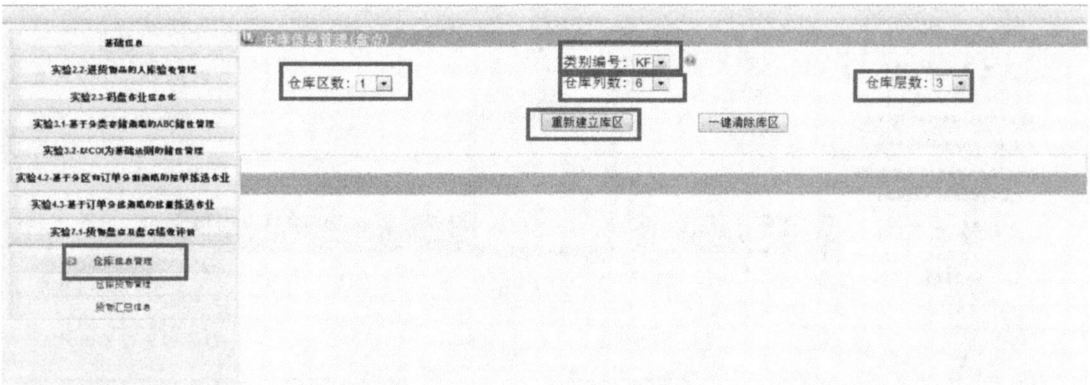

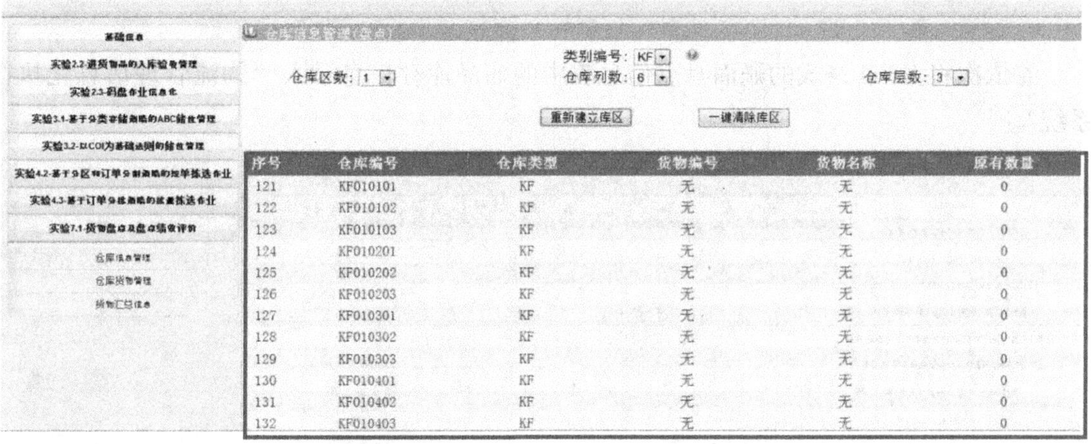

基础信息
实验2.2-进货物品的入库验收管理
实验2.3-码盘作业信息化
实验3.1-基于分类存储策略的ABC储位管理
实验3.2-以COI为基础法则的储位管理
实验4.2-基于分区和订单分割策略的按单拣选作业
实验4.3-基于订单分批策略的批量拣选作业
实验7.1-货物盘点及盘点绩效评价
仓库信息管理
仓库货物管理
货物汇总信息

仓库信息管理(盘点)

类别编号：KF
仓库区数：1　仓库列数：6　仓库层数：3
重新建立库区　一键清除库区

基础信息
实验2.2-进货物品的入库验收管理
实验2.3-码盘作业信息化
实验3.1-基于分类存储策略的ABC储位管理
实验3.2-以COI为基础法则的储位管理
实验4.2-基于分区和订单分割策略的按单拣选作业
实验4.3-基于订单分批策略的批量拣选作业
实验7.1-货物盘点及盘点绩效评价
仓库信息管理
仓库货物管理
货物汇总信息

仓库信息管理(盘点)

类别编号：KF
仓库区数：1　仓库列数：6　仓库层数：3
重新建立库区　一键清除库区

序号	仓库编号	仓库类型	货物编号	货物名称	原有数量
121	KF010101	KF	无	无	0
122	KF010102	KF	无	无	0
123	KF010103	KF	无	无	0
124	KF010201	KF	无	无	0
125	KF010202	KF	无	无	0
126	KF010203	KF	无	无	0
127	KF010301	KF	无	无	0
128	KF010302	KF	无	无	0
129	KF010303	KF	无	无	0
130	KF010401	KF	无	无	0
131	KF010402	KF	无	无	0
132	KF010403	KF	无	无	0

③选择“实验 7. 1-货物盘点及盘点绩效评价”→“仓库货物管理”，按 KF01 库存信息表（账面盘点信息表）中的信息，依次选择对应的“类别编号”“货物编号”“货物名称”“库位编号”“规格型号”“单位”“包装单位”“包装规格”“货物数量”等，最后点击“添加”按钮。

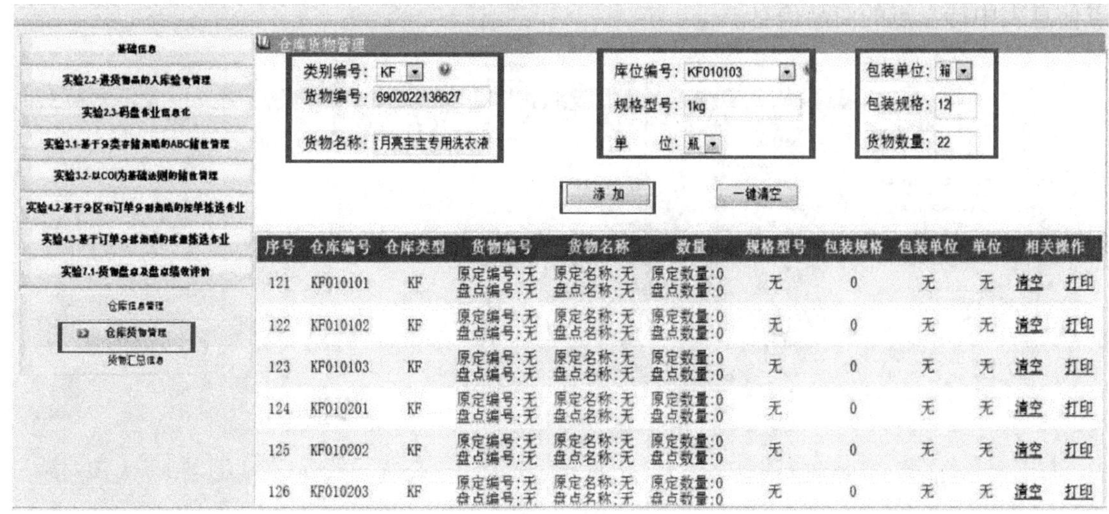

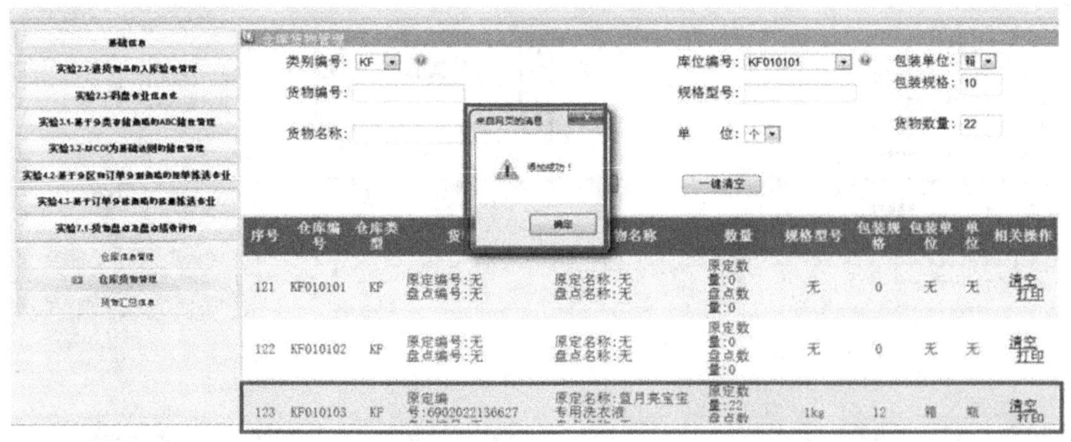

④依次将 Excel 格式的账面盘点信息表中的商品库存信息录入“物流管理信息化执行系统”。

序号	仓库编号	仓库类型	货物编号	货物名称	数量	规格型号	包装规格	包装单位	单位	相关操作
121	KF010101	KF	原定编号:6901177235551 盘点编号:无	原定名称:上海防酸牙膏 盘点名称:无	原定数量:100 盘点数量:0	178g+36g	100	箱	盒	清空 打印
122	KF010102	KF	原定编号:6902088304237 盘点编号:无	原定名称:夏士莲自然护肤香皂 盘点名称:无	原定数量:200 盘点数量:0	125g	100	箱	块	清空 打印
123	KF010103	KF	原定编号:6902022136627 盘点编号:无	原定名称:蓝月亮宝宝专用洗衣液 盘点名称:无	原定数量:22 盘点数量:0	1kg	12	箱	瓶	清空 打印
124	KF010201	KF	原定编号:6920354801877 盘点编号:无	原定名称:高露洁防蛀牙膏 盘点名称:无	原定数量:150 盘点数量:0	140g	100	箱	盒	清空 打印
125	KF010202	KF	原定编号:6910019002930 盘点编号:无	原定名称:雕牌超能皂 盘点名称:无	原定数量:200 盘点数量:0	218g	100	箱	块	清空 打印
126	KF010203	KF	原定编号:6902022137273	原定名称:蓝月亮亮白增艳洗衣液	原定数量:12 盘点数	3kg	6	箱	瓶	清空 打印

⑤选择“实验 7. 1-货物盘点及盘点绩效评价” → “货物汇总信息”，可以查看账面盘点信息表中待盘点的商品信息。

序号	货物编号	货物名称	货物数量	盘点数量	规格型号	包装规格	包装单位	单位	相关操作
269	6900000805290	佳能墨盒	36	0	HPG-24Toner	24	箱	个	打印
270	6901177235551	上海防酸牙膏	100	0	178g+36g	100	箱	盒	打印
271	6901404231356	百丽美容润肤皂	200	0	125g	100	箱	块	打印
272	6901404321200	上海药皂	200	0	125g	100	箱	块	打印
273	6902022131745	蓝月亮绿色柔顺剂	6	0	3kg	6	箱	瓶	打印
274	6902022134357	蓝月亮深层洁净洗衣液	2	0	3kg	6	箱	瓶	打印
275	6902022136627	蓝月亮宝宝专用洗衣液	22	0	1kg	12	箱	瓶	打印
276	6902022137273	蓝月亮亮白增艳洗衣液	12	0	3kg	6	箱	瓶	打印
277	6902022137518	蓝月亮手洗专用洗衣液	16	0	1kg	12	箱	瓶	打印
278	6902088304237	夏士莲自然护肤香皂	200	0	125g	100	箱	块	打印
279	6902088309249	多芬男士护理沐浴露	28	0	250ml	24	箱	瓶	打印
280	6902088601640	中华健齿白牙膏	150	0	159g	100	箱	盒	打印
281	6903495813695	三精针亮白牙膏	160	0	93g	100	箱	盒	打印
282	6910019002930	雕牌超能皂	200	0	218g	100	箱	块	打印
283	6920354801877	高露洁防蛀牙膏	150	0	140g	100	箱	盒	打印
284	6940230098721	HP硒鼓	20	0	5200	10	箱	个	打印
285	6940230125339	HP硒鼓	20	0	C3906	10	箱	个	打印

过程考核评价

项目一　账面盘点							
学员姓名		学号		班级		日期	

项目	考核项目	考核要求	配分	评分标准	得分
知识目标	盘点相关概念	理解盘点的形式和原则	10分	（1）盘点的形式叙述不清楚，扣3分； （2）盘点的原则叙述不清楚，扣3分	
	盘点作业的基本步骤	掌握盘点作业的基本步骤	5分	盘点作业基本步骤叙述不清楚，扣3分	
	账面盘点的原理	（1）理解账面盘点的内容； （2）掌握账面盘点的原理	15分	（1）账面盘点的内容叙述不清楚，扣3分； （2）账面盘点的原理叙述不清楚，扣3分	
能力目标	生成账面盘点信息	通过Excel制作账面盘点信息表	20分	不能按照任务要求制作账面盘点信息表，扣5分	
	账面盘点作业	（1）将盘点信息表录入物流管理系统； （2）对照盘点商品信息进行账面盘点	30分	（1）不能正确将盘点信息表录入物流管理系统，扣5分； （2）不能正确完成账面盘点，扣5分	
过程方法及社会能力	过程方法	（1）学会自主发现、自主探索的学习方法； （2）学会在学习中反思、总结，调整自己的学习目标，在更高水平上获得发展	10分	能在工作中反思，有创新见解，有自主发现、自主探索的学习方法，酌情得5～10分	
	社会能力	小组成员间团结协作共同完成工作任务，培养良好的职业素养（如保持工位卫生等）	10分	（1）小组分工不明确扣3分； （2）工位卫生情况差扣3分	
实训总结		完成本项学习任务的体会（学到哪些知识，掌握哪些技能，有哪些收获）：			
得分					

经验总结

擅长的方面

需要改进和加强的方面

项目二　实物盘点

任务描述

在本学习任务的项目一中我们完成了连锁超市配送中心仓库中货物的账面盘点，在此基础上，为保证货物的安全，需要将账面盘点和实物盲盘相融合，互为“查验”、相互“监督”，确保盘点的库存正确无误。

本实验需分组进行，每 5 人组成一个实验小组。这 5 人所扮演的角色及其任务分配如下。

组长：对账面盘点与实物盲盘的结果进行比较，给出盘点结果，界定差错责任归属，记录盘点作业时间。

信息员：负责后台管理系统的操作，进行实物盘点。

盘点员：负责实物的清点。

复盘员：对库存数量有差异的商品进行复盘。

记录员：兼监盘员，负责将货物清点结果通过 RF 手持终端实时反馈给后台管理系统。

背景知识储备

一、实物盘点法

实物盘点法就是运用度、量、衡等工具，通过点数，逐一确定被清查实物实有数的一种方法。实物盘点法按盘点频率的不同又可分为“期末盘点”和“循环盘点”。期末盘点法是指在会计计算期末统一清点所有物品数量的方法；循环盘点法是指每天或每周清点一小部分物品，一个循环周期将每种物品至少清点一次的方法。

(1) 期末盘点法。由于期末盘点是将所有物品一次点完，因此工作量大、要求严格。通常采用分区、分组的方式进行，其目的是明确责任，防止重复盘点和漏盘。分区即将整个储存区域划分成一个一个的责任区，不同的区由专门的小组负责点数、复核和监督。因此，一个小组通常至少需要 3 人，分别负责：清点数量并填写盘存表；复查数量并登记复查结果；核对前两次盘点数量是否一致，对不一致的结果进行检查。等所有盘点结束后，再与电脑或账册上反映的账面数核对。

(2) 循环盘点法。通常对价值高或重要的物品进行循环盘点，检查的次数多，而且监督也严密一些；而对价值低或不太重要的物品，盘点的次数可以尽量少。循环盘点一次只对少量物品进行盘点，所以通常只需保管人员自行对照库存资料进行点数检查，发现问题按盘点程序进行复核，并查明原因，然后调整。也可采用专门的循环盘点单登记盘点情况。

二、账面盘点法与实物盘点法的比较

（1）账面盘点法是对账面信息进行盘点，实物盘点法是对仓库实物进行盘点。二者最大的区别是有无实物。

（2）实现方式及难易程度不同。账面盘点相对实物盘点简单一些，实物盘点耗费的人力较多，且时间消耗较大。

三、盘点注意事项

仓库的账务与实物，一般来讲必须做到日清月结，但对于大多数企业来说，做到每天结账的可能性很小，主要原因是单证不齐全，还有一个重要的原因就是工作量太大，企业的人力物力不足以完成这项繁重的工作。为尽可能做到账务与实物一致，并与财务要求保持一致，财务部门一般会要求仓库每月盘点一次，以满足会计核算的要求。

目前，国内大多数配送中心都已使用计算机处理库存账务，当账面数与实盘数存在误差时，有时很难断定是账面数有误还是实盘数有误。所以，可以采取“账面盘点”和“实物盘点”相结合的方法，以查清存在误差的实际原因。

实施过程

（1）组长利用 RF 手持终端对盘点过程进行计时。登录“物流管理信息化软件”，选择“计时器”功能，点击“启动”按钮开始计时。

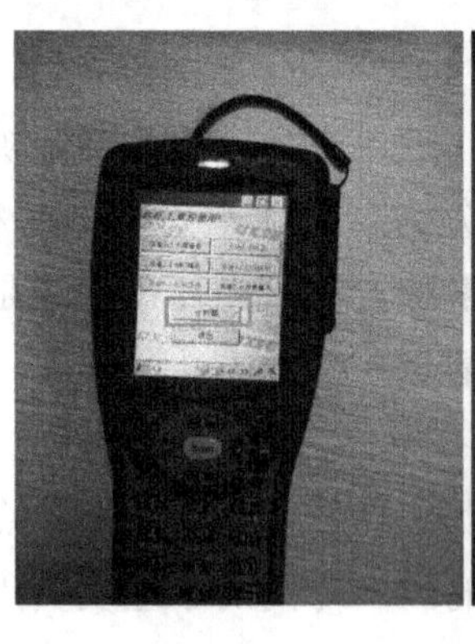

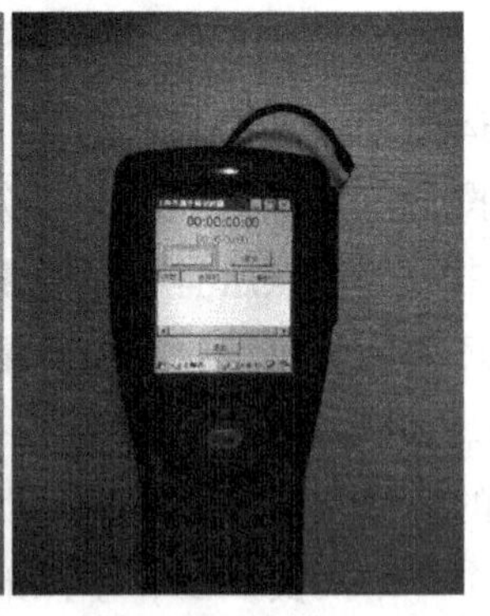

（2）盘点员与记录员（监盘员）一起到指定的盘点对象库。复盘员在记录员的监督下按从上到下、从左到右的顺序对库内存储的商品数量进行一一清点，看货报数，同时须将“仓库编号”“货物编号”等信息报记录员。

（3）记录员将盘点员的声报信息输入 RF 手持终端，以便将盘点信息实时反馈给后台管理系统。

①记录员用 RF 手持终端登录“物流管理信息化软件”，点击“选择条码扫描”按钮，选择“实验 7.1-货物盘点”。

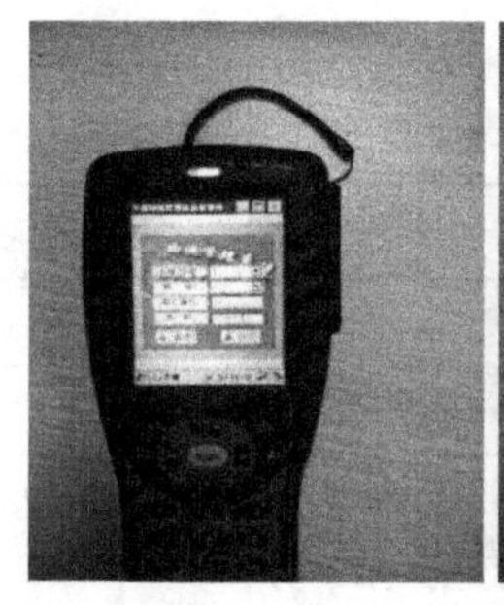 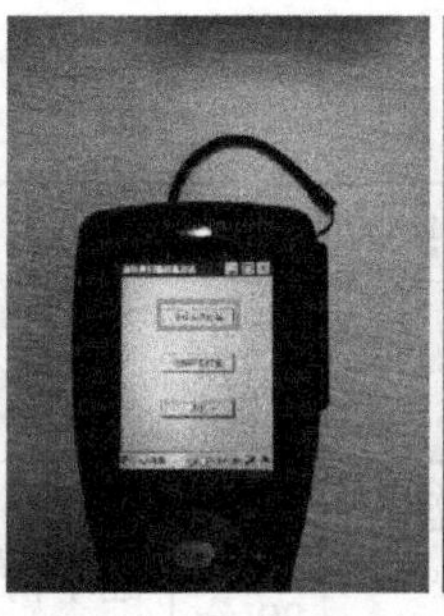 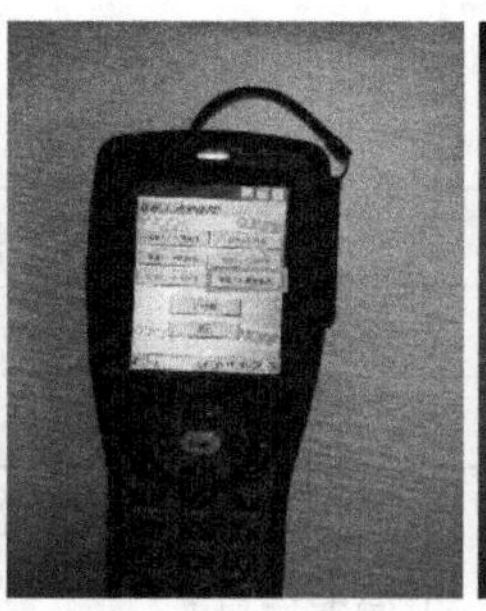 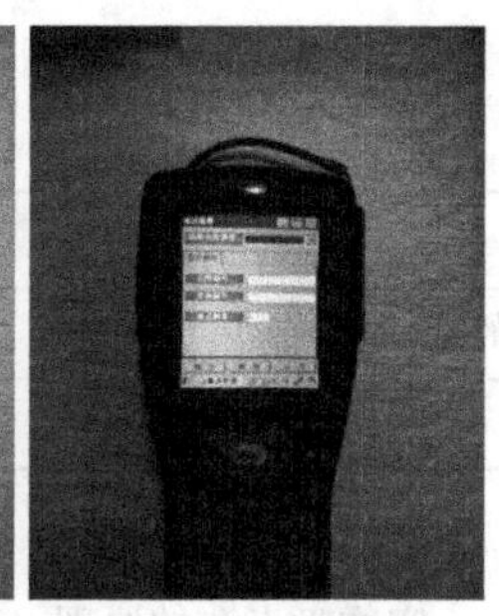

②输入实物盘点信息。选择“仓库类型”，扫描“仓库编号”和“货物编号”，并输入“盘点数量”，然后点击“确定”按钮。

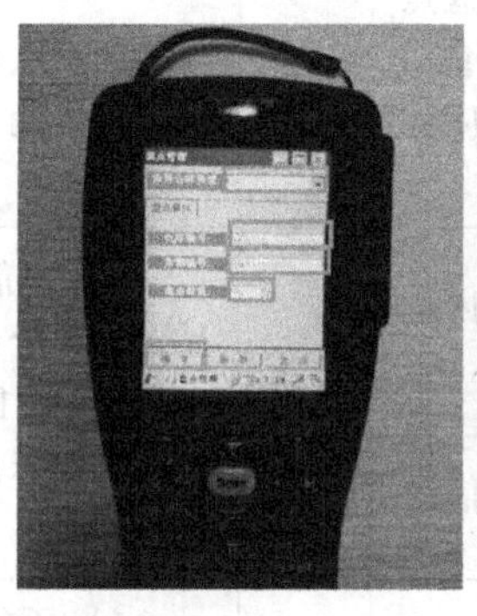 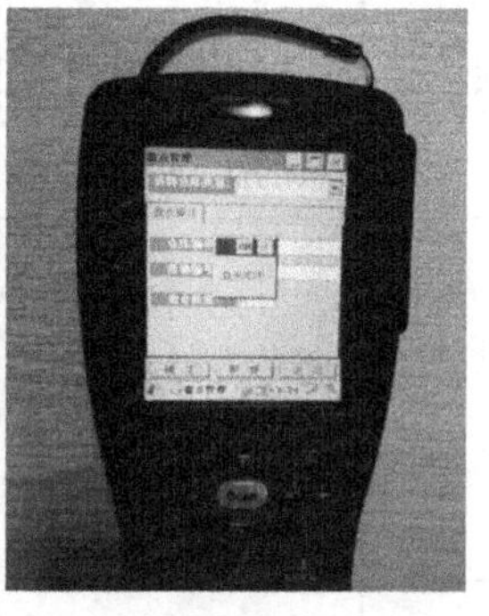

③按照此方法将盘点员声报的商品盘点信息依次输入 RF 手持终端。

（4）信息员操作“物流管理信息化执行系统”，将盘点员和记录员现场实时反馈的实物盘点结果与账面盘点结果进行自动逐一比较，如计算机发现实物盘点结果与账面盘点结果有差异，则将有差异项逐条显示在屏幕上。此时，信息员需责成复盘员去现场复查。选择“实验 7. 1-货物盘点及盘点绩效评价”→“货物汇总信息”，可查看货物盘点信息，黄色条目表示实物盘点与账面盘点存在差异。

基础信息
实验2.2-进货物品的入库验收管理
实验2.3-码盘作业信息化
实验3.1-基于分类存储策略的ABC储位管理
实验3.2-以COI为基础法则的储位管理
实验7.1-货物盘点及盘点绩效评价
仓库信息管理
仓库货物管理
货物汇总信息

序号	货物编号	货物名称	货物数量	盘点数量	规格型号	包装规格	包装单位	单位	相关操作
472	6900000805290	佳能墨盒	36	36	HPC-24Tone	24	箱	个	打印
473	6901177235551	上海防酸牙膏	100	90	178g+36g	100	箱	盒	打印
474	6901404231356	百部美容润肤皂	200	200	125g	100	箱	块	打印
475	6901404321200	上海药皂	200	200	125g	100	箱	块	打印
476	6902022131745	蓝月亮绿色柔顺剂	6	6	3kg	6	箱	瓶	打印
477	6902022134357	蓝月亮深层洁净洗衣液	2	4	3kg	6	箱	瓶	打印
478	6902022136627	蓝月亮宝宝专用洗衣液	22	20	1kg	12	箱	瓶	打印
479	6902022137273	蓝月亮亮白增艳洗衣液	12	12	3kg	6	箱	瓶	打印
480	6902022137518	蓝月亮手洗专用洗衣液	16	16	1kg	12	箱	瓶	打印
481	6902088304237	夏士莲自然护肤香皂	200	200	125g	100	箱	块	打印
482	6902088309249	多芬男士护理沐浴露	28	24	250ml	24	箱	瓶	打印
483	6902088601640	中华健齿白牙膏	150	150	159g	100	箱	盒	打印
484	6903495813695	三棵针亮白牙膏	160	100	93g	100	箱	盒	打印
485	6910019002930	雕牌超能皂	200	200	218g	100	箱	块	打印
486	6920354801877	高露洁防蛀牙膏	150	130	140g	100	箱	盒	打印
487	6940230098721	HP硒鼓	20	20	5200	10	箱	个	打印
488	6940230125339	HP硒鼓	20	20	C3906	10	箱	个	打印

（5）复盘员复盘的结果信息同样将通过 RF 手持终端实时反馈给后台管理系统。

（6）组长暂停计时。

过程考核评价

<table>
<tr><th colspan="6">项目二　实物盘点</th></tr>
<tr><td colspan="2">学员姓名</td><td>学号</td><td>班级</td><td colspan="2">日期</td></tr>
<tr><td>项目</td><td>考核项目</td><td>考核要求</td><td>配分</td><td>评分标准</td><td>得分</td></tr>
<tr><td rowspan="2">知识目标</td><td>实物盘点法的原理</td><td>（1）理解实物盘点法的内容；
（2）掌握实物盘点法的原理</td><td>20 分</td><td>（1）实物盘点法的内容叙述不清楚，扣 3 分；
（2）实物盘点法的原理叙述不清楚，扣 3 分</td><td></td></tr>
<tr><td>盘点的注意事项</td><td>（1）理解账面盘点和实物盘点的区别；
（2）理解盘点应注意的事项</td><td>10 分</td><td>账面盘点和实物盘点的区别叙述不清楚，扣 3 分</td><td></td></tr>
<tr><td rowspan="2">能力目标</td><td>实物盘点</td><td>（1）按顺序对库内商品进行清点；
（2）通过 RF 手持终端输入商品盘点信息</td><td>25 分</td><td>（1）不能正确清点库内商品，扣 5 分；
（2）不能正确使用 RF 手持终端输入商品盘点信息，扣 5～10 分</td><td></td></tr>
<tr><td>实物盘点与账面盘点的结果比较</td><td>将实物盘点与账面盘点的结果进行比较</td><td>25 分</td><td>（1）不能正确操作物流管理软件对实物盘点与账面盘点的结果进行比较，扣 5 分；
（2）不能正确查看分析比较结果，扣 5 分</td><td></td></tr>
<tr><td rowspan="2">过程方法及社会能力</td><td>过程方法</td><td>（1）学会自主发现、自主探索的学习方法；
（2）学会在学习中反思、总结，调整自己的学习目标，在更高水平上获得发展</td><td>10 分</td><td>能在工作中反思，有创新见解，有自主发现、自主探索的学习方法，酌情得 5～10 分</td><td></td></tr>
<tr><td>社会能力</td><td>小组成员间团结协作共同完成工作任务，培养良好的职业素养（如保持工位卫生等）</td><td>10 分</td><td>（1）小组分工不明确扣 3 分；
（2）工位卫生情况差扣 3 分</td><td></td></tr>
<tr><td colspan="2">实训总结</td><td colspan="4">完成本项学习任务的体会（学到哪些知识，掌握哪些技能，有哪些收获）：</td></tr>
<tr><td colspan="2">得分</td><td colspan="4"></td></tr>
</table>

经验总结

擅长的方面

需要改进和加强的方面

项目三 盘点结果及盘点绩效评价

任务描述

通过项目一和项目二，我们完成了连锁超市配送中心仓库中货物的账面盘点和实物盘点，确保了盘点的库存的正确无误。本项目的任务是将账面盘点和实物盘点的结果进行比较，得出最终盘点结果，界定差错责任归属，对盘点过程进行绩效评价。

本实验需分组进行，每 3 人组成一个实验小组。这 3 人所扮演的角色及其任务分配如下。

组长：对账面盘点与实物盲盘的结果进行比较，给出盘点结果，界定差错责任归属，记录盘点作业时间。

信息员：根据盘点情况对盘点作业相关结果进行统计分析。

组员：对盘点作业进行绩效评估。

背景知识储备

一、保证盘点结果的准确性

发现库存数量存在差异的前提是实物清点库存和账面库存都是准确的。账面库存的准确性暂时不在本文讨论；实物清点库存必须要准确，否则拿它和账面库存做比较就失去了意义。没有明确目的、应付了事的盘点，是很难获得准确的实物库存信息的；不准确的实物清点信息，不仅对查清库存误差没有丝毫帮助，反倒容易造成库存信息混乱，使员工所做工作均变成无用功，对库存准确性丧失信心。

确保盘点准确，有两种常用的方法。

1. 复核盘点

保证实物清点信息的准确性的一般做法是建立盘点管理制度，制定盘点操作流程，建立奖惩制度，要求员工增强责任心、清点的时候认真仔细等，这些都是主观上的管理办法。在大量的库存数据面前，单靠人工方式去盘点（哪怕是借助了扫描终端盘点工具）是很容易出现人为误差的。假定每个人清点库存数据的准确率是 99%，而实际情况是你无法知道不准确的 1% 到底出现在哪个商品上。

如果拿一个人的盘点库存结果和账务库存结果对比，出现的差异里就会包括盘点本身的误差以及账务对比的误差，这无疑增加盘点差异处理的复杂度。为了避免实物清点结果本身的误差，有条件的企业一般采用复核盘点制度，也就是派出两批或两批以上的人员进行同一盘点任务。两批次人员一次盘点的准确率是 99%×99% =98.01%，同时误差率是 1%×1% =0.01%。也就是说一个批次盘点人员的误差率是百分之一的话，两个批次人员同时盘点，其结果本身的误差率只有万分之一，这个误差率是可以接受的（也可以再安排第三批次，将误差率降到百万分之一）。

2. 循环盘点

当仓库管理足够顺畅，人员有足够的能力把握盘点数据的准确性时，可以考虑减少或取消复核盘点，将盘点本身产生的误差交由和账务数据比较时来发现。为了消除清点本身产生的误差对盘点差异的影响，经常对差异部分进行再次盘点，即循环盘点。循环盘点是针对账面库存和实物库存之间存在的差异，就差异部分再次进行清点，以减少上一次清点误差对盘点结果的影响。具体的循环次数视实际清点准确率而定，比如准确率为 90% 的清点，循环两次（加上第一次原始数据后是三次）后的准确率是 $100\% - (10\%)^3 = 99.9\%$。当然，每次循环后都要对实际清点结果进行修正。

复核盘点与循环盘点的区别是，复核盘点是事前消除盘点结果误差，循环盘点是事后消除盘点结果误差。

二、盘点差异的处理办法

盘点结果与账面库存结果之间的差异主要有三种：数量差异、存放位置差异和存货质量差异。

一般来说，盘点如果出现盘盈则无须处理，如果出现盘亏就要处理。但在盘点管理中容易出现的一个问题是，有些库管人员将盘盈结果向上司或公司隐瞒，甚至将盘盈物品留作私用。盘点差异，不管是盘盈还是盘亏，对仓库来说都不是好事，盘盈和盘亏的处理，要根据实际情况来确定。盘点的目的是发现差异，并消除差异。

实施过程

（1）利用 Excel 制作一个表格（表 5 -2）。

表 5 -2　盘点信息表

序号	商品编码	商品名称	批号	物流编码	规格型号	库位号	单位	实际库存数	账面库存数	盘点数量误差	盘点数量误差取绝对值	盘点数量误差率	盘点误差品项数	单价（元）	盘点误差金额

（2）将实验中的 KF01 库存信息表中的数据和盘点结果输入表格，并计算出各项的值。

盘点数量误差率＝盘点数量误差÷实际库存数

盘点误差品项数＝IF(Nx<>0，P($x-1$)+1，P($x-2$))

x 表示某种商品对应的行数，如 P27＝IF(N27<>0，P26+1，P25)＝1。

盘点误差金额＝盘点数量误差取绝对值×单价

O27　=ROUND(M27/I27*100,2)&"%"

1、盘点数量误差=实际库存数-账面库存数

序号	商品编码	商品名称	批号	物流编号	规格型号	库位号	单位	实际库存数	账面库存数	盘点数量误差	盘点数量误差取绝对值	盘点数量误差率	盘点误差品项数	单价（元）	盘点误差金额
1	6902022136627	蓝月亮宝宝专用洗衣液	20140225	W110208001	1kg	KF010103	瓶	20	22	-2	[illegible]	-10%	1	34	68
2	6902022137273	蓝月亮亮白增艳洗衣液	20140925	W110208003	3kg	KF010203	瓶	12	12	0	0	0%	1		0
3	6902022131745	蓝月亮绿色柔顺剂	20141123	W110202001	3kg	KF010303	瓶	6	6	0	0	0%	1		0
4	6902022134357	蓝月亮深层洁净洗衣液	20140225	W110208005	3kg	KF010403	瓶	4	2	2	2	50%	2	45	90
5	6902022137518	蓝月亮手洗专用洗衣液	20140723	W110208006	1kg	KF010503	瓶	16	16	0	0	0%	2	8.5	0
6	6901404321200	上海药皂	20140625	W110107001	125g	KF010603	块	200	200	0	0	0%	2		0
7	6902088304237	夏士莲自然护肤香皂	20140703	W110107005	125g	KF010102	块	200	200	0	0	0%	2		0
8	6910019002930	雕牌超能皂	20140701	W110207009	218g	KF010202	块	200	200	0	0	0%	2		0
9	6901404231356	百丽美容润肤皂	20140625	W110107012	125g	KF010302	块	200	200	0	0	0%	2		0
10	6902088309249	多芬男士护理沐浴露	20141012	W110101001	250ml	KF010402	瓶	24	28	-4	4	-16.67%	3	25	100
11	6903495813695	三精针亮白牙膏	20140123	W110106004	93g	KF010502	支	100	160	-60	60	-60%	4	6.5	390
12	6902088601640	中华健齿白牙膏	20140223	W110106006	159g	KF010602	支	150	150	0	0	0%	4		0
13	6901177235551	上海防酸牙膏	20140203	W110106010	178g+36g	KF010101	支	90	100	-10	10	-11.11%	5	6.3	63
14	6920354801877	高露洁防蛀牙膏	20140217	W110106015	140g	KF010201	支	130	150	-20	20	-15.38%	6	12	240
15	6900000805290	佳能墨盒	20140810	W080104001	KPG-24Tcmar	KF010301	个	36	36	0	0	0%	6		0
16	6940230098721	炉硒鼓	20140207	W080104006	5200	KF010401	个	20	20	0	0	0%	6		0
17	6940230125339	炉硒鼓	20140212	W080104011	C3906	KF010501	个	20	20	0	0	0%	6		0
								1428	1522		98				951

P27　=IF(N27<>0,P26+1,P25)

1、盘点数量误差=实际库存数-账面库存数

序号	商品编码	商品名称	批号	物流编号	规格型号	库位号	单位	实际库存数	账面库存数	盘点数量误差	盘点数量误差取绝对值	盘点数量误差率	盘点误差品项数	单价（元）	盘点误差金额
1	6902022136627	蓝月亮宝宝专用洗衣液	20140225	W110208001	1kg	KF010103	瓶	20	22	-2	2	-10%	1	34	68
2	6902022137273	蓝月亮亮白增艳洗衣液	20140925	W110208003	3kg	KF010203	瓶	12	12	0	0	0%	1		0
3	6902022131745	蓝月亮绿色柔顺剂	20141123	W110202001	3kg	KF010303	瓶	6	6	0	0	0%	1		0
4	6902022134357	蓝月亮深层洁净洗衣液	20140225	W110208005	3kg	KF010403	瓶	4	2	2	2	50%	2	45	90
5	6902022137518	蓝月亮手洗专用洗衣液	20140723	W110208006	1kg	KF010503	瓶	16	16	0	0	0%	2	8.5	0
6	6901404321200	上海药皂	20140625	W110107001	125g	KF010603	块	200	200	0	0	0%	2		0
7	6902088304237	夏士莲自然护肤香皂	20140703	W110107005	125g	KF010102	块	200	200	0	0	0%	2		0
8	6910019002930	雕牌超能皂	20140701	W110207009	218g	KF010202	块	200	200	0	0	0%	2		0
9	6901404231356	百丽美容润肤皂	20140625	W110107012	125g	KF010302	块	200	200	0	0	0%	2		0
10	6902088309249	多芬男士护理沐浴露	20141012	W110101001	250ml	KF010402	瓶	24	28	-4	4	-16.67%	3	25	100
11	6903495813695	三精针亮白牙膏	20140123	W110106004	93g	KF010502	支	100	160	-60	60	-60%	4	6.5	390
12	6902088601640	中华健齿白牙膏	20140223	W110106006	159g	KF010602	支	150	150	0	0	0%	4		0
13	6901177235551	上海防酸牙膏	20140203	W110106010	178g+36g	KF010101	支	90	100	-10	10	-11.11%	5	6.3	63
14	6920354801877	高露洁防蛀牙膏	20140217	W110106015	140g	KF010201	支	130	150	-20	20	-15.38%	6	12	240
15	6900000805290	佳能墨盒	20140810	W080104001	KPG-24Tcmar	KF010301	个	36	36	0	0	0%	6		0
16	6940230098721	炉硒鼓	20140207	W080104006	5200	KF010401	个	20	20	0	0	0%	6		0
17	6940230125339	炉硒鼓	20140212	W080104011	C3906	KF010501	个	20	20	0	0	0%	6		0
								1428	1522		98				951

（3）通过 Excel 计算“盘点品项误差率”“平均每件盘差品金额”“盘点作业效率”。

盘点品项误差率＝盘点误差品项数÷盘点实际品项数

平均每件盘差品金额＝盘点误差金额÷盘点误差量

盘点作业效率＝总的盘点品项数÷总的盘点过程时间

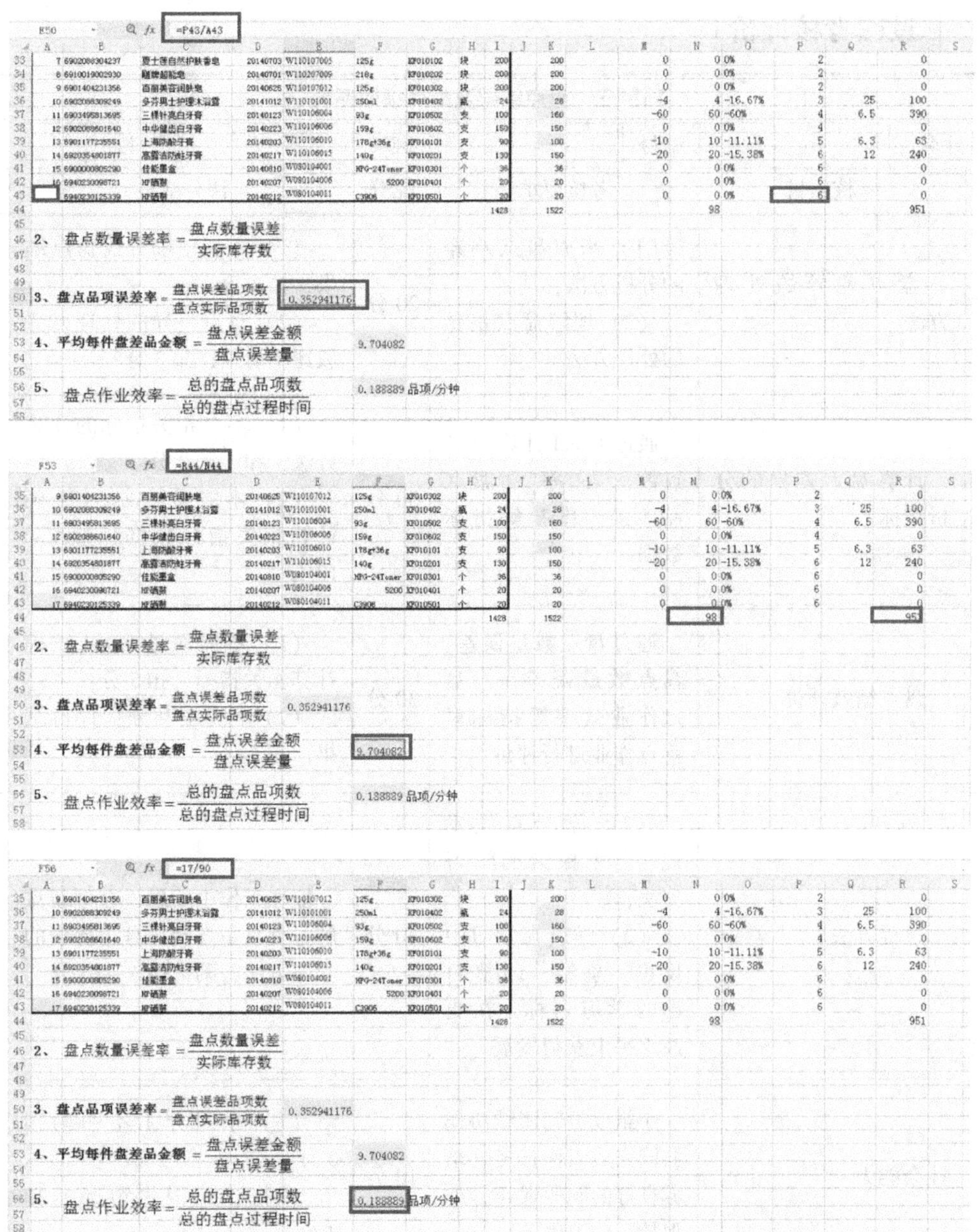

E50　f_x　=P43/A43

	A	B	C	D	E	F	G	H	I	J	K	L	M	N	O	P	Q	R
33	7	6902088304237	夏士莲自然护肤香皂	20140703	W110107005	125g	KF010102	块	200		200		0	0	0%	2		0
34	8	6910019002930	雕牌超能皂	20140701	W110207009	218g	KF010202	块	200		200		0	0	0%	2		0
35	9	6901404231356	百丽美容润肤皂	20140625	W110107012	125g	KF010302	块	200		200		0	0	0%	2		0
36	10	6902088309249	多芬男士护理沐浴露	20141012	W110101001	250ml	KF010402	瓶	24		28		-4	4	-16.67%	3	25	100
37	11	6903495813695	三棵针亮白牙膏	20140123	W110106004	93g	KF010502	支	100		160		-60	60	-60%	4	6.5	390
38	12	6902088601640	中华健齿白牙膏	20140223	W110106006	159g	KF010602	支	150		150		0	0	0%	4		0
39	13	6901177235551	上海防酸牙膏	20140203	W110106010	178g+36g	KF010101	支	90		100		-10	10	-11.11%	5	6.3	63
40	14	6920354801877	高露洁防蛀牙膏	20140217	W110106015	140g	KF010201	支	130		150		-20	20	-15.38%	6	12	240
41	15	6900000805290	佳能墨盒	20140810	W080104001	MPG-24Toner	KF010301	个	36		36		0	0	0%	6		0
42	16	6940230098721	HP硒鼓	20140207	W080104006	5200	KF010401	个	20		20		0	0	0%	6		0
43		6940230125339	HP硒鼓	20140212	W080104011	C3906	KF010501	个	20		20		0	0	0%	6		0
44									1428		1522			98				951

2、　盘点数量误差率 = $\frac{盘点数量误差}{实际库存数}$

3、盘点品项误差率 = $\frac{盘点误差品项数}{盘点实际品项数}$　0.352941176

4、平均每件盘差品金额 = $\frac{盘点误差金额}{盘点误差量}$　9.704082

5、　盘点作业效率 = $\frac{总的盘点品项数}{总的盘点过程时间}$　0.188889 品项/分钟

F53　f_x　=R44/N44

	A	B	C	D	E	F	G	H	I	J	K	L	M	N	O	P	Q	R
35	9	6901404231356	百丽美容润肤皂	20140625	W110107012	125g	KF010302	块	200		200		0	0	0%	2		0
36	10	6902088309249	多芬男士护理沐浴露	20141012	W110101001	250ml	KF010402	瓶	24		28		-4	4	-16.67%	3	25	100
37	11	6903495813695	三棵针亮白牙膏	20140123	W110106004	93g	KF010502	支	100		160		-60	60	-60%	4	6.5	390
38	12	6902088601640	中华健齿白牙膏	20140223	W110106006	159g	KF010602	支	150		150		0	0	0%	4		0
39	13	6901177235551	上海防酸牙膏	20140203	W110106010	178g+36g	KF010101	支	90		100		-10	10	-11.11%	5	6.3	63
40	14	6920354801877	高露洁防蛀牙膏	20140217	W110106015	140g	KF010201	支	130		150		-20	20	-15.38%	6	12	240
41	15	6900000805290	佳能墨盒	20140810	W080104001	MPG-24Toner	KF010301	个	36		36		0	0	0%	6		0
42	16	6940230098721	HP硒鼓	20140207	W080104006	5200	KF010401	个	20		20		0	0	0%	6		0
43	17	6940230125339	HP硒鼓	20140212	W080104011	C3906	KF010501	个	20		20		0	0	0%	6		0
44									1428		1522			98				951

2、　盘点数量误差率 = $\frac{盘点数量误差}{实际库存数}$

3、盘点品项误差率 = $\frac{盘点误差品项数}{盘点实际品项数}$　0.352941176

4、平均每件盘差品金额 = $\frac{盘点误差金额}{盘点误差量}$　9.704082

5、　盘点作业效率 = $\frac{总的盘点品项数}{总的盘点过程时间}$　0.188889 品项/分钟

F56　f_x　=17/90

	A	B	C	D	E	F	G	H	I	J	K	L	M	N	O	P	Q	R
35	9	6901404231356	百丽美容润肤皂	20140625	W110107012	125g	KF010302	块	200		200		0	0	0%	2		0
36	10	6902088309249	多芬男士护理沐浴露	20141012	W110101001	250ml	KF010402	瓶	24		28		-4	4	-16.67%	3	25	100
37	11	6903495813695	三棵针亮白牙膏	20140123	W110106004	93g	KF010502	支	100		160		-60	60	-60%	4	6.5	390
38	12	6902088601640	中华健齿白牙膏	20140223	W110106006	159g	KF010602	支	150		150		0	0	0%	4		0
39	13	6901177235551	上海防酸牙膏	20140203	W110106010	178g+36g	KF010101	支	90		100		-10	10	-11.11%	5	6.3	63
40	14	6920354801877	高露洁防蛀牙膏	20140217	W110106015	140g	KF010201	支	130		150		-20	20	-15.38%	6	12	240
41	15	6900000805290	佳能墨盒	20140810	W080104001	MPG-24Toner	KF010301	个	36		36		0	0	0%	6		0
42	16	6940230098721	HP硒鼓	20140207	W080104006	5200	KF010401	个	20		20		0	0	0%	6		0
43	17	6940230125339	HP硒鼓	20140212	W080104011	C3906	KF010501	个	20		20		0	0	0%	6		0
44									1428		1522			98				951

2、　盘点数量误差率 = $\frac{盘点数量误差}{实际库存数}$

3、盘点品项误差率 = $\frac{盘点误差品项数}{盘点实际品项数}$　0.352941176

4、平均每件盘差品金额 = $\frac{盘点误差金额}{盘点误差量}$　9.704082

5、　盘点作业效率 = $\frac{总的盘点品项数}{总的盘点过程时间}$　0.188889 品项/分钟

（4）信息员根据盘点的实际结果对本次盘点作业中出现的“账面库存数”、反馈获得的“实盘库存数”、实际的“盘点误差品项数”、“总的盘点品项数”等信息做统计并告知组内每一位组员。

（5）每位组员根据信息员反馈的信息，对本次盘点作业进行绩效评估，评估事项包括盘点数量误差、盘点数量误差率、盘点品项误差率、平均每件盘差品金额、盘点作业效率（假设整个盘点过程时间为 1.5 小时）。

过程考核评价

<table>
<tr><th colspan="6">项目三　盘点结果及盘点绩效评价</th></tr>
<tr><td>学员姓名</td><td></td><td>学号</td><td></td><td>班级</td><td>日期</td></tr>
<tr><td>项目</td><td>考核项目</td><td>考核要求</td><td>配分</td><td>评分标准</td><td>得分</td></tr>
<tr><td>知识目标</td><td>盘点差异的处理方法</td><td>（1）掌握盘点差异的分析方法；
（2）理解盘点差异的处理方法</td><td>20 分</td><td>（1）不能正确分析盘点结果，扣 3 分；
（2）盘点差异的处理方法叙述不清楚，扣 3 分</td><td></td></tr>
<tr><td rowspan="2">能力目标</td><td>计算盘点差异的分析指标</td><td>通过 Excel 计算“盘点数量误差率”“盘点品项误差率”等指标数据</td><td>30 分</td><td>（1）不会相关指标的计算方法，扣 5 ~ 10 分；
（2）不能通过 Excel 正确计算相关指标数据，扣 5 ~ 10 分</td><td></td></tr>
<tr><td>盘点绩效评价</td><td>通过盘点数量误差、盘点数量误差率、盘点作业效率等指标对盘点作业进行评价</td><td>30 分</td><td>（1）不能通过 Excel 正确计算相关指标，扣 5 分；
（2）不能正确分析评价结果，扣 5 分</td><td></td></tr>
<tr><td rowspan="2">过程方法及社会能力</td><td>过程方法</td><td>（1）学会自主发现、自主探索的学习方法；
（2）学会在学习中反思、总结，调整自己的学习目标，在更高水平上获得发展</td><td>10 分</td><td>能在工作中反思，有创新见解，有自主发现、自主探索的学习方法，酌情得 5 ~ 10 分</td><td></td></tr>
<tr><td>社会能力</td><td>小组成员间团结协作共同完成工作任务，培养良好的职业素养（如保持工位卫生等）</td><td>10 分</td><td>（1）小组分工不明确扣 3 分；
（2）工位卫生情况差扣 3 分</td><td></td></tr>
<tr><td colspan="2">实训总结</td><td colspan="4">完成本项学习任务的体会（学到哪些知识，掌握哪些技能，有哪些收获）：</td></tr>
<tr><td colspan="2">得分</td><td colspan="4"></td></tr>
</table>

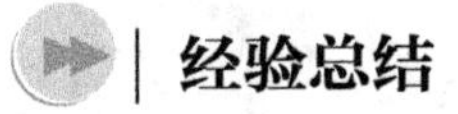

经验总结

擅长的方面

需要改进和加强的方面

学习任务六 物流分析与物料搬运活动组织、指挥与协调

06

任务引入

现代物流作为降低能耗、提高生产率以外的第三利润源，已经越来越为社会和企业所重视。随着我国第三方物流的快速发展，越来越多的制造企业为了降低成本，集中精力提高核心竞争力，将自身非核心业务外包，转而专注于提高生产物流的效率。在生产物流中，物料搬运是重要环节之一。虽然物料的装卸搬运是制造企业生产过程中的辅助环节，但它是工序之间、车间之间、工厂之间相互衔接不可缺少的环节，可以说只要生产线在运作，物料搬运就存在。生产企业内部的物料搬运涉及路径选择、各搬运区域搬运工具类型选择、数量与速度确定，两衔接点之间物流量的控制等方面。从系统工程观点考虑，一个系统含有多个子模块，每一个子模块的最优化并不能达到整个系统的最优化，只有从全局考虑才能使系统目标最优化。

改善物流系统，既是企业自我完善的需要，也是适应市场变化的需要。顾客需求愈来愈趋向个性化，导致不确定性增加，迫使企业对快速变化的市场快速准确地做出正确的反应。另外，日益激烈的市场竞争给企业带来了更大的压力。随着经济全球化和知识经济时代的到来，无国界化企业经营的趋势愈来愈明显，整个市场竞争呈现出明显的国际化和一体化。与此同时，高新技术的迅猛发展提高了生产效率，缩短了产品更新换代周期，加剧了市场竞争的激烈程度。因此，企业物流管理如何适应新的竞争环境已成为我国企业关注的焦点。通过对我国企业面临的环境和挑战的分析，企业必须把物流系统优化提上日程。在现代物流系统中，物料的搬运系统及组织管理工作，常常要求对物资进行统一分配、合理调运、正确规划、全面安排，经常会有多种解决方案。例如：制订最佳的投资计划和生产计划；选择最佳的生产布局和物料搬运系统流程；确定产品的最佳配套生产方案；制订最佳的物料调运计划等。衡量最佳方案的标准可以从不同的角度出发，以求得某项指标达到最大值或最小值。例如，要求工厂企业的劳动生产效率最高、资源的利用率最高等。这些都是物流系统优化所要研究和解决的问题。

任务要求

（1）掌握“移动距离最小化原则”在仓储物料搬运作业中的应用。

（2）掌握利用 Excel 或专用解模软件求解运筹指派问题的方法。

（3）理解计算机的“计算”技术在物流管理中所体现的“信息化”的真正含义。

（4）了解物料搬运系统设计中的基本原则。

（5）掌握物料搬运活动中的基本知识。

（6）掌握物料搬运知识和基本原则在实践中的具体应用。

任务内容

（1）通过 Excel 求解运筹指派问题。

（2）通过实验设计模拟出货配送作业流程。

（3）通过实验实践向超市门店配货、送货作业过程。

任务实施

本任务主要围绕物流仓储活动搬运距离的优化设计、配送活动中物料搬运作业优化分析展开。结合 Excel 及实验模拟设计方法，不断进行优化分析，根据物料搬运系统设计基本原则，深入学习并了解物流分析与物料搬运活动的组织、指挥与协调。

本任务总共分为两个项目进行。

项目一　物流仓储活动搬运距离问题最优解决方案设计

项目二　物流配送活动中物料搬运作业分析与优化

项目一　物流仓储活动搬运距离问题最优解决方案设计

任务描述

某超市连锁集团设有一仓储配送中心，其平面布置示意图如下图所示。

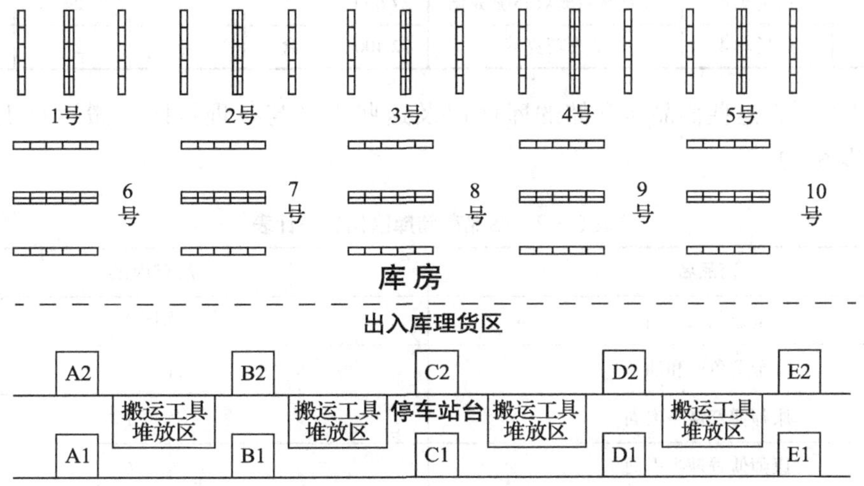

由图可见，整个库房共有10个仓储库区，5个送运货车辆停靠站台及其对应的出入库理货区，以及4个专门用来存放空闲的搬运车辆和载具的区域。该仓储配送中心有一套严格的出入库作业规则，按照规则，其入库流程如下。

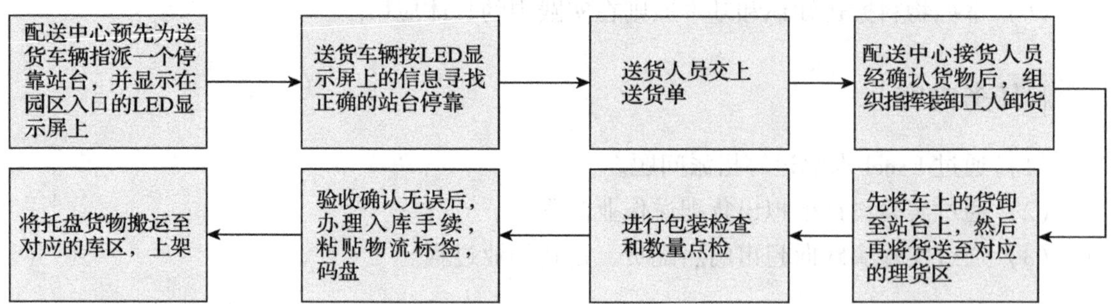

某天，配送中心接到4个供货商发来的入库通知，说是所订商品已备齐全，第二天将派车送货上门。

根据采购合同可知第二天所送货物的商品名称、数量等信息，具体见表6－1，而且根据以往经验可知，供货商1、供货商2、供货商3所送货物的外包装箱尺寸基本相同，一个标准托盘上可码放24箱；而供货商4所送货物，一个标准托盘上可码放66箱。

表6－1　商品信息统计表

供货商	送货车辆	商品名称	数量	单位	包装单位	包装规格	包装数
供货商1	送货车1	金龙鱼大豆油	6 912	瓶	箱	6	1 152
供货商1	送货车1	金龙鱼调和油	3 456	瓶	箱	6	576
供货商2	送货车2	康师傅红烧牛肉面	9 126	袋	箱	24	384
供货商2	送货车2	康师傅香辣牛肉面	34 560	袋	箱	24	1 440
供货商3	送货车3	太太乐蘑菇精调味料	28 800	袋	箱	24	1 200
供货商3	送货车3	太太乐味精	23 040	袋	箱	24	960
供货商4	送货车4	卡夫奥利奥双心脆威化	27 600	盒	箱	24	1 150
供货商4	送货车4	卡夫巧克棒	32 400	盒	箱	24	1 350

同时还知道，这些商品所存储的库区以及这些库区与各理货区的搬运行走距离，见表6－2、表6－3。

表6－2　商品存储库区信息统计表

商品名	所存库区
金龙鱼大豆油	库区2
金龙鱼调和油	库区3
康师傅红烧牛肉面	库区1
康师傅香辣牛肉面	库区6

（续）

商品名	所存库区
太太乐蘑菇精调味料	库区 5
太太乐味精	库区 10
卡夫奥利奥双心脆威化	库区 4
卡夫巧克棒	库区 8

表6－3　各库区与各理货区搬运行走距离矩阵（单位：米）

理货区 \ 库区	库区 1	库区 2	库区 3	库区 4	库区 5	库区 6	库区 7	库区 8	库区 9	库区 10
理货区 A	5	8	11	14	17	3	6	9	12	15
理货区 B	8	5	8	11	14	6	3	6	9	12
理货区 C	11	8	5	8	11	9	6	3	6	9
理货区 D	14	11	9	6	9	12	9	6	3	6
理货区 E	17	14	11	8	5	15	12	9	6	3

现在需要管理人员解决的问题如下。

（1）应怎样预先给每一辆送货车辆分配一个卸货停靠站台，使得第二天送货车辆把货送到，并经验收、码盘后，从理货区搬运至相应库区的移动距离最短。

（2）如果这4个供货商均不送货，均需配送中心派一辆货车去各供货商处自提货物，那么，当货运车辆把4个供货商的货全部装在一辆车上运回时，管理人员应将它安排在哪一个站台上卸货，能使卸下的货经验收、码盘后，从理货区搬运至相应库区的移动距离最短。

背景知识储备

物料搬运是制造企业生产过程中的辅助生产过程，它是工序之间、车间之间、工厂之间相互衔接不可缺少的重要环节。据国外统计，在中等批量的生产车间里，零件在机床上的时间仅占生产时间的5%，而95%的时间消耗在搬运、等待上，物料搬运的费用占全部生产费用的30%～40%。为此，设计合理、高效、柔性的物料搬运系统，对减少库存资金占用、缩短物流搬运所占时间，是十分必要的。

物料搬运是指在同一场所范围内进行的，以改变物料的存放（支撑）状态（即狭义的装卸）和空间位置（即狭义的搬运）为主要目的的活动，如装卸、移动、分类、堆码、理货和卸货等作业都属于物料搬运活动。装卸搬运是物料装卸和物料搬运两项作业的统称。这两项作业密不可分，习惯上常常以“装卸”或“搬运”代替“装卸搬运”。在流通领域常把装卸搬运活动叫作“货物装卸”，而在生产领域则把这种活动叫作“物料搬运”。一般，在强调物料存放状态的改变时，使用“装卸”一词，在强调物料空间位置的改变时，使用“搬运”这个词。

物料搬运的四个功能活动如下。

（1）移动：移动物料可以创造时间效用及地点效用（即在正确的时间、正确的地点提供物料所创造出来的价值）。

（2）储存：储存物料不仅可以在各项作业间起到缓冲功能，而且更有助于人员与设备的有效应用以及提供有效的物料组成。

（3）保护：防止物料损坏，同时避免误运、误置、误用和加工顺序错误等不良现象发生。

（4）控制：物料的控制应包括实体作业控制和信息状态控制。实体作业控制包括对物料的位置、流向、顺序和空间等的控制。信息状态控制包括有关物料的数量、来源、去处、所有者以及流程等的确认。

实施过程

本项目要求每个参与的学生独立完成实验。

（1）计算每一供货商所送商品经码盘后各自所需的托盘数。

（2）对于第一个问题，首先计算如果每一辆供货商车辆停靠在理货区 A ~ 理货区 E 中的一个时，把各托盘货物搬运至相应的库区需要的搬运距离。

（3）建立搬运距离矩阵，即假设车辆 i 停靠在理货区 j，则将该车辆上的货堆垛在托盘上后，用地面手推车（地牛）将其一一搬运至对应存储库区需要移动的距离。

（4）在正确理解题意的前提下，引入符合题意的变量。

（5）针对实验任务所要解决的问题建立相应的数学模型——目标函数和约束条件（详细说明每一变量的含义和模型所反映的意思）。

（6）利用信息化的 Excel 对所建数学模型进行求解。

（7）对计算结果给予说明。

（8）针对第二个问题，同样需要建立搬运距离矩阵，并确定矩阵的二维参数。

（9）因为这时只有一辆货车，所以其应该停靠哪个站台能使货物从理货区被搬运至相应库区的移动距离最短的问题通过一次排序就可一目了然。

过程考核评价

<table>
<tr><th colspan="7">项目一　物流仓储活动搬运距离问题最优解决方案设计</th></tr>
<tr><td colspan="2">学员姓名</td><td>学号</td><td></td><td>班级</td><td>日期</td><td></td></tr>
<tr><td>项目</td><td>考核项目</td><td>考核要求</td><td>配分</td><td>评分标准</td><td colspan="2">得分</td></tr>
<tr><td>知识目标</td><td>物料搬运的基本概念</td><td>掌握物料搬运的基本概念</td><td>30分</td><td>物料搬运基本活动叙述不清楚，扣3分</td><td colspan="2"></td></tr>
<tr><td>能力目标</td><td>计算最短搬运距离</td><td>正确利用Excel建立相应数学模型并求解最短搬运距离问题</td><td>50分</td><td>（1）不能通过Excel建立相应数学模型，扣5分；
（2）不能正确求解数学模型，扣5分；
（3）不能正确分析计算结果，扣5分</td><td colspan="2"></td></tr>
<tr><td rowspan="2">过程方法及社会能力</td><td>过程方法</td><td>（1）学会自主发现、自主探索的学习方法；
（2）学会在学习中反思、总结，调整自己的学习目标，在更高水平上获得发展</td><td>10分</td><td>能在工作中反思，有创新见解，有自主发现、自主探索的学习方法，酌情得5～10分</td><td colspan="2"></td></tr>
<tr><td>社会能力</td><td>小组成员间团结协作共同完成工作任务，培养良好的职业素养（如保持工位卫生等）</td><td>10分</td><td>（1）小组分工不明确扣3分；
（2）工位卫生情况差扣3分</td><td colspan="2"></td></tr>
<tr><td colspan="2">实训总结</td><td colspan="5">完成本项学习任务的体会（学到哪些知识，掌握哪些技能，有哪些收获）：</td></tr>
<tr><td colspan="2">得分</td><td colspan="5"></td></tr>
</table>

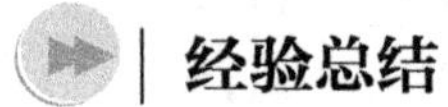

经验总结

擅长的方面

需要改进和加强的方面

项目二　物流配送活动中物料搬运作业分析与优化

任务描述

某超市连锁集团拥有几十家下属超市门店，这些连锁超市门店经营同类商品，使用统一商号。在集团总部的统一领导下，采取采购和销售分离的管理模式，即全部销售商品统一由总部所设配送中心配送，再根据从各门店前一天晚上歇业前获得的已销商品的种类及其数量信息，于第二天上午向各门店进行及时配送补货，保证各门店各种商品的总量隔天恒定。而各门店将销售货架与仓储货架合二为一，第二天上午将总部配送中心送来的商品直接摆放在销售货架上，理论上不再另设门店仓储库房，以最大限度地利用和节约经营场地资源。

由于这类连锁超市门店一般规模不大，其单种商品的销量一般也相对较小，加之配送中心实行的是隔天送货制，所以配送中心每天配送的商品呈现多品种、小数量的特征。某天，配送中心根据某一连锁超市门店的采购订单，向其配送表6－4中的货物。

表6－4　配送货物信息表

客户号	序号	商品编码	商品名称	规格	单位	订购数量	包装单位	包装规格	包装箱数量	单件数量	单价（元）	金额（元）
1	4	6901404231356	百丽美容润肤皂	125 g	块	200	箱	100	2	0	4	2 000
1	2	6901404321200	上海药皂	125 g	块	100	箱	100	1	0	2.5	750
1	1	6902022136627	蓝月亮宝宝专用洗衣液	1 kg	瓶	24	箱	12	2	0	34	2 720
1	3	6902088304237	夏士莲自然护肤香皂	125 g	块	200	箱	100	2	0	4.5	2 250
1	5	6902088309249	多芬男士护理沐浴露	250 mL	瓶	30	箱	24	1	6	25	2 500
1	7	6902088601640	中华健齿白牙膏	155 g	支	100	箱	100	1	0	8.5	850
1	6	6903495813695	三棵针亮白牙膏	90 g	支	120	箱	100	1	20	6.5	325

按照配送中心目前的有关规章制度，其应按下图所示的拣货配送流程进行作业。

由图可见，在这样一个并不复杂的作业过程中，搬运环节及次数太多，显然不符合物料搬运的基本原则，不但作业效率低下，而且搬运过程中，容易造成商品破损、遗漏和错配等物流服务质量问题。所以，集团公司领导责成配送中心管理部门优化作业流程，并从提高搬运活性指数和减少装卸搬运环节两个方面着手，设计一个用笼车替代二次分类货架的作业流程方案，努力将装卸搬运环节及其次数控制到最少。

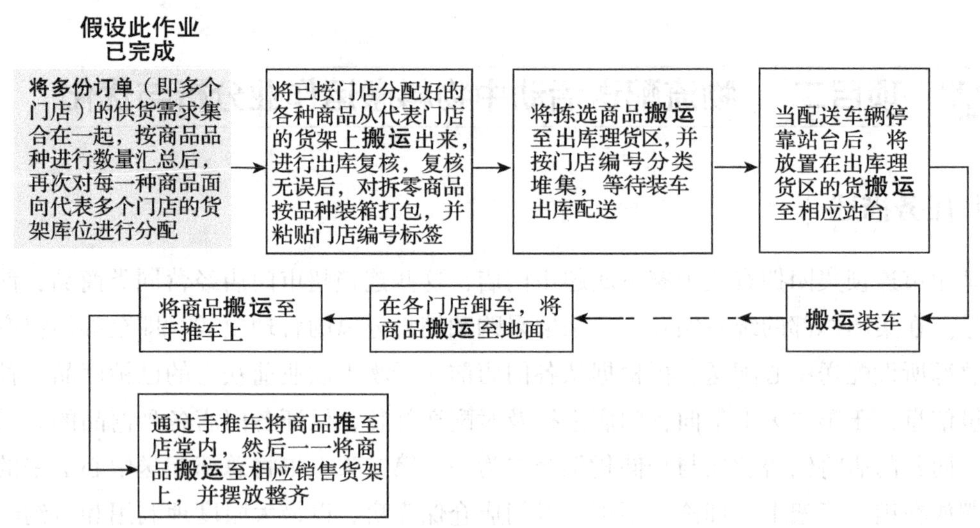

背景知识储备

一、物料搬运系统

物料搬运是指一系列的相关设备和装置，用于一个过程或逻辑动作系统中，协调、合理地对物料进行移动、储存、保护或控制。物料搬运系统能进行设备、容器的设计、布置。

物料搬运是物流系统的主要活动，在物流系统中各个环节的前后衔接或同一环节的不同活动之间都有装卸搬运活动发生。物料搬运是在已经设计和建立物流系统的条件下，系统中的物料（包括液体、散装物体、单件物体、包装件、集装单元等）按照生产工艺及服务的要求运动，以实现系统设计提出的目标。它不仅是一项技术作业，也是物流系统的控制与管理活动。

设备、容器和路线结构共同组成物料搬运系统。其中设备决定了路线是固定的还是变动的。例如：输送机是固定路线式设备；叉车则是可变路线式设备，可以从一处到另一处。路线结构分为直达型和间接型两种，其中间接型结构又分为渠道型和中心型。在物料搬运路线中容器集纳并保护产品。大的容器可以满足设备生产能力的需要，通常需要配合直达型路线，如叉车叉起一托盘货物。小的容器不能满足设备生产能力的需要，就要采用渠道型和中心型间接型路线。物料搬运系统中设备、容器的性质取决于物料的特性和流动的种类。物料搬运系统要合理、高效，具有柔性并能快速装换，以适应现代制造业生产周期短、产品变化快的新特点。

二、物料搬运系统的设计原则

物料搬运系统的设计原则见表 6－5。

表6－5　物料搬运系统的设计原则

物料搬运原则	内容
（1）确定方针原则	了解现有方法和问题，实体上和经济上的限制，彻底了解问题所在，以设定未来的需求和目标
（2）规划原则	制订一个计划，包括基本需求和所有物料搬运和储存活动的应变计划
（3）系统原则	整合搬运和储存活动，使得系统和活动经济有效，包括进货、检验、储存、生产、组合、包装、仓储、出货、运送等
（4）单元负载原则	在实务上，合并货品使其成单元负载
（5）空间利用原则	充分有效地利用空间
（6）标准化原则	尽可能使搬运方法和设备标准化
（7）工效原则	了解人类的能力和限制以设计物料搬运设备和程序，使得使用系统的人和系统能有效互动
（8）能源原则	考虑物料搬运系统和物料搬运程序的能源消耗
（9）生态原则	使用对环境产生不良影响最小的物料搬运系统和物料搬运程序
（10）机械化原则	物料搬运过程机械化，以增进效率
（11）弹性原则	所使用的方法和设备可以在不同的状况下做不同的工作
（12）简单原则	通过减少和合并不需要的移动和设备，简化搬运
（13）重力原则	在考虑安全、损坏、遗失等因素下，尽可能利用重力移动物料
（14）安全原则	遵循安全原则，使用安全的物料搬运系统和方法
（15）电脑化原则	在物料搬运时使用电脑上的储存系统，以加强物料搬运系统和物料搬运程序对物料和信息的控制
（16）系统流原则	处理物料搬运和储存时，整合数据流动和物流流动
（17）布局原则	对所有可行的方案，准备操作顺序和设备设计，选择最有效的方案
（18）成本原则	比较不同解决方案的每单位物料搬运成本
（19）维修原则	为所有物料搬运设备编制预防维修和定期维修计划
（20）淘汰原则	考虑产品的生命周期，对过期设备的更新采用长期且经济的合理政策

三、物料搬运系统的意义

企业物料搬运系统的最终目的是在保证企业正常生产的前提下降低搬运成本，保证企业产品在市场上有足够的竞争力。在现代企业中，物料搬运费用一般占产品总成本的20%～30%；在机械工业中，物料搬运费用高达35%～40%。因此，降低物料搬运系统的运行成本是提高企业利润的途径之一。由于我国各地区、各行业发展不平衡，各企业的生产类型不一样，只能确定主要的、通用的搬运原则，企业可根据自身情况优化物料搬运系统，提高物料搬运系统的效益。

（1）提高物料活性指数。

（2）物料集装化、单元化（如集装箱化、托盘化、标准箱化）。

（3）大宗散料搬运输送机械化。

（4）物料活性指数与搬运设备搬运指数配置合理化。

（5）物料搬运系统直线化（即搬运距离最短）。

（6）物料搬运系统无缝化对接（输送物料尽可能不落地、不装卸，进行直达式输送）。

（7）合理、合适地使用机械化、自动化、无人化设备。

（8）物料搬运系统均衡化搬运。

（9）物料搬运系统内搬运设备配置合理化（即系统全能力搬运，避免系统内某些设备由于能力、性能过剩或不足而形成功能上的孤岛）。

（10）重力化搬运。

（11）最大化搬运单元（在搬运设备允许的条件下，搬运单元应尽可能大）。

（12）空间最大利用原则（在仓储系统中，尽可能利用空间，减少场地费用）。

（13）安全原则（发生事故是最大的成本浪费）。

提高企业现代物流系统的效益、降低物流成本不仅是技术上的问题，也涉及一系列物流系统的管理问题。也就是说，用现代化的物流技术装备组成的现代物流系统，需要用现代化的管理手段、现代化的思维方式，保证现代化物流系统的技术的作用得到充分的发挥。

实施过程

（1）本实验需分组进行，每 2 人组成一个实验小组。

（2）每个实验小组向实验指导教师领取包装箱模型 12 只、条形码打印机 1 台、中型货架模型 1 座、模型小车（模拟笼车）1 辆、推车（模拟货运车）1 辆。

（3）将 12 只包装箱模型作为该门店的所订货物（其中，假设 6 瓶多芬男士护理沐浴露装成一箱；20 支三棵针亮白牙膏装成一箱），并将其存放于代表一个门店的中型货架的一层上。

（4）按上述流程，从第（2）步开始进行一个流程的出货配送作业。

（5）通过实践的切身感受，分析造成搬运环节及其次数较多的根本原因。

（6）按实验内容要求，每个实验小组需要以上述拣货配送流程为基础，根据同样的作业任务设计一个用笼车替代二次分类货架的优化作业流程，目的是将装卸搬运环节及其次数控制在最少的范围内。

（7）按实验内容要求，先将上述该门店所订的 12 箱货物存放于代表一个门店的模型小车（模拟笼车）内。

（8）根据自己设计的作业流程，以“笼车”为搬运对象，再次实践向超市门店配货、送货的作业过程。

过程考核评价

<table>
<tr><th colspan="6">项目二　物流配送活动中物料搬运作业分析与优化</th></tr>
<tr><td>学员姓名</td><td></td><td>学号</td><td></td><td>班级</td><td>日期</td></tr>
<tr><td>项目</td><td>考核项目</td><td>考核要求</td><td>配分</td><td>评分标准</td><td>得分</td></tr>
<tr><td rowspan="2">知识目标</td><td>物料搬运系统的概念</td><td>掌握物料搬运系统的概念</td><td>10分</td><td>物料搬运系统的概念叙述不清楚，扣3分</td><td></td></tr>
<tr><td>物料搬运系统的设计原则</td><td>理解物料搬运系统的设计原则</td><td>20分</td><td>物料搬运系统设计原则叙述不清楚，扣5分</td><td></td></tr>
<tr><td>能力目标</td><td>分析优化物料搬运作业</td><td>（1）模拟完成出货配送作业；
（2）分析配送作业中的物料搬运活动；
（3）优化配送作业流程</td><td>50分</td><td>（1）不能按任务要求模拟完成出货配送作业，扣5分；
（2）不能正确分析配送作业中的物料搬运活动，扣5分；
（3）不能按任务要求用笼车替代二次分类货架优化作业流程，扣5分</td><td></td></tr>
<tr><td rowspan="2">过程方法及社会能力</td><td>过程方法</td><td>（1）学会自主发现、自主探索的学习方法；
（2）学会在学习中反思、总结，调整自己的学习目标，在更高水平上获得发展</td><td>10分</td><td>能在工作中反思，有创新见解，有自主发现、自主探索的学习方法，酌情得5～10分</td><td></td></tr>
<tr><td>社会能力</td><td>小组成员间团结协作共同完成工作任务，培养良好的职业素养（如保持工位卫生等）</td><td>10分</td><td>（1）小组分工不明确扣3分；
（2）工位卫生情况差扣3分</td><td></td></tr>
<tr><td colspan="2">实训总结</td><td colspan="4">完成本项学习任务的体会（学到哪些知识，掌握哪些技能，有哪些收获）：</td></tr>
<tr><td colspan="2">得分</td><td colspan="4"></td></tr>
</table>

经验总结

擅长的方面

需要改进和加强的方面

学习任务七 库存控制

07

任务引入

随着市场需求不确定性的增加，企业为及时满足市场需求，适应市场变化，必须建立供应链的快速响应机制。快速反应是20世纪80年代首先在美国的纺织服装行业发展起来的一种供应链管理策略，目的是为了提高整个纺织服装行业的市场竞争力，减少供应链中从原材料到用户的过程中的时间和库存，提高服务水平，降低经营风险，最大限度地提高供应链的运作效率。随着21世纪科学技术的不断进步和经济的不断发展，企业面临着缩短交货期、提高产品质量、降低成本和改善服务的压力。这些都要求整个供应链能针对不断变化的市场做出快速反应，持续不断地开发出满足用户要求的“个性化产品”，以保持市场竞争力。20世纪70年代后期，供应链快速反应首先在美国的纺织业、服装业得到运用，随后迅速扩展到其他行业。国外对于供应链的快速反应已有相当多的研究。

传统的供应链一般以制造为中心，考虑企业自身的资源利用，更加注重制造企业内部的过程，也就是说从外部采购的原材料和零部件经过生产转换被销售给用户的过程。而在销售方面则注重将商品“推向”消费者，并在制造和消费之间建立库存机制以方便货物存储，不中断“推动”过程。

另外，传统的供应链管理模式，至少需要依赖三个以上间断性的库存缓冲环节使生产过程的物流更通畅，并且对变化的消费需求做出反应。由于牛鞭效应的存在，需求信息的不真实性会突出，并产生逐渐放大现象，当信息到达最源头的供应商时，它所获得的需求信息与实际消费市场中顾客的需求信息发生了很大的偏离。受此影响，上游供应商往往持有比下游供应商更高的库存水平，使供应链上各节点企业对需求预测的准确度降低。

随着大数据的兴起和互联网技术与各个领域的快速融合，供应链的结构发生了新的变化，为供应链的发展开拓了新的方向。由于在大数据的环境下数据的获取更加快速便捷，这使得各个企业在新的供应链体系中实现信息共享成为可能。在供应链管理中，需求预测是贯穿整个供应链的必不可少的一个环节。

任务要求

（1）了解在供应链环境下快速反应对零售商节点的库存和利润所产生的影响。

（2）熟练掌握利用 Excel 进行随机需求订货模拟。

（3）深入理解计算机技术在现代物流信息化管理实践中所发挥的积极作用。

（4）了解基于随机需求情况下的定量 Q^* 订货和期望服务水平下的再订货点 s 模型的基本原理和解算方法。

（5）掌握时间序列预测方法的基本原理和作业步骤。

（6）掌握应用 Excel 进行 DRP（distribution requirement planning，配送需求计划）编制的技术和方法。

（7）提高应用现代信息工具解决物流管理实践中的实际问题的能力。

任务内容

（1）通过 Excel 模拟随机需求订货；

（2）了解基于随机需求情况下的定量 Q^* 订货和期望服务水平下的再订货点 s 模型。

（3）应用 Excel 进行 DRP 编制。

任务实施

本任务主要通过 Excel，结合时间序列预测方法，对随机需求订货等进行模拟，并编制 DRP。

本任务具体由两个项目来实现。

项目一　快速反应和服务水平对库存和利润的影响分析

项目二　库存控制与 DRP

项目一　快速反应和服务水平对库存和利润的影响分析

任务描述

某电商准备在秋季来临之前搞一个羊绒衫网上促销会，时间为 14 周。其中某款羊绒衫在促销期间的价格为 900 元/件，而其进价是 420 元/件。促销期过后，由于已是秋去冬来，羊绒衫当年的时令季节已过，所以就必须把所有未售出的羊绒衫以每件 120 元的价格转让给廉价品商店，并且规定，电商还需承担促销期间（14 周）这些未售出的羊绒衫的库存保管和维护费（5 元/件/周）。

面对如此条件，现在该电商采购部门的主管需要解决的问题是：为了实现盈利最大化，在促销期内应该向羊绒衫供应商订购多少件羊绒衫？

解决这一问题的关键是要准确预测市场需求和科学决策服务水平的指标。然而，要准确预测市场需求，就需要准确地掌握市场需求信息，但按供应商的说法，根据其生产计划安排，羊绒衫的采购提前期一般需要 15 周左右，这样长的采购提前期显然给销售商家获取准确的市场需求信息带来很大的难度。因为通常情况下，采购员只有经历了 1～2 周的实际销售以后，才能基本了解市场对所售商品的反应情况，从而才有可能做出比较准确的预测，而如果要在销售前的 15 周就要决定采购量，显然是很盲目的。

现在该电商为解决这一矛盾，采取的措施是：一方面经与制造商反复磋商，要求供应商加快响应市场的速度，将羊绒衫的采购提前期降至 5 周；另一方面是改一次采购为二次采购，即在促销开始前 5 周，先根据以往同类产品的销售记录，经统计分析后做一个初步的市场需求预测，并根据此次预测进行第一次前 7 周的订货，然后在促销期的第二周，再次根据两周来的实际销售情况做一个比较精确的需求预测，并根据该预测和以下规则确定后 7 周的订货量。

（1）如果前 7 周的采购量≤前 7 周的实际销售量，则后面 7 周的订货量仍按原采购政策采购。

（2）如果前 7 周的采购量 > 前 7 周的实际销售量，则后面 7 周的订货量就应修改为：后 7 周的订货量 -（前 7 周的订货量 - 前 7 周的实际销售量）。

在此假设，在促销期开始前，经销售主管部门根据 1 多年来的经验，预测该羊绒衫在促销期间每周需求量将服从均值 128 件、标准差为 35 件的正态分布。但也有人根据以往促销期的销量数据统计分析后认为，后 7 周需求量的均值尽管仍将维持在 128 件的正态分布，但销量波动将趋于稳定，主要表现为其标准差将收窄到 8 件。

最后电商总经理要求技术管理部门先按服务水平 96% 对三种情况（① 两次预测相同，但分两次订货；②两次预测不相同，分两次订货；③ 按促销开始前的一次预测，一次订货）进行 500 次仿真运算，并在此基础上进行 7 周或 14 周订货量、14 周平均库存积压量、14 周平均收益计算；再将服务水平分别按从 98% 开始，每次递减 2%，即 96%、94%、92%、90%、88%……的情况对上述①、②两种情况的 14 周平均库存积压量、14 周平均收益进行模拟运算，以求得收益最大时的服务水平。

背景知识储备

快速反应（quick response，QR）是制造商为了在精确的数量、质量和时间要求条件下为客户提供产品，将订货提前期缩至最短，人力、物料和库存成本降至最低；同时强调系统的柔性以便满足竞争市场的不断变化，要求供应商、制造商以及分销商紧密合作，通过信息共享共同预测未来的需求并且持续监视需求的变化以获得新的机会。2006 年修订版国家标准《物流术语》中对快速反应的定义为：供应链成员企业之间建立战略合作伙伴关系，利用 EDI 等信息技术进行信息交换与信息共享，用高频率小批量配送方式补货，以实现缩短交货周期，减少库存，提高顾客服务水平和企业竞争力为目的的一种供应链管理策略。

快速反应是20世纪70年代后期从美国纺织服装业发展起来的一种供应链管理方法，是美国零售商、服务制造商及纺织品供应商开发的整体业务概念，以减少原材料到销售点的时间和整个供应链上的库存，最大限度地提高供应链的动作效率为目的。

QR的实现条件如下。

（1）必须改变传统的经营方式，革新企业的经营意识和组织。

（2）必须开发和应用现代信息处理技术，这是成功进行QR活动的前提条件。

（3）必须与供应链各方建立（战略）伙伴关系。

（4）必须改变传统的企业商业信息保密的做法，将销售信息、库存信息、成本信息等与合作伙伴交流分享，并在此基础上要求各方一起发现问题、分析问题和解决问题。

（5）供应方必须缩短生产周期，降低商品库存。

在快速反应策略下，物流企业面对多品种、小批量的买方市场，不是储备了“产品”，而是准备了各种“要素”，在用户提出要求时，能以最快速度抽取“要素”，及时“组装”，提供其所需服务或产品。

快速反应对于零售商而言具有非常重要的意义，主要表现在顾客服务水平和获利能力的显著提高。快速反应能够准确地跟踪存货情况，在库存真正降低时才订货。它还可以缩短订货周期，借助自动补货系统（也称厂商补货系统）和存货模型来确定何时需要采购，最终提高销售额。快速反应还可以使零售商的采购业务流程得到简化，从而降低采购成本。总之，采用快速反应的方法后，虽然单位商品的采购成本会增加很多，但通过频繁地小批量采购商品，顾客服务水平会得到提高，零售商更能适应市场变化，同时其他成本也会降低，如库存成本和清仓削价成本等，最终提高了利润。

实施过程

（1）本实验是一个供应链管理层面上的计算机仿真实验，所以要求一人一组，各自独立通过Excel来对此管理决策问题进行仿真模拟，以协助高层管理人员最终决策最优解决方案。

（2）利用Excel，计算“两次预测结果相同，但分两次订货”的情况，即前7周与后7周都是服务水平为96%、均值为7×180、标差$\sqrt{7}\times35$。

①前7周的采购量。

②前7周的市场随机需求量，在Excel中可通过两种方法获取：一是通过函数的方法——NORMINV（RAND（），均值，标差）；另一种方法是点击工具栏上的“数据”→“数据分析”→“随机数发生器”→“确定”。

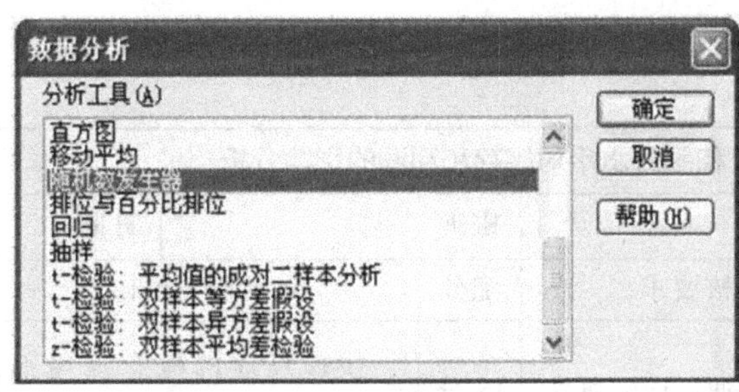

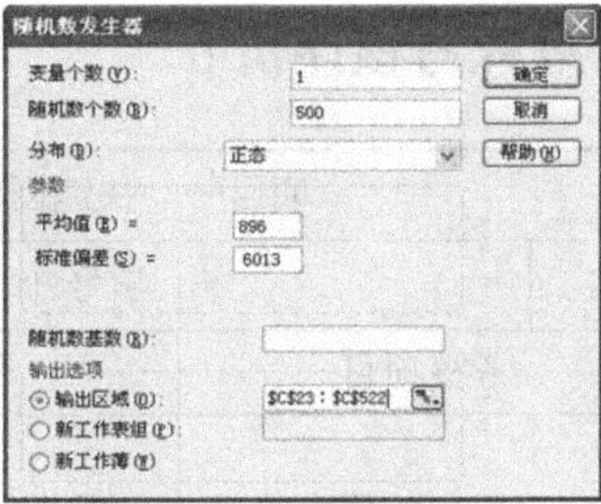

③仿真前 7 周的库存积压量。

④仿真前 7 周的收益（因为此时促销期尚未结束，库存积压商品不一定就是滞销商品，所以此时无须承担库存保管和维护费）。

⑤对上述经营情景进行 500 次仿真，据此计算前 7 周的库存和收益的平均值。

⑥根据该电商预先约定的规则计算后 7 周的实际采购量，后 7 周的采购量实际上就是：MIN（后 7 周的计划采购量，前 7 周的实际销售量）。

⑦同样用上述方法求取后 7 周的市场随机需求量。

⑧仿真后 7 周的库存积压量（此时应将前 7 周的库存积压量一并考虑进去）。

⑨计算后 7 周的收益（此时应考虑 14 周的库存积压量的库存保管费、维护费和转让费）。

⑩同样对上述经营情景进行 500 次仿真，据此计算后 7 周的库存和收益的平均值。

⑪计算 14 周的库存和收益的平均值。

（3）进行“两次预测结果不同，分两次订货”的情况仿真。

①由于前 7 周的情况已经仿真，所以不需重复操作。

②按照上述⑥～⑪的步骤，再次进行标准差改变后的重复计算。

（4）模拟。

①针对不同的服务水平，对两种不同预测情况下的平均库存积压和平均收益进行模拟，模拟的变量是服务水平（0.98～0.02，间隔 0.02），模拟的对象是两种不同精度的 14 周平均库存积压和 14 周平均收益。

②利用 Excel 中的 INDEX 和 MATCH 函数，计算在模拟数据中获取两种不同的预测精度下 14 周平均收益最大时的服务水平值。

③对模拟结果用散点曲线图加以标示。

（5）对“按促销开始前的一次预测，一次订货”情况进行仿真。

①根据预测和服务水平的要求，决策整个促销期间（14 周）的一次采购量。

②仿真整个促销期间（14 周）的市场实际随机需求量。

③计算 14 周的库存积压量。

④计算促销期内的总收益。

⑤对上述经营情景进行 500 次仿真，据此计算 14 周的库存和收益的平均值。

过程考核评价

<table>
<tr><th colspan="6">项目一　快速反应和服务水平对库存和利润的影响分析</th></tr>
<tr><td colspan="2">学员姓名　</td><td>学号　</td><td>班级</td><td>　</td><td>日期　</td></tr>
<tr><td>项目</td><td>考核项目</td><td>考核要求</td><td>配分</td><td>评分标准</td><td>得分</td></tr>
<tr><td rowspan="2">知识目标</td><td>快速反应的概念</td><td>掌握快速反应的概念</td><td>15 分</td><td>快速反应的概念叙述不清楚，扣 5 分</td><td></td></tr>
<tr><td>快速反应实现的条件</td><td>理解快速反应实现的条件</td><td>15 分</td><td>快速反应实现的条件叙述不清楚，扣 5 分</td><td></td></tr>
<tr><td rowspan="2">能力目标</td><td>求解库存积压量</td><td>通过 Excel 仿真计算库存积压量、收益</td><td>20 分</td><td>（1）不能正确使用 Excel 相关函数进行计算，扣 5 分；
（2）不能正确通过 Excel 仿真库存积压量，扣 5 分</td><td></td></tr>
<tr><td>仿真平均库存积压和收益</td><td>反复仿真平均库存积压和平均收益</td><td>30 分</td><td>（1）不能正确使用 Excel 相关函数进行仿真，扣 5 分；
（2）不能正确通过 Excel 仿真库存积压和收益，扣 5 分</td><td></td></tr>
<tr><td rowspan="2">过程方法及社会能力</td><td>过程方法</td><td>（1）学会自主发现、自主探索的学习方法；
（2）学会在学习中反思、总结，调整自己的学习目标，在更高水平上获得发展</td><td>10 分</td><td>能在工作中反思，有创新见解，有自主发现、自主探索的学习方法，酌情得 5～10 分</td><td></td></tr>
<tr><td>社会能力</td><td>小组成员间团结协作共同完成工作任务，培养良好的职业素养（如保持工位卫生等）</td><td>10 分</td><td>（1）完成过程条理不清晰扣 3 分；
（2）工位卫生情况差扣 3 分</td><td></td></tr>
<tr><td colspan="2">实训总结</td><td colspan="4">完成本项学习任务的体会（学到哪些知识，掌握哪些技能，有哪些收获）：</td></tr>
<tr><td colspan="2">得分</td><td colspan="4"></td></tr>
</table>

经验总结

擅长的方面

需要改进和加强的方面

项目二 库存控制与 DRP

任务描述

某连锁超市集团公司配送中心的计划部门正着手编制下一个计划期内所有经销商品的配送需求计划，其中某计划员接受的任务之一是为配送中心所经销的一款 10 kg 袋装“乐惠虎林东北大米”编制一个未来 35 天的 DRP。

目前，该计划员所获知的信息如下。

（1）10 kg 袋装“乐惠虎林东北大米”的进货价为 38 元/袋。

（2）经折算，这款商品的年仓储持有成本约为其单位采购价的 20%（一年按 365 个工作日计算）。

（3）每次订货成本（包括电话联系、签约、付款等人工、材料消耗等的费用）约为 50 元。

（4）订货提前期需要 1 天，即如果今天订货，明天才能收到货。

（5）本计划期末尚有库存余量 1 000 袋。

（6）按配送中心的有关仓管制度规定，库存商品一律按（Q^*，s）策略进行补给，即每次计划出库后，都要核对该商品的库存水平，并与预先设定的再订货点 s 进行比较，如果目前的库存水平 $I<s$，就向供应商发出订货单，而订货数量为经济订货批量 Q^*。

（7）长期经销实践表明，从该商品每天的市场实际需求量上看，其市场需求几乎不受季节、周期等因素影响，每天的配送量基本是随机性波动的，而且“随机性”服从正态分布。由于每天的随机性波动量无法预测，所以配送中心一贯的做法是按 95% 的服务水平配备安全库存量。

（8）表 7－1 是上一计划期 5 周共 35 天内该商品每天的销售量（袋）。

表 7－1 乐惠虎林东北大米 35 天的销售量统计表

日期	周一	周二	周三	周四	周五	周六	周日
销售量（袋）	1 164	1 121	1 000	865	978	927	956
日期	周一	周二	周三	周四	周五	周六	周日
销售量（袋）	841	1 028	982	984	1 052	970	988
日期	周一	周二	周三	周四	周五	周六	周日
销售量（袋）	1 049	1 047	895	1 119	928	930	1 087
日期	周一	周二	周三	周四	周五	周六	周日
销售量（袋）	1 064	1 113	929	975	992	1 047	1 083
日期	周一	周二	周三	周四	周五	周六	周日
销售量（袋）	1 083	888	1 104	1 196	914	1 069	1 079

（9）截至目前，已经接到下属门店未来 14 天（2 周）关于“乐惠虎林东北大米”的订单情况，见表 7－2。

表 7-2　乐惠虎林东北大米 14 天的订货情况

日期	周一	周二	周三	周四	周五	周六	周日	周一	周二	周三	周四	周五	周六	周日
订购量(袋)	1 024	1 017	1 019	980	700	432	23	0	0	0	0	0	0	0

（10）在编制 DRP 时规定需求时区仅为 1、2、3 时段。

背景知识储备

一、配送需求计划 DRP

配送需求计划（Distribution Requirement Planning）简称 DRP，是一种既保证有效满足市场需要，又使得物流资源配置费用最少的计划方法，是 MRP（Material Requirement Planning，物料需求计划）原理与方法在物品配送中的运用。它是流通领域的一种物流技术，是 MRP 在流通领域应用的直接结果。它主要解决分销物资的供应计划和调度问题，以达到既保证有效满足市场需要又使得配置费用最省的目的。

DRP 主要应用于两类企业：一类是流通企业，如储运公司、配送中心、物流中心、流通中心等；另一类是由流通部门承担分销业务的企业。这两类企业的共同之处如下。

（1）以满足社会需求为自己的宗旨。

（2）依靠一定的物流能力（储、运、包装、搬运能力等）来满足社会的需求。

（3）从制造企业或物资资源市场组织物资资源。

DRP 这种新的模式借助互联网的延伸性及便利性，使商务过程不再受时间、地点和人员的限制，有效地提高了企业的工作效率、扩大了企业的业务范围。企业也可以在兼容互联网时代现有业务模式和现有基础设施的情况下，迅速构建 B2B 电子商务平台，扩展现有业务和提高销售能力，实现零风险库存，降低分销成本，提高周转效率，确保获得领先一步的竞争优势。

DRP 是一种更加复杂的计划方法，它要考虑多个配送阶段及其特点。DRP 在逻辑上是制造需求计划的扩展。DRP 在一种独立的环境下运作，由不确定的顾客需求来确定存货需求，由顾客需求引导，企业无法加以控制。

DRP 的优点有以下几个。

1. 营销上的好处

（1）改善了服务水准，保证准时递送，减少顾客的抱怨。

（2）更有效地改善了促销计划和新产品引入计划。

（3）提高了预计短缺的能力，使营销精力不花费在低储备的产品上。

（4）加强了与其他企业的功能协调，因为 DRP 有助于共用一套计划数字。

（5）提高了向顾客提供协调存货管理服务的能力。

2. 物流上的好处

（1）由于协调装运，降低了配送中心的运输费用。

(2) 因为 DRP 能够准确地确定何时需要何种产品，降低了产品的存货水平。

(3) 因存货减少，仓库的空间需求也减少了。

(4) 由于延交订货现象减少，降低了顾客的运输成本。

(5) 改善了物流与制造之间的存货可视性和协调性。

(6) 提高了预算能力，因为 DRP 能够在多计划远景下有效地模拟存货和运输需求。

DRP 也有缺点，主要表现在以下几方面。

(1) 存货计划系统需要每一个配送中心精确的、经过协调的预测数。该预测数对于指导货物在整个配送渠道的流动是很有必要的。在任何情况下，使用预测数指导存货计划系统，预测误差都有可能成为一个重大问题。

(2) 存货计划要求配送设施之间的运输具有固定而又可靠的完成周期，而完成周期的不确定因素则会降低系统的效力。

(3) 由于生产故障或递送延迟，综合计划常易受系统紧张的影响或频繁改动时间表的影响。

二、DRP 成功的关键因素

1. 高层领导的支持

高层领导一般是销售副总、营销副总或总经理，他们是项目的支持者，主要作用体现在三个方面。首先，为 DRP 设定明确的目标。其次，作为一个推动者，为 DRP 项目提供为达到设定目标所需的时间、财力和其他资源。最后，确保企业上下认识到这样一个工程对企业的重要性。在项目实施过程中出现重大分歧和阻力时，高层领导的方向性决策能力是项目成功的必要条件，而实际情况往往是新系统上马，短时间内各级人员都很难适应。轻则会有很多抱怨摆在项目组面前；重则新系统不仅短时间内没有起到提升管理水平的作用，反而由于人员不适应、不熟悉等原因降低了管理效率，并导致经营指标下降。这时，如果高层领导不能高瞻远瞩，从大局和长久发展出发，没有充分的决心和魄力，系统将会面临搁浅的命运。高层领导应激励员工解决问题而不是打退堂鼓。

2. 专注于流程

成功的项目小组应该把注意力放在流程上，而不是过分关注技术。应该认识到，技术只是促进因素，而不是解决方案。因此，好的项目小组开展工作后的第一件事就是花费时间研究现有的营销和服务策略，并找出改进方法。

3. 技术的灵活运用

在成功的 DRP 项目中，技术的选择总是与要改善的特定问题紧密相关的。如果销售管理部门想减少新销售员熟悉业务所需的时间，则企业应该选择营销百科全书功能。选择的标准应该是，根据业务流程中存在的问题选择合适的技术，而不是通过调整流程来适应技术要求。

4. 组织良好的团队

DRP的实施队伍应该在四个方面有较强的能力。首先是业务流程重组的能力。其次是对系统进行客户化和集成化的能力，特别对那些打算支持移动用户的企业更是如此。再次是对IT部门的要求，如网络大小的合理设计、对用户桌面工具的提供与支持、数据同步化策略等。最后，实施小组要具有改变管理方式的技能，并提供桌面帮助，这两点对于帮助用户适应和接受新的业务流程很重要。

5. 极大地重视人的因素

很多情况下，企业并不是没有认识到人的重要性，而是对如何做不甚明了。我们可以尝试如下几个简单易行的方法。一是请企业未来的DRP用户参观分销管理系统，了解系统到底能为DRP用户带来什么。二是在DRP项目的各个阶段（需求调查、解决方案的选择、目标流程的设计等），都争取让最终用户参与其中，使得项目成为用户负责的项目。三是在实施的过程中，千方百计地从用户的角度出发，为用户创造方便。

6. 分步实现

欲速则不达。通过流程分析，识别业务流程重组的一些可以着手的领域，但要确定实施优先级，每次只解决最重要的几个问题，而不是毕其功于一役。

7. 系统的整合

系统各个部分的集成对DRP很重要。DRP的效率和有效性的获得有一个过程，它们依次是终端用户效率的提高、终端用户有效性的提高、团队有效性的提高、企业有效性的提高和企业间有效性的提高。

三、时间序列预测方法

时间序列预测方法是一种历史资料延申预测，也称历史引申预测法，是以时间序列所能反映的社会经济现象的发展过程和规律性进行引申外推，预测其发展趋势的方法。它通过编制和分析时间序列，根据时间序列所反映的发展过程、方向和趋势进行类推或延伸，借以预测下一段时间或以后若干年内可能达到的水平。

1. 时间序列预测方法的步骤

第一步：收集历史资料，加以整理，编成时间序列，并根据时间序列绘成统计图。

第二步：分析时间序列。

第三步：求时间序列的长期趋势（T）、季节变动（s）和不规则变动（I）的值，并选定近似的数学模式来代表它们。

第四步：预测未来的长期趋势值T和季节变动值s，在可能的情况下预测不规则变动值I。然后用以下模式计算出未来的时间序列的预测值Y。

加法模式：$T+S+I=Y$

乘法模式：$T \times S \times I = Y$

如果不规则变动的预测值难以求得，就只求长期趋势和季节变动的预测值，以两者相乘之积或相加之和为时间序列的预测值。如果经济现象本身没有季节变动或不需预测分季分月的资料，则长期趋势的预测值就是时间序列的预测值，即 $T = Y$。但要注意这个预测值只反映现象未来的发展趋势，即使是很准确的趋势线，在按时间顺序的观察方面所起的作用，本质上也只是一个平均数，实际值将围绕它上下波动。

2. 时间序列预测方法的特征

（1）时间序列预测方法是根据过去的变化趋势预测未来的发展的一种方法，它的前提是假定事物的过去延续到未来。

时间序列预测方法正是根据客观事物发展的规律性，运用过去的历史数据，通过统计分析，进一步推测未来的发展趋势。事物的过去会延续到未来，这个假设前提包含两层含义：一是事物的发展不会发生突然的跳跃变化，是以相对小的步伐前进的；二是过去和当前的现象可能表明现在和将来活动的发展变化趋向。这就决定了在一般情况下，时间序列分析法对于短、近期预测比较显著，但如延伸到将来，就会出现很大的局限性，导致预测值偏离实际值较大而使决策失误的结果。

（2）时间序列数据变动存在着规律性与不规律性。

时间序列中的每个观察值的大小是相互影响变化的各种不同因素在同一时刻发生作用的综合结果。从影响因素发生作用的大小和方向变化的时间特性来看，这些因素造成的时间序列数据的变动分为四种类型。

①趋势性：某个变量随着时间的推移或自变量的变化，呈现一种比较缓慢而长期的持续上升、下降、停留的同性质变动趋向，但变动幅度可能不相同。

②周期性：某因素由于外部影响（如随着季节的交替）而出现高峰与低谷的规律。

③随机性：个别为随机变动，整体呈统计规律。

④综合性：实际变化情况是几种变动的叠加或组合。预测时，设法除去不规则变动，突出反映趋势性和周期性变动。

3. 时间序列预测方法的分类

时间序列预测方法可用于短期预测、中期预测和长期预测。根据对资料分析方法的不同，时间序列预测方法又可分为简单序时平均数法、加权序时平均数法、简单移动平均法、加权移动平均法、指数平滑法、季节性趋势预测法、市场寿命周期预测法等。

（1）简单序时平均数法，也称算术平均法，即把若干历史时期的统计数值作为观察值，求出算术平均数，作为下期预测值。这种方法基于下列假设："过去这样，今后也将这样"，把近期和远期数据等同化和平均化，因此只能适用于事物变化不大的趋势预测。如果事物呈现某种上升或下降的趋势，就不宜采用此法。

（2）加权序时平均数法，就是把各个时期的历史数据按近期和远期影响程度进行加权，求出平均值，作为下期预测值。

（3）简单移动平均法，就是相继移动计算若干时期的算术平均数，作为下期预测值。

（4）加权移动平均法，即将简单移动平均数进行加权计算。在确定权数时，近期观察值的权数应该大些，远期观察值的权数应该小些。

上述几种方法虽然简便，能迅速求出预测值，但由于没有考虑整个社会经济发展的新动向和其他因素的影响，所以准确性较差。应根据新的情况，对预测结果做必要的修正。

（5）指数平滑法，即根据历史资料的上期实际数和预测值，用指数加权的办法进行预测。此法实质是由加权移动平均法演变而来的一种方法，优点是只要有上期实际数和上期预测值，就可计算下期预测值。这样可以节省处理数据的时间，减少数据的存储量，方法简便。此法是国外广泛使用的一种短期预测方法。

（6）季节性趋势预测法，即根据经济事物每年重复出现的周期性季节变动指数，预测其季节性变动趋势。推算季节性指数可采用不同的方法，常用的方法有季（月）别平均法和移动平均法两种。①季（月）别平均法就是把各年度的数值分季（或月）加以平均，除以各年季（或月）的总平均数，得出各季（月）指数。这种方法可以用来分析生产、销售、原材料储备、预计资金周转需要量等方面的经济事物的季节性变动。②移动平均法，即应用移动平均数计算比例求典型季节指数。

（7）市场寿命周期预测法，就是对产品市场寿命周期进行分析研究。例如，对处于成长期的产品预测其销售量，最常用的一种方法就是将统计资料按时间序列画成曲线图，再将曲线外延，即得到未来销售发展趋势。最简单的外延方法是直线外延法，适用于耐用消费品的预测。这种方法简单、直观、易于掌握。

实施过程

（1）这是一个计划层面上的管理任务，所以要求一人一组，各自在计算机及其相关信息化工具软件的支持下，快速、高效地独立完成“计划”任务导向的管理实践。

（2）根据实验内容所告知的参数，应用 Excel 进行下列参数的计算。

①销售量的均值 μ 与标差 σ。

②平均日销量 D 。

③经济订货批量 Q^* 。

④在规定服务水平允许条件下的再订货点 s。

⑤安全库存 Q。

⑥由于大米的市场需求基本不受季节、周期等因素影响，所以就剩随机波动的因素（I）的影响了。从理论上说，当把已知的“历史”需求数据取平均值后，随机波动因素 I 就为 0 了 。

⑦在以上获得的下一个计划周期的市场需求预测量、经济订货批量 $Q*$ 、在规定服务

水平允许条件下的再订货点 s 的基础上，就可根据 DRP 的算法原理，运用 Excel 快速计算 DRP 的各参数，以便高效制定配送中心关于“乐惠虎林东北大米”未来 12 天的配送需求计划 DRP。

过程考核评价

<table>
<tr><th colspan="7">项目二　库存控制与 DRP</th></tr>
<tr><td>学员姓名</td><td></td><td>学号</td><td></td><td>班级</td><td></td><td>日期</td></tr>
<tr><td>项目</td><td>考核项目</td><td>考核要求</td><td>配分</td><td colspan="2">评分标准</td><td>得分</td></tr>
<tr><td rowspan="3">知识目标</td><td>配送需求计划的概念</td><td>（1）掌握配送需求计划的概念；
（2）理解配送需求计划的优缺点</td><td>10 分</td><td colspan="2">（1）配送需求计划的概念叙述不清楚，扣 3 分；
（2）配送需求计划的优缺点叙述不清楚，扣 3 分</td><td></td></tr>
<tr><td>DRP 成功的关键因素</td><td>理解 DRP 成功的关键因素</td><td>10 分</td><td colspan="2">DRP 成功的关键因素叙述不清楚，扣 5 分</td><td></td></tr>
<tr><td>时间序列预测方法的原理</td><td>掌握时间序列预测方法的原理</td><td>10 分</td><td colspan="2">不能掌握时间序列预测方法的计算方法，扣 5 分</td><td></td></tr>
<tr><td rowspan="2">能力目标</td><td>安全库存等参数计算</td><td>通过 Excel 计算平均日销量、经济订货批量、安全库存等参数</td><td>25 分</td><td colspan="2">（1）不能正确使用 Excel 进行相关参数计算，每错一项扣 3 分；
（2）不能正确通过 Excel 仿真库存积压量，扣 5 分</td><td></td></tr>
<tr><td>制订快速需求计划 DRP</td><td>通过 Excel 快速计算 DRP 各参数</td><td>25 分</td><td colspan="2">不能正确使用 Excel 计算 DRP 各参数，扣 5 分</td><td></td></tr>
<tr><td rowspan="2">过程方法及社会能力</td><td>过程方法</td><td>（1）学会自主发现、自主探索的学习方法；
（2）学会在学习中反思、总结，调整自己的学习目标，在更高水平上获得发展</td><td>10 分</td><td colspan="2">能在工作中反思，有创新见解，有自主发现、自主探索的学习方法，酌情得 5～10 分</td><td></td></tr>
<tr><td>社会能力</td><td>小组成员间团结协作共同完成工作任务，培养良好的职业素养（如保持工位卫生等）</td><td>10 分</td><td colspan="2">（1）小组分工不明确扣 3 分；
（2）工位卫生情况差扣 3 分</td><td></td></tr>
<tr><td colspan="2">实训总结</td><td colspan="5">完成本项学习任务的体会（学到哪些知识，掌握哪些技能，有哪些收获）：</td></tr>
<tr><td colspan="2">得分</td><td colspan="5"></td></tr>
</table>

经验总结

擅长的方面

需要改进和加强的方面